北京一零一中生态智慧教育丛书——课堂教学系列

丛书主编　陆云泉　熊永昌

北京一零一中

中学地理
"生态·智慧课堂"
理论与实践

ZHONGXUE DILI
"SHENGTAI · ZHIHUI KETANG"
LILUN YU SHIJIAN

金梓乔　著

北京理工大学出版社
BEIJING INSTITUTE OF TECHNOLOGY PRESS

版权专有　侵权必究

图书在版编目(CIP)数据

中学地理"生态·智慧课堂"理论与实践 / 金梓乔著. -- 北京：北京理工大学出版社，2024.5
ISBN 978 - 7 - 5763 - 4114 - 0

Ⅰ. ①中… Ⅱ. ①金… Ⅲ. ①中学地理课-教学研究 Ⅳ. ①G633.552

中国国家版本馆 CIP 数据核字(2024)第 108891 号

责任编辑：封　雪　　文案编辑：毛慧佳
责任校对：刘亚男　　责任印制：李志强

出版发行	/ 北京理工大学出版社有限责任公司
社　　址	/ 北京市丰台区四合庄路 6 号
邮　　编	/ 100070
电　　话	/ (010) 68944439（学术售后服务热线）
网　　址	/ http://www.bitpress.com.cn

版 印 次	/ 2024 年 5 月第 1 版第 1 次印刷
印　　刷	/ 廊坊市印艺阁数字科技有限公司
开　　本	/ 710 mm × 1000 mm　1/16
印　　张	/ 17.25
彩　　插	/ 3
字　　数	/ 303 千字
定　　价	/ 92.00 元

图书出现印装质量问题，请拨打售后服务热线，负责调换

丛书序

教育事关国计民生，是国之大计，党之大计。

北京一零一中是北京基础教育名校，备受社会的关注和青睐。自1946年建校以来，取得了丰硕的办学业绩，学校始终以培养"卓越担当人才"为己任，在党的"教育必须为社会主义现代化建设服务，为人民服务，必须与生产劳动和社会实践相结合，培养德智体美劳全面发展的社会主义建设者和接班人"的教育方针指引下，立德树人，踔厉奋发，为党和国家培养了一大批卓越担当的优秀人才。

教育事业的发展离不开教育理论的指导。时代是思想之母，实践是理论之源。新时代的教育需要教育理论创新。北京一零一中在传承历史办学思想的基础上，依据时代教育发展的需要，守正出新，走过了自己的"教育理论"扬弃、创新过程。

学校先是借鉴了苏联教育家苏霍姆林斯基的"自我教育"思想，引导师生在认识自我、要求自我、调控自我、评价自我、发展自我的道路上学习、成长。

进入21世纪以来，随着教育事业的飞速发展，学校在继续践行"自我教育"思想的前提下，开始探索"生态·智慧课堂"，建设"治学态度严谨、教学风格朴实、课堂氛围民主、课堂追求高远"的课堂文化，赋予课堂以"生态""智慧"属性，倡导课堂教学的"生态、生活、生长、生命"观和"情感、思想、和谐、创造"性，课堂教学设计力求情境化、问题化、结构化、主题化、活动化，以实现"涵养学生生命，启迪学生智慧"的课堂教学宗旨。

2017年，随着十九大的召开，教育事业进入了新的时代，北京一零一中的教育指导思想由"生态·智慧课堂"发展为"生态·智慧"教育。北京一零一人在思考，在新的历史条件下发展什么样的基础教育，怎样发展中国特色、国际一流的基础教育这个重大课题。北京一零一人在探索中进一步认识到，"生态"意味着绿色、开放、多元、差异、个性与各种关系的融洽，所以"生态教育"的本质即尊重规律、包容差异、发展个性、合和共生；"智慧"意味着点拨、唤醒、激励、启迪，所以"智慧教育"的特点是启智明慧，使人理性求真、至善求美、务实求行，获得机智、明智、理智、德智的成长。

2019年5月，随着北京一零一中教育集团的成立，学校办学规模不断扩大，学校进入集团化办学阶段，对"生态·智慧"教育的思考和认识进一步升华为"生态·智慧"教育。因为大家认识到，"生态"与"智慧"二者的关系不是互相割裂的，而是相互融通的，"生态智慧教育"意味着从科学向智慧的跃升。"生态智慧教育"强调从整体论立场出发，以多元和包容的态度，欣赏并接纳世间一切存在物之间的差异性、多样性和丰富性；把整个宇宙生物圈看成一个相互联系、相互依赖、相互存在、相互作用的一个生态系统，主张人与植物、动物、自然、地球、宇宙之间的整体统一；人与世界中的其他一切存在物之间不再是认识和被认识、改造和被改造、征服和被征服的实践关系，而是平等的对话、沟通、交流、审美的共生关系。"生态·智慧"教育是基于生态学和生态观的智慧教育，是依托物联网、云计算、大数据、泛在网络等信息技术所打造的物联化、智能化、泛在化的教育生态智慧系统；实现生态与智慧的深度融合，实现信息技术与教育教学的深度融合，致力于教育环境、教与学、教育教学管理、教育科研、教育服务、教育评价等的生态智慧化。

学校自2019年7月第一届集团教育教学年会以来，将"生态·智慧"教育赋予"面向未来"的特质，提出了"面向未来的生态智慧教育"思想。强调教育要"面向未来"培养人，要为党和国家培养"面向未来"的合格建设者和可靠接班人，要教会学生面向未来的生存技能，包括学习与创新技能、数字素养技能和职业生活技能，要将学生培养成拥有创新意识和创新能力的拔尖创新人才。

目前，"面向未来的生态智慧教育"思想已逐步贯穿了办学的各领域、各环节，基本实现了"尊重规律与因材施教的智慧统一""学生自我成长与学校智慧育人的和谐统一""关注学生共性发展与培养拔尖创新人才的科学统一""关注学生学业发展与促进教师职业成长的相长统一"。在"面向未来的生态智慧教育"思想的指导下，北京一零一中教育集团将"中国特色国际一流的基础教育名校"确定为学校的发展目标，将"面向未来的卓越担当的拔尖创新人才"作为学校的学生发展目标,将"面向未来的卓越担当的高素质专业化创新型的生态智慧型教师"明确为教师教育目标。

学校为此完善了教育集团治理的"六大中心"的矩阵式、扁平化的集团治理组织;研究制定了"五育并举""三全育人""家庭—学校—社会"协同育人、"线上线下—课上课后—校内校外"融合育人、"应试教育—素质教育—英才教育"融合发展的育人体系;构建了"金字塔式"的"生态·智慧"教育课程体系;完善了"学院—书院制"的课程内容建设及实施策略建构;在教育集团内部实施"六个一体化"的"生态·智慧"管理,各校区在"面向未来的生态智慧教育"思想指引下,传承自身文化,着力打造自身的办学特色,实现各美其美、美美与共。

北京一零一中教育集团着力建设了英才学院、翔宇学院、鸿儒学院和GITD学院（Global Innovation and Talent Development）,在学习借鉴生态学与坚持可持续生态发展观的基础上,追求育人方式改革,开展智慧教育、智慧教学、智慧管理、智慧评价、智慧服务等实验,着力打造了智慧教研、智慧科研和智慧学研,尤其借助国家自然科学基金项目《面向大中学智慧衔接的动态学生画像和智能学业规划》和国家社会科学基金项目《基础教育集团化办学中学校内部治理体系和治理能力建设研究》的研究,加快学校的"生态·智慧"校园建设,借助2019年和2021年两次的教育集团教育教学年会的召开,加深了全体教职员工对于"面向未来的生态智慧教育"思想的理解、认同、深化和践行。

目前,"面向未来的生态智慧教育"思想已深入人心,成为教育集团教职员工的共识和工作指导纲领。在教育教学管理中,自觉坚持"道法自然,各美其美"的管理理念,坚持尊重个性、尊重自然、尊重生命、尊重成长的生态、生活、生命、生长的"四生"观;在教师队伍建设中,积极践行"启智明慧,破惑证真"的治学施教原则,培养教师求知求识、求真求是、求善求美、求仁求德、求实求行的知性、理性、价值、德性、实践的"智慧"观;在拔尖创新人才培养中,立足"面向未来",培养师生能够面向未来的信息素养、核心素养、创新素养等"必备素养"和学习与创新、数字与AI运用、职业与生活等"关键能力"。

北京一零一中教育集团注重"生态·智慧"校园建设,着力打造面向未来的"生态·智慧"教育文化。在"面向未来的生态智慧教育"思想的引领下,各项事业蓬勃发展,育人方式深度创新,国家级新课程新教材实施示范校建设卓有成效;"双减"政策抓铁有痕,在借助"生态·智慧"教育手段充分减轻师生过重"负担"的基础上,在提升课堂教学质量、高质量作业设计与管理、供给优质的课后服务等方面,充分提质增效;尊重规律、发展个性、成长思维、厚植品质、和合共生、富有卓越担当意识的"生态·智慧"型人才的培养成果显著;面向未来的卓越担当型的高素质专业化创新型的"生态·智慧"型教师队伍建设成绩斐然;教育集团各校区各中心的内部治理体系和治理能力建设成绩突出;学校的智慧教学,智慧作业,智慧科研,智慧评价,智慧服务意识、能力、效率空前提高。北京一零一中教育集团在"面向未来的生态智慧教育思想"的引领下正朝着"生态·智慧"型学校迈进。

为了更好地总结经验、反思教训、创新发展,我们启动了"面向未来的生态智慧教育"丛书编写。丛书分为理论与实践两大部分,分别由导论、理论、实践、案例、建议五篇章构成,各部分由学校发展中心、教师发展中心、学生发展中心、课程教学中心、国际教育中心、后勤管理中心及教育集团下辖的十二个校区的相关研究理论与实践成果构成。

本套丛书的编写得益于北京一零一中教育集团各个校区、各个学科组、广大干部教师的共同努力,在此对各位教师的辛勤付出深表感谢。希望这套丛书所蕴含的教育教学成果能够对海淀区乃至全国的基础教育有所贡献,实现教育成果资源的共享,为中国基础教育的发展提供有益的借鉴和帮助。

中国教育学会副会长
北京一零一中教育集团总校长
中国科学院大学基础教育研究院院长

序

党的二十大报告提出："育人的根本在于立德。全面贯彻党的教育方针，落实立德树人根本任务，培养德智体美劳全面发展的社会主义建设者和接班人。"一直以来，北京一零一中学贯彻"面向未来的生态·智慧"教育理念，以学生的个性发展需求和社会发展需要为出发点，构建德智体美劳全面培养的学校育人体系。

在生态智慧教育的理念指导下，我校积极推进了一系列教学与学习方式的革新与探索，深入挖掘学科生态智慧教育的内在本质和价值取向，致力于构建和完善生态智慧课堂的教学框架，旨在营造和谐、互动、创新的学习环境，促进在学生全面发展的同时，拥有对自然和社会生态的深刻理解和责任感。

地理学是研究地理环境以及人类活动与地理环境关系的科学，兼有自然科学和社会科学的性质，在现代科学体系中占有重要地位，对于解决当代人口、资源、环境和发展问题，维护生态安全，建设美丽中国、建立全球视野具有重要作用。学习地理有助于学生了解自然环境与社会经济发展，了解多元文化，增强空间思维能力，培养批判性思维。参与地理实践活动后，学生可以提高对地理环境、地理事物的感受力，激发想象力和好奇心；增强在真实的情境中探索、解决地理问题的意识和能力；磨练意志并陶冶性情；养成积极能动、负责任的态度，促进学业的发展。

金梓乔老师是北京一零一教育集团地理教研组长，学术委员会委员，北京市骨干教师，海淀区四有教师和学科带头人，地理学科基地校首席教师。金梓乔老师在一零一中地理教学领域深耕十五载，工作成绩斐然，教学、教研成果丰硕。他多年担任高三把关教师，多篇论文发表于《中学地理教学参考》《地理教学》等核心期刊，编有《阅地识理》等多本书籍；他指导的学生在国际天文竞赛、全国天文竞赛中获得多枚奖牌；他指导的青年教师也在各级比赛中荣获奖项。

《中学地理"生态·智慧课堂"理论与实践》一书凝练了金梓乔老师在一零一这片沃土上的研究与实践,对北京一零一中学生态智慧教育进行地理解读。全书以一零一中学生态智慧教育理念为指导,构建了地理生态智慧课堂的相关理论,从地理课程体系建设、教与学方式变革、特色评价方式探索等维度进行了具体阐释。读者在书中不仅能看到新课标下一线地理教师对学生地理素养培养的思考,还能看到金梓乔老师带领的教学团队在地理教研组老一辈教师的基础上开展课堂教学实践的成果和智慧,以及丰富的教学案例。

我们期望本书能成为中学地理教师宝贵的教学与研究工具,不仅为他们提供丰富的课程、教学资源,更可以凭借其深度和广度激发教创新思维,赋予他们更多的灵感,帮助他们在教育的道路上不断前行。

北京一零一中书记、校长　熊永昌

前　言

我自研究生毕业从事中学地理教学工作，至今已有十余年。学生时代的地理教学大纲变成了地理课程标准，教材从"一纲一本"变为"一标多本"……我国的基础教育在近20年的时间里发生了巨大的变革。

回想起我第一次登上讲台，还是在读研究生期间。2006年暑假，正值研究生马上要开学的日子，我的师姐打电话来，问我是否愿意去一所艺术学校做兼职老师。从小就立志当老师的我，没有放过这次机会。于是，我的教学生涯就开始了。

刚刚接手中国戏曲学校附中音乐剧专业学生的时候，我唯一的感受就是学生的学习态度和课堂纪律太差了：自由散漫，不认真学习。但是，我还是耐着性子教了下去。一方面，觉得既然接手了一个班级，不管因为什么原因，都有责任带下来，中途替换老师是对学生不负责任；另一方面，也希望借这次机会锻炼自己，熟悉课程，为今后正式做一名老师做好准备。尽管每堂课都是比较"痛苦"的（学生习惯于老师说什么记什么，对我提出的需要思考的问题置之不理），但经过了半个学期的磨合，我发现这里的学生十分单纯。真正对他们看法的转变，是在第一个学期结束的时候。学生们邀请我参加他们的专业课期末汇报演出。学生们精彩的表演，展示了他们非常扎实的台词、表演、舞蹈等基本功底。事后我了解到，这些艺术类的学生，首先以专业课为重，其次才是文化课，因此，在文化课上所投入的精力较少。此外，文化课在高考中占比不高也是外在的影响因素。这些因素都导致他们对文化课没有多大兴趣。在此后的一个学期内，我通过与学生不断交流和对地理课堂教学方法的改进，将课本的教学内容与学生的生活和专业紧密结合在一起。慢慢地，地理课成为他们最喜欢的文化课之一。

实习的经历使我产生了一些疑问：如果没有高考的要求，这些学生还会学习地理吗？学生为什么要学习地理？学生需要怎样的地理课堂？

2009年，我入职北京一零一中，开始正式接触学生。在北京一零一中地理教研组老教师们的指导下，我曾教过初中地理、高中地理、美国AP人文地理课程、美国AP环境科学地理课程以及与地理、天文相关的选修课程；承担了多项国家级、市级、区级课题，积累了较为丰富的地理教学实践和研究经验。2020年起，我开始兼职海淀区地理教研员工作，在海淀区教师进修学校地理教研室团队的指导下，进一步在教师培训、考试命题等工作方面有所成长。2021年担任集团校地理教研组长职务后，我又开始在教研组建设和青年教师指导等方面进行探索。

多年的教学经验使我越来越意识到，地理教学不仅是教会学生知识点去应对考试，还有着更为丰富的内涵。学生在生活中能够应用地理知识，能够用地理的视角去看待身边的世界，是地理教学的真谛。这时的地理教学也不仅仅是地理教学，而是走向了地理教育，通过地理课程的教学达成育人目标。

当前的教育综合改革要求学校基于核心素养重构育人模式和教育生态。"生态·智慧课堂"是学校在教育综合改革的大背景下的课堂内涵追求，是学校在坚守自我教育理念的前提下提出的创新性课堂教学。本书是我在北京一零一中"生态·智慧"教育理念的指引下，将多年来个人与地理教研组的地理教育实践经验和部分研究成果进行系统梳理的成果，既是对自我十余年教学生涯的回顾与总结，也是对北京一零一中教研组过去工作的总结与反思，也期待能够对集团校、学区、市区等不同层面的地理青年教师有所裨益。

全书共分为五章。第一章为地理"生态·智慧课堂"概述，阐明地理"生态·智慧课堂"的内涵和教育场景。第二至五章分别从课程建设、课堂教学、学业评价等维度具体阐释北京一零一中地理"生态·智慧课堂"的教育理论与实践。

目 录

第一章　北京一零一中地理"生态·智慧课堂"概述　　1
　　第一节　北京一零一中地理"生态·智慧课堂"的内涵　　2
　　第二节　地理"生态·智慧课堂"的教育场景　　5

第二章　"生态·智慧课堂"视域下的地理课程建设　　9
　　第一节　北京一零一中地理课程建设概述　　9
　　第二节　国家地理课程校本化建设　　13
　　第三节　特色课程建设——以"高中地理野外考察与实践"为例　　71
　　第四节　跨学科课程建设——以"航天发射基地的选址"为例　　93

第三章　"生态·智慧课堂"视域下的地理教与学　　109
　　第一节　地理"生态·智慧课堂"中的场域模型　　109
　　第二节　构建地理课堂教学的生活场　　111
　　第三节　构筑地理课堂教学的思维场　　125
　　第四节　构建地理课堂教学的情感场　　142
　　第五节　地理"生态·智慧课堂"助力学生成长　　151

第四章　探索地理"生态·智慧课堂"的特色教学方式　　169
　　第一节　在阅读中学习地理　　169
　　第二节　在行走中学习地理　　192
　　第三节　打破课堂时空界线学地理　　201
　　第四节　打造学生成长的第二课堂　　215

第五章　聚焦学生成长的"教—学—评"一体化　　227
　　第一节　"生态·智慧课堂"的作业系统设计　　228
　　第二节　基于试题的地理"生态·智慧课堂"评价设计　　245

参考文献　　259

后记　　261

第一章
北京一零一中地理"生态·智慧课堂"概述

进入21世纪后,政治、经济、文化、科技的快速发展使未来社会的不确定性变得越来越强。如何让现在的孩子适应未来的世界,是世界各国教育界面临的共同挑战。

中华人民共和国成立后,先后进行了八次基础教育课程改革,不断对原有课程进行反思、调整和改进。2001—2003年,教育部相继颁发了一系列有关基础教育新课程的国家政策和文件,构建了第八次课程改革的总体政策框架。2012年11月召开的十八大提出"全面实施素质教育,深化教育领域综合改革,着力提高教育质量,培养学生创新精神"的教育方针,把"立德树人"作为教育工作的根本任务。在上述指导思想的指引下,我国对第八次课程改革进行了深入探索。本次课程改革整体构建了符合教育规律、体现时代特征、具有中国特色的人才培养体系。这一体系包括以"核心素养"为核心的课程教材体系和招生评价体系等。2019年6月发布的《国务院办公厅关于新时代推进普通高中育人方式改革的指导意见》是21世纪以来国务院办公厅出台的第一个关于推进普通高中教育改革的重要纲领性文件,其中提出了改革的主要目标和重点任务。该文件立足于适应经济社会发展对多样化高素质人才的需要,将适应学生全面而有个性的发展的教育教学改革深入推进作为具体任务之一。这与现代教育要求培养全面发展的、对社会有用的人的出发点具有一致性。

那么,如何培养呢?教育学、心理学、学科教育学等相关的理论从课程设施、教材编写、教学策略等不同维度回答了上述问题,但最终这些答案还是需要在课堂上落实。课堂教学是教师落实教育改革优秀经验的主阵地。

在这个时代,学生需要什么样的课堂?在课堂上学习几个知识点,还是做几道练习题?这样的学习活动可以使学生获得怎样的变化和发展?党的十八大将"立德树人"作为教育的根本任务,这说明我们的课堂教学是"教书"和"育人"的有机统一。"教师、学生、教学内容在课堂上是如何关联的,如何使学生在课堂中主动、愉悦地学习知识,实现自我发展"是教育学研究中的重要问题。"生态·智慧课堂"教学不仅是停留在知识点层面的课堂教学,也是通过建立所学习的知识与真实世界的关联,使知识"活"起来,用以解释学生所生活的真实世界,使学生的学习进入一种深度学习的状态,并在这一过程中,促进学生转变学习方式并促进学生作为"人"的成长。

第一节 北京一零一中地理"生态·智慧课堂"的内涵

一、对课堂的理解

课堂一词存在时空两层含义。从时间上看,它是一种教学过程;从空间上看,它是教学发生的空间场所,也是课程实施的场所。本书中所指的课堂,则是二者的统一,即课堂既包括教学活动实施的物理空间,也包括课堂中的教学主体——教师与学生,以及师生在物理空间中的互动关系与信息交流情况。

需要说明的是,地理课堂教学活动实施的物理空间不仅包括教室,也包括开展地理实践活动的校园和野外实践活动基地等真实的"课堂"。

二、课堂的生态性

生态原义是指一切生物的生存状态,以及它们之间和它与环境之间环环相扣的关系。现在,"生态"一词涉及的范畴也越来越广。《现代汉语词典》中对生态的释义之一是"显露美好的姿态"。由此可见,生态一词本身代表了一种事物内部各要素的关系,这种关系以和谐为本质特征,符合事物自身的发展规律。课程、教师、学生、教学环境是课堂教学的基本组成要素,它们之间的和谐共生关系则是生态课堂的具体表现。因此,在教育学中,生态教学是指基于学生发展、良好的师生关系和可持续发展动态原则的新型课堂模式。

首先,生态课堂应具有良好的氛围,包括课堂的硬件布置要有利于教师的教和学生的学,以及师生、生生间在课堂上要进行良好的互动。在这样的课堂之中,学生能够享受学习的乐趣,教师也能够实现"轻松教学"。

其次,生态课堂注重学生学科思维品质的提升。美国教育家、心理学家杜威提出一个观点:"学习就是要学会思维。"国内课程改革的实践成果也证实了思维品质对人的发展的重要性。学生只有思维发展得好,才能更容易地对事物进行间接反映,才能借助已有的知识和经验更加精准地认识客观事物,以及根据已知条件推测未知的事物。

最后，生态课堂有利于学生主动进入深度学习的状态。所谓深度学习，是相对于浅层学习或者机械学习而言的，即学生在学习的过程中不仅处于被动接受式学习状态，还要能主动地、能动地学习，并在学习过程中形成独立的知识体系，拥有正确的看待问题的方式方法和情感态度，树立正确的价值观，从而实现自我的发展。这与马克思主义关于人的全面发展理论的本质是一致的。

可见，生态课堂是实现人的全面发展的重要途径之一。

三、课堂的智慧性

智慧，本义是指高等生物所具有的基于神经器官的一种高级的综合能力，包括感知、知识、记忆、理解、联想、情感、逻辑、计算、分析、判断、文化、包容、决定等。现引申为可以深刻地理解人、事、物、社会、宇宙、现状、过去、将来，拥有思考、分析、探求真理的能力。无论是哪方面的定义，其主体均为人。教师和学生是课堂教学的主体。因此，智慧一词便有了双重的含义：它可以指教师的智慧，如教学策略等；也可以指学生的智慧，如思想、观点等。

从上述对"智慧"一词的解读中可以推断出智慧课堂的两个基本特征。

第一，智慧的课堂教学是符合教育、心理规律的，这可以通过教师的教学过程得以体现。同样是教学，有的教师效率很高，学生学起来轻松而效果明显；有的教师效率较低，学生费时费力但可能收效甚微。从教师教的层面解读，则是教学方式是否遵循教育学、心理学的基本规律。

符合规律的教学策略能够引导学生顺利学习学科知识，较好地掌握所学学科的基本概念、基本原理、基本规律和基本事实，并能够较好地体会学科的基本思维方式。例如，在地理课堂教学中，若采用景观图的教学方式，则利于学生直观感受地理事物的外在特征，从而可以积累一定的地理表象，并为内在成因分析奠定基础；又如，采用左书右图的方式引导学生学习，则有利于学生在头脑中将抽象的文字转化为具象的地理图像，将地理图像所表达的内涵用文字表达出来，这不仅易于记忆，同时也培养了学生观察地图、分析地图的能力和图文转换的能力以及读书读图的意识与习惯。可见，运用符合教育规律进行课堂教学，促进学生提高学习能力。恰当的教学策略则可以使学生自然地进入教学情境，在问题思考和解决过程中理解知识，树立正确的人口、资源、环境等价值观念。因此，符合规律的教学策略在学生的认识发展、能力提升、情感态度和价值观培养方面均可以起到促进作用。

第二，从学的角度分析，智慧的课堂教学是符合学生心理认知规律的。教师的教是为了学生的学，教与学是教学环节中的两个重要方面。教师教的效果，是通过学生学的成果反映出来的。如果只考虑教师的教，则课堂就可能陷入"一言堂""填鸭式"的低效率模式中。学生的学应是在教师的指导下,以学习的基本规律作为依托的、高效的学习过程。

四、"生态·智慧课堂"的学科属性

地理学是一门古老的学科,使课堂具有鲜明的地理学科属性,是地理"生态·智慧"课堂重要的学科支撑之一。若没有地理学的支撑,地理课堂便失去了其学科特色,成为普通课堂。

五、地理"生态·智慧课堂"的基本结构

上述分析可以归纳出地理"生态·智慧课堂"的内涵,即教师通过符合教育教学规律的教学活动激发学生的学习兴趣、提升学生的思维水中、丰富学生的情感体验,从而逐步形成健全人格的过程。地理则赋予了"生态·智慧课堂"以学科属性。

从系统论的角度分析,地理"生态·智慧课堂"涉及诸多要素。而当这些要素交织在课堂——这一很小的时空内,便构成了一个复杂的巨系统。

该系统的复杂性首先体现在其主体——教师与学生的复杂性、其客体——地理学科的复杂性。教师与学生都是活生生的人,在进入课堂前,大家都带有自己的思维方式、知识经验、情感态度等,各不相同。这不仅使地理"生态·智慧课堂"充满了不同流向的信息交流与碰撞,也为地理"生态·智慧课堂"的思想生成提供了多种可能性。

地理学科具有复杂性的特征。伴随着人类文明的进步而发展。地理学科是研究陆地表层自然和人文要素时空变化规律的学科,其主要研究对象是地球表层,由岩石圈、水圈、大气圈、生物圈和人类智慧圈等相互作用、相互渗透而形成的自然—社会综合体。这个地球表层系统是人类社会赖以生存的环境,也是受人类活动影响最为深刻的陆地表层系统。地理学的研究范围既包括对自然地理过程的刻画,也涵盖了对人文和社会经济过程的辨析,更包括人地系统的耦合。地理学的研究对象广阔和深邃,是地理课程的内容基础。

此外,地理"生态·智慧课堂"系统内部要素(教师、学生、地理课程)间、该系统与系统外部之间所产生的联系,也使这一系统更加趋于复杂。图1-1展示了北京一零一中地理"生态·智慧课堂"的基本结构。

图1-1将地理"生态·智慧课堂"看作是一个系统,其内部包括教师、学生两个主体和地理课程这一客体。在课堂中,教师引导学生思考,学生给予教师反馈。因此,师生之间形成一种互动关系。地理课程是教师教学和学生学习的重要载体,是学习资源的提供者。外部环境包括学生的教室环境、学生所处的校园

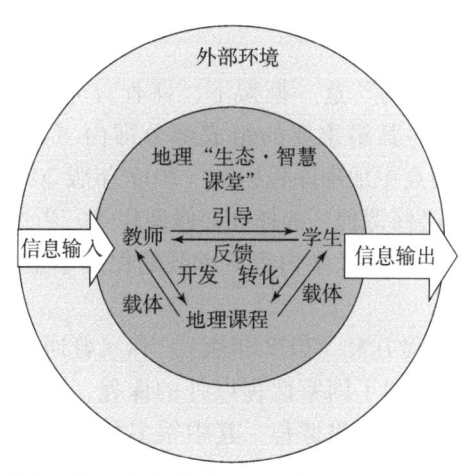

图1-1 北京一零一中中学地理"生态·智慧课堂"的基本结构

环境，以及可供师生开展实践活动的自然和社会环境，它们为教师教学和学生学习提供了大量素材，是地理课程内容和学生认知基础的重要来源。教师是课程的开发者，而学生在教师的引导下通过学习，将课程内容吸收、内化，转化为更多的新信息并输出至外部环境。信息在外部环境与地理"生态·智慧课堂"中流动。

第二节 地理"生态·智慧课堂"的教育场景

从地理"生态·智慧课堂"的基本结构分析，可以概括出影响"生态·智慧课堂"中场域能量和信息流输入、输出变化的四个因素，分别是地理学习课程、地理教学方式、地理学习空间和地理学习评价，它们以教师的教和学生的学为中心，共同构成了北京一零一中地理"生态·智慧课堂"中的教育场景。

一、地理课程

翻开各类教育学著作，可以发现其中对"课程"一词的界定种类繁多，很难达成共识。我国古代的"礼、乐、射、御、书、数"六艺和欧洲中世纪的"文法、修辞、辩证法、算数、几何、音乐、天文学"七艺均属于课程，是学习的具体科目。宋代的朱熹在《朱子全书·论学》中多次提到"课程"一词，如"宽着期限，紧着课程""小立课程，大作功夫"等。这里的课程是指"课业及其进程"，也是现在多数人对课程的理解。在西方，课程（Curriculum）一词源于拉丁语"currere"，意为跑道，也表示学习的进程，这与我国对课程的定义是相近的。此外，人们对于课程，还有诸如有计划的教学活动、预期的学习结果、学习经验等诸多理解。

在我国的"中学分科制"这一框架下，课程首先应具有鲜明的学科属性。本书中所指的地理课程，其最重要的组成部分即由《义务教育地理课程标准（2022年版）》和《普通高中地理课程标准（2017年版2020年修订）》中所规定的地理课程组成，包括必修课程、选择性必修课程等。当然，这里的课程不仅是指教学科目中的内容，也包括教学内容所承载的促进学生心智发展、情感陶冶、创造性表现等诸多维度。

此外，《义务教育课程方案（2022年版）》和《普通高中课程方案（2017年版2020年修订）》中都提到了国家课程以外的课程，如义务教育阶段的地方课程、校本课程和高中阶段的选修课程，其中很多种课程与国家地理课程关系密切，这也为学校的地理课程建设提供了思路。

活动课程是与分科课程是一种相对的课程类型，它打破了学科逻辑组织的界限，以学生的兴趣、需要和能力为基础实施课程，是对学校分科课程的重要补充。

因此，无论是地理课程，还是蕴含地理因素的活动课程，都是地理"生态·智慧课堂"的重要载体和支撑。

二、地理教学方式

课程计划为学生的学习提供了基本的素材，教学作为课程与师生的中介而存在。教学是课程实施的主要途径。在教学课程中，涉及课程、教师和学生三个因素。在课堂教学过程中，教师会采用不同的教学策略和方法将课程内容经过加工和提炼，将它们转化为学习内容。教学的最终成果则是学生以不同的方式接收、内化学习内容，最终以学生认知结构、个性品质、社会行为等的改变为方式呈现。

地理常态课是地理教学最重要的载体，所谓"教学有法，教无定法，贵在得法"。在教学内容、教师教育理念与教学风格、学生认知基础等诸多因素的共同影响下，课堂教学方法也呈现出"百花齐放"的特点。例如，中学地理教学中常用的教学方法有讲授法、谈话法、纲要信号法、调查法、实验法、案例教学法、发现教学法、问题解决法等。

教学模式是在一定教学思想或教学理论指导下建立起来的、较为稳定的教学活动结构框架和活动程序，其中可能包含多种教学方法。近年来，翻转课堂、大单元教学等教学模式，以及课程标准倡导的问题式教学等教学模式均为地理教学的实际开展提供了理论依据和丰富的内容。与此同时，教师的教学方式呈现出多样化的特点，学生的学习方式也有很多种。学生不是只能跟随教师学习，也可以在教师的引导下进行项目式学习，以及活动式中学习等。

从技术手段的角度来看，地理教学方式又可分为线上教学和线下教学。OMO（Online Merge Offline）教学模式是指将在线教育和线下教育结合起来的一种教育模式，是当前教育行业发展的一个重要趋势。如果在地理课堂教学中引入OMO教学模式，可以整合线上、线下教育资源，满足学生多样化的学习需求。

地理"生态·智慧课堂"通过其多元化、开放性的教学与学习方式实现了"课程目标落地"的目标。

三、地理学习空间

地理学习空间是地理学习发生的物理场所。教室是一种传统、重要的地理学习空间，是地理课堂的空间载体。绝大多数地理学习活动发生在教室这一地理学习空间中。

地理实践活动包括地理实验、社会调查和野外考察等，是地理学习中的一种重要方式，有助于提高学生的地理核心素养。其中，地理社会调查和野外考察的学习活动场所通常是教室以外的真实世界。而根据课时多少、课时长短、距离远近、场地大小等多种客观条件的限制，教室以外的学习空间又可分为校园空间和野外与社会空间，它们可以分别成为供不同类型地理课堂使用的空间场所。

四、地理学习评价

地理教学评价是判定地理学习过程是否达到预期效果的一种重要方式，包括对教师教的评价和对学生学的评价。地理"生态·智慧课堂"聚焦学生的学习成果，因此，在这里只讨论地理学习评价。

评价是运用标准对事物的准确性、时效性、经济性以及满意度等方面进行评估的过程。地理学习评价则是通过一定的方法或手段，系统收集、分析、整理信息资料，根据一定的课程目标，对学生的学业成果进行质量判断的过程。

这里的地理学习评价，包含两层含义：一是基于证据。所谓证据，可以是学生的测试成绩，也可以是学生的作业，还可以是学生的作品呈现等不同形式。二是基于课程目标，即通过学习评价的诊断功能和激励功能，利用学习评价来反映教学过程是否达成课程的预期目标；借助学习评价导向功能和调控功能，利用学习评价反馈进一步调整教师的教和学生的学的过程，并以此促使推动学生进步。

在地理"生态·智慧课堂"的教育场景中，教师和学生通过多样化、开放性的教学方式和学习方式，在特定的地理学习空间中完成地理课程的学习，采用多样化的学习评价手段对学生的学习情况进行评价，从而激励学生不断进步。而这一过程中的地理学习课程、学习方式、学习空间和学习评价都是多样化、开放性的，满足不同兴趣爱好、不同层次、不同需求学生的多样化需求，从这个意义上来说，地理"生态·智慧课堂"也是个性化的。地理"生态·智慧课堂"的教育场景如图1-2所示。

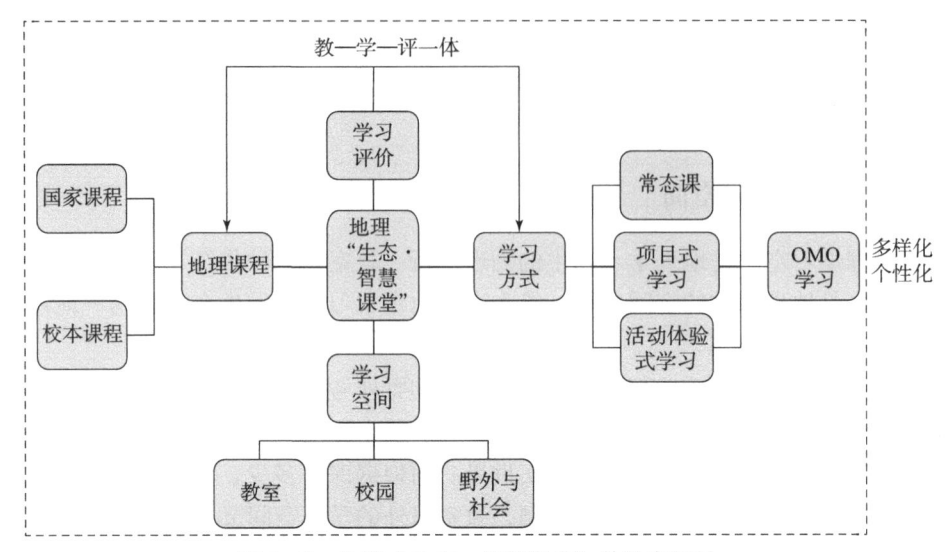

图1-2 地理"生态·智慧课堂"的教育场景

第二章
"生态·智慧课堂"视域下的地理课程建设

■ 第一节 北京一零一中地理课程建设概述

北京一零一中的地理课程建设植根于学校课程体系。2020年，北京一零一中有幸成为普通高中新课程、新教材实施的国家示范校，更应担当起拔尖创新人才培养的奠基工作。北京一零一中的培养目标是培养未来卓越的担当人才，坚持"基础宽厚、勇于创新、个性健康、全面发展"的育人理念，关注学生的生命、生活、生长，让教育回归本质，让学习自然发生；让教育更有情怀，让学生拥有自己的小追求，拥有品位的生活；构建良好的生态环境，让学生健康快乐地生长。

基于这样的理念，北京一零一中以学习为中心，构建"三层八维"的课程结构。其中，"三层"指的是基础能力、拓展融通、实践创新；"八维"则是根据国家新课程改革中的要求进行了八个维度的整合。"三层八维"的课程结构经初步建设形成三层金字塔形，其是利于培养学生创新精神与实践能力的开放性科学课程体系，如图2-1所示。

依托对学生的充分了解和研究，北京一零一中在数学与逻辑、语言与文学、科学与技术、人文与社会、艺术与审美、道德与能力、生命与健康、实践与劳动八大领域中，构建了32个系列，将国家课程、地方课程和学校课程整合起来。

一、北京一零一中地理学科课程的特征

北京一零一中的地理学科课程设置以学生核心素养的培养为目标，具有三个特征。

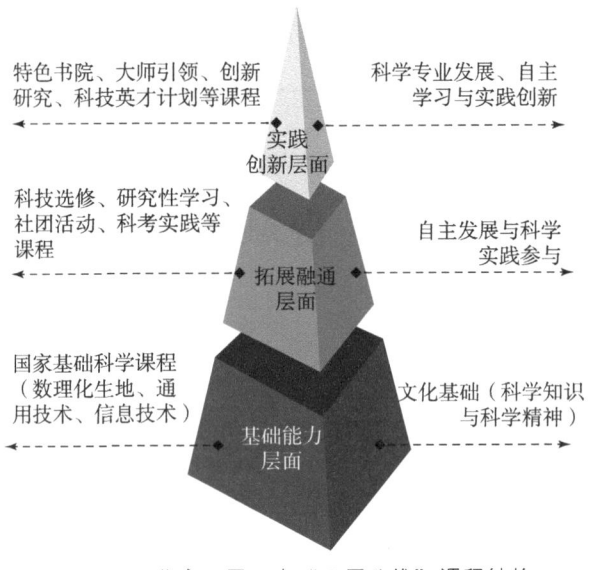

图 2-1 北京一零一中"三层八维"课程结构

1. 以人与环境的关系为学习对象、兼有人文与社会和科学属性

中学地理课程有别于其他学科的本质特点,首先体现在其课程内容和课程性质上。地理课程又与地理学科密切相连。尽管对地理学科的研究对象和学科性质,目前地理学界还有较为多元的认识,但"人与环境的关系"是不同学术观点中较为公认的地理学的研究对象,地理学是一门"兼有自然科学性质和社会科学性质的综合性学科"是不同学术观点中较为公认的地理学的学科性质。因此,中学地理课程的研究对象可以概括为"人与环境的关系",其性质可以概括为兼有人文与社会和科学属性。北京一零一中地理学科的特征也不能脱离这一基本特征。

2. 通过地理实践打造具有"趣味"与"品位"地理课程

北京一零一中建于 1946 年 3 月 20 日,是中国共产党在革命老区创办并迁入首都的唯一一所中学,现位于北京市海淀区青龙桥学区,占地面积约 20 万平方米,在圆明园遗址公园西南角,东临清华大学,南接北京大学,西面有百望山、玉泉山、香山,向北有上地信息产业基地和永丰产业基地。与北京市乃至全国诸多学校相比,得天独厚的天时、地利、人和优势成为北京一零一中开发地理课程的重要资源。北京一零一中地理组教师挖掘本校深厚的历史积淀、利用广阔的校园环境、邀请优秀毕业生和家长,开展多样化的实践活动,为学生提供观察、动手的机会,在实践中学习地理知识,认识、感悟身边的环境,欣赏这个世界,让学生对地理产生兴趣。

趣味一词有两层含义：一是能够引起兴趣的特性；二是使人感到愉快。兴趣是学生学习最好的老师，是学生产生持续学习欲望的内动力之一。在初中，学生可以通过识地图认识校园环境；通过设计"到操场做操"的最佳路线学习地图的应用；通过定向越野和校园寻宝练习熟练使用；通过感受冬日里的霜、雪等现象，认识影响气温变化的因素；通过气象站的运用学习观测、记录、分析数据，了解天气变化；在校园中认识不同的树种；通过观察花草树木感受北京四季的变化……在高中，学生在校园中学习对旅游景观的欣赏，认识园林建筑艺术；走进标本室，识别各类岩石、矿物；在西苑市场进行农产品调查，了解城市农业生产情况；在荷塘边欣赏中秋明月，感悟古人对月夜的遐想……

品位，泛指人或事物的品质、水平。对于心智不太成熟的学生而言，对于地理课程的兴趣要高于其他课程。对于心智较为成熟的学生而言，我们则希望地理课程的内容能够在一定程度上提升学生的生活品位。结合《国际地理教育宪章》及相关课程标准，我们将"品位"的内涵概括为全球意识、环境意识、责任意识、多元文化意识，并在地理课程中渗透这些意识。

二、构建地理课程群

1. 国家课程校本化的初步探索

国家课程包括国家必修课程以及高中的选择性必修课程。这类课程的目标需要结合区域实际情况、校情和学情进行进一步落实。备课组是落实国家课程的基本单位。由于校情、学情的差异，各年级备课组的教师尝试对国家课程的内容、教学方式等方面进行校本化的探索。

例如，在课程内容的校本化方面，我们尝试对高中教材进行内容整合，重新梳理了高一、高二地理课程的结构，编写了《国家课程校本化实施方案（地理）》，使知识的内在逻辑性更强，也使教学过程更有效率。另外，我们还在国际部的地理必修课程中增加了地球科学的基础知识，帮助学生扫清在托福、SAT等考试中可能出现的自然科学类文章阅读的知识背景障碍。

在课程实施方式的校本化方面，我们以高二的旅游地理为例，依托虚拟课堂项目和临近圆明园的地理位置优势，增加了到圆明园实地考察的环节，课堂教学运用BBS等技术手段，推进学习方式的转变。

2. 逐步形成的地理课程群

多年来，地理教研组在课程改革背景下与学校的领导下，逐步推出了多门地理课程。在此基础上，地理教研组对已开地理课程进行了分级、分类、分层的整理，并以现有课程为基础进行了初步的课程内容与结构的设计。所谓分级，是指从学生成长的角度出发,按照不同的年级划分,这部分基本执行国家课程标准,但也要结合本校学生的实际情况进行校本化实施。所谓分类,是指从学科角度出发,按照地理学科知识内部联系进行的内容划分,如自然地理领域、人文地理领域、区域地理领域等。此外,由于地理学科具有综合性,一些跨学科的专题研讨也可以成为一个领域。所谓分层,是指从学生需求角度出发,依据学生不同的发展方向、不同的兴趣点、不同学习水平构建的不同类型的地理课程,如基础必修类(所有学生必修)、兴趣拓展类(供对地理感兴趣的学生选择)、方向拓展类(供未来对地理教育有较深层次需求的学生选择)、实践实习类(供对地理感兴趣或在地理某一领域有深入研究需求的学生选择)等。这样的课程体系,既是目前学校地理课程结构的展现,也是北京一零一中中学地理课程改革的基础,具有一定的开放性。北京一零一中中学地理课程三维结构如图2-2所示。

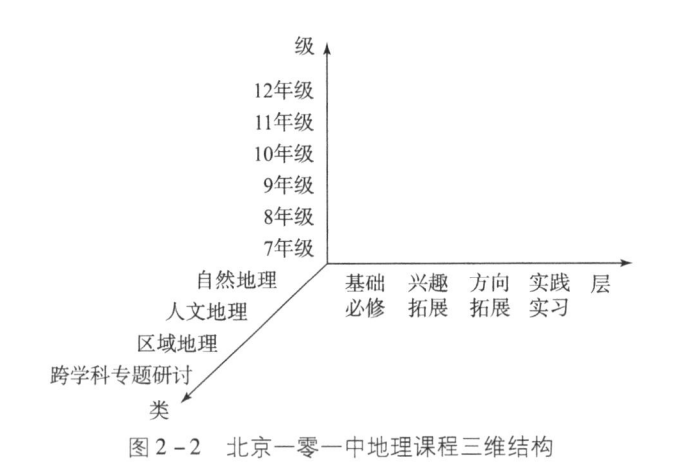

图 2-2 北京一零一中地理课程三维结构

将学校现有的地理课程填入该结构,便形成了北京一零一中地理课程图谱,如表2-1所示。

表 2-1 一零一中地理课程图谱

7 年级地理课程图谱			
	基础必修	兴趣拓展	方向拓展	实践实习
自然地理	地球与地图			
人文地理				
区域地理	世界地理	玩转北京、探秘世界		
跨学科专题		宇宙与地球	天文竞赛	天文 DIY、科学探索、气象知识竞赛

续表

8 年级地理课程图谱			
	基础必修	兴趣拓展	方向拓展	实践实习
自然地理				
人文地理				
区域地理	中国地理	魅力中国		
跨学科专题			天文竞赛	科学探索、气象知识竞赛
10 年级地理课程图谱				
	基础必修	兴趣拓展	方向拓展	实践实习
自然地理	自然地理		海洋地理	北京自然地理实习
人文地理	人文地理	旅游地理		北京人文地理实习
区域地理	区域可持续发展	地理热点		地理热点
跨学科专题		宇宙与地球、军事地理	天文竞赛	天文 DIY、科学探索
11～12 年级地理课程图谱				
	基础必修	兴趣拓展	方向拓展	实践实习
自然地理		自然灾害、地球科学竞赛	自然灾害与防治	
人文地理		带你去旅行	旅游地理	北京人文地理实习
区域地理		地理热点		
跨学科专题			AP Environmental Science	

其中，AP Environmental Science、旅游地理、地球科学竞赛等课程是北京一零一中教师自主研发的高端课程，以满足不同方向、不同兴趣学生的个性化发展需求，而且这一课程体系还在逐步完善。

第二节　国家地理课程校本化建设

一、国家地理课程校本化的实施背景

国家课程校本化实施是指在坚持国家课程改革基本精神与课程标准的前提

下，学校根据自身性质、特点和条件，将国家层面上的规划和设计转变为适合本校学生学习需求的创造性实践，包括教材的校本化处理、学校本位的课程整合、教学方法的综合运用和个性化加工及差异性的学生评价等多样化的行动策略，是学校"因校制宜""因人制宜"创造性地执行国家课程的方式。

北京一零一中是海淀区一所区属公办学校。由于地处圆明园遗址公园范围内，不允许出现高层建筑，虽然占地面积大，但建筑面积小。因此，班额大、场地少，授课制约因素多，是北京一零一中教学面临的实际情况。

从历史沿革来看，北京一零一中是北京市首批获准进行自主排课与自主会考的示范高中之一。学校充分利用课程改革赋予的课程自主权，创造性地实验普通高中课程方案，在模块教学、校本课程方面创出了学校特色，积累了国家课程校本化的经验，为日后国家地理课程校本化奠定了基础。2017年，普通高中课程改革和2018年义务教育中考改革后，学校地理课程在初一、初二、高一、高二、高三的课时分配为3、3、3、4、5，也有别于《普通高中课程方案（2017年版2020年修订）》和《义务教育课程方案2022年版》中建议的课时安排。自主的课时安排为地理国家课程校本化提供了课时的保障和探索的空间。

此外，近年来，随着招生的变化和新一轮普通高中课程改革的推进与深化，学生的兴趣爱好、层次水平也出现了较大的差异，选择权逐渐扩大，课程需求也呈现出多样化的趋势。探索具有北京一零一中特色的校本化地理课程成为必然。

二、国家课程校本化实例分析——以普通高中地理课程校本化为例

北京一零一中地理国家课程校本化在坚持国家课程原则的前提下，因校制宜将国家课程及其实施转化为适合本校师生校情、学情的经验与实践（包括课程目标的校本化、课程内容的校本化、教材内容的校本化等方面），并以此为基础，形成了《北京一零一中"地理国家课程教、学、评"实施标准》。

（一）课程目标校本化

国家课程目标相对比较宽泛，在实施过程中需要进一步分解和细化，使之落地，有利于教师操作。我们把课程目标分解为地理课程的宏观目标和分解后的微观目标，在具体的课堂教学中，通过教师的活动将课程目标转化为学习过程。为此，根据国家课程标准的要求和学生的发展需求，以北京一零一中"自我教育"理念为指导思想，从教学安排、课程目标、学习要求、策略建议等方面细化了国家课程的相关要求。

下面是普通高中一年级和二年级部分的课程目标：

通过学习地理1，学生获得地球和宇宙环境的基础知识，理解人类赖以生存的自然地理环境各要素的特征，初步理解一些自然地理现象的过程和原理，为后

面学习人类活动、理解人地关系、认识区域差异与区域发展奠定知识基础。通过阅读、分析和运用地理图表及地理数据，获得有关地理事物的空间位置和联系、地理原理与规律、地理演变、空间的动态变化等信息。培养学生对地理学习的兴趣，增强他们对生活中的自然地理现象进行观察、识别、描述、解释、欣赏的意识和能力，初步形成严谨、求真、求实和科学的地理思维习惯和方法，具有初步的探究意识和实践能力。懂得珍惜和热爱所生存的地理环境，逐步形成保护地球家园和科学探索的意识，认识到自然地理环境对人类生存和发展的意义，以及人类活动对其产生的影响，逐步尊重自然、顺应自然、保护自然的观念。

通过学习地理2，学生以不同尺度区域为载体分析区域内的人口、城镇与乡村、农业、工业、服务业、交通运输业等人文地理现象，了解人类活动对地理环境的影响及产生的主要环境问题，理解人文环境的形成和特点。理解可持续发展的基本内涵，增强对资源、环境的保护意识和法治意识，树立正确的人口观、资源观和环境观，形成可持续发展的观念，增强关心和爱护环境的社会责任感，养成良好的行为习惯。初步学会通过多种途径、运用多种手段收集地理信息，尝试运用所学的地理知识和技能对地理信息进行整理、分析，并把地理信息运用到地理学习过程中，养成综合、全面分析问题的习惯。

通过学习选择性必修1"自然地理基础"，学生获得地球运动的基础知识，在理解人类赖以生存的自然地理环境各要素的特征的基础上，进一步理解自然环境及其演化过程的原理和规律，认识自然环境的整体性和差异性，为分析区域发展问题奠定理论基础。通过阅读、分析和运用地理图表及地理数据，获取有关地理事物的空间位置和联系、地理原理与规律、地理演变、空间的动态变化等信息。培养学生学习地理的兴趣，增强对生活中的自然地理现象进行解释、分析、欣赏的意识和能力，形成辩证、严谨、求真、求实和科学的地理思维习惯和方法，具有探究意识和实践能力。由此，学生可以懂得珍惜和热爱所生存的地理环境，逐步形成保护地球家园和科学探索的意识，认识自然地理环境对人类生存和发展的意义及人类活动对其产生的影响，逐步形成"人与自然是生命共同体"的观念。

通过学习选择性必修2"区域发展"和选择性必修3"资源、环境与国家安全"，学生在理解可持续发展理念的基础上，认识到区域发展、资源、环境对国家安全的重要意义。结合具体实例，从不同层面分析区域特征及其发展路径自然资源的开发和利用，以及环境保护对国家安全建设的促进作用。进一步应用所学地理原理、地理规律对国家面临的资源、环境安全问题提出自己的见解，增强保护资源与环境的意识，树立因地制宜、人地和谐的区域协调发展观及国家安全发展利益的观念，提升对国情的关心程度，培养社会责任感。

（二）课程顺序校本化

北京一零一中是北京市第一批自主排课实验学校，这为我们实施国家课程校本化提供了有力的支持。例如，国家课程方案中没有对模块的教学顺序提出明确要求。而在实际教学中，部分模块可能因为各种客观条件的限制，需要进行整合。例如，选择性必修2和选择性必修3模块中，诸如资源、生态问题等内容，在研究思路上具有一致性。假定将国家视为一种具有国家属性的区域，资源、环境与国家安全模块在本质上也在谈区域可持续发展问题，只是切入的视角与选择性必修2不同，这就为打通选择性必修2和选择性必修3提供了可能性。同时，在课程安排上，本校将选择性必修3模块放在高二第二学期期中后。让学生学习，而6月的高考、中考、学业水平等级性考试、学业水平合格性考试、区模拟考等不同级别的考试众多，上课时间便十分零散，部分课时将切换到线上进行，这也使选择性必修3模块的教学面临的不确定性和不系统性的挑战大幅增加。因此，在实际教学中，本校将选择性必修2和选择性必修3以区域发展作为基本理念和出发点进行了模块化整合，既符合学科的逻辑，又考虑了教学过程中的客观限制问题。

北京一零一中普通高中地理课程一年级、二年级课程安排如表2-2所示。

表2-2　北京一零一中普通高中地理课程一年级、二年级课程安排

学段		课程内容
高一第一学期（上）	必修1	第一章　宇宙中的地球；第二章　地球上的大气；第六章　第一节　气象灾害　第三节　防灾减灾
高一第一学期（下）		第三章　地球上的水；第四章　地貌；第五章　植被和土壤；第六章　第一节　气象灾害　第二节　地质灾害　第三节　防灾减灾
高一第二学期（上）	必修2	第一章　人口；第二章　乡村与城镇；第三章　产业区位因素
高一第二学期（下）		第四章　交通运输布局与区域发展；第五章　环境与发展
高二第一学期（上）	选择性必修1	衔接章　地球和地图；第一章　地球的运动；第二章　地表形态的塑造；第三章　大气的运动；第四章　水的运动
高二第一学期（下）		第五章　自然环境的整体性和差异性；衔接章　中国地理总论

续表

学段		课程内容
高二第二学期（上）	选择性必修2、3	选择性必修2 第一章 区域与区域发展；第二章 第一节 区域发展的自然环境基础 第二节 生态脆弱区的治理 选择性必修3 第一章 第二节 自然资源及其利用；第三章 第三节 生态保护与国家安全 选择性必修2 第二章 第三节 资源枯竭型城市的转型发展 选择性必修3 第二章 第三节 中国的能源安全 选择性必修2 第三章 第一节 城市的辐射功能 第二节 地区产业结构变化；第四章 第一节 流域内协调发展 第二节 资源跨区域调配 第三节 产业转移 第四节 国际合作
高二第二学期（下）	选择性必修3	第一章 自然环境与人类社会（剩余部分）； 第二章 资源安全与国家安全（剩余部分）； 第三章 环境安全与国家安全（剩余部分）； 第四章 保障国家安全的资源、环境战略与行动 衔接章 世界地理概况

（三）教材内容校本化

国家课程校本化的本质比较集中地体现在教材内容的校本化上。国家课程的载体主要是教材，而教材编者不可能考虑到北京一零一中的实际情况。因此，我校教师在用教材教学的过程中必然要对教材内容进行校本化调整。教材内容的校本化主要体现在以下三个方面。

1. 教材顺序的调整

例如，在地理1中，气象灾害中的洪涝灾害与第三章地球上的水在学科逻辑上是一致的，而解决洪涝灾害的问题需要用到水循环的相关原理，这两部分内容的顺序就可以做适当的调整，使其更符合人们对事物的认知逻辑。

2. 教材内容的调整

虽然教材内容每年会进行文字、图像、数据上的微调和更新，但在某一轮课程改革下的更新是相对稳定的。相比于教材，学生的变化与时代的变化更加迅速，一些案例使用几年后就会变得陈旧。用新鲜的素材替代或补充原有教材中的相似内容，或对教材内容进行时间轴上的延伸，是调整教材内容的常见方法。

例如，在学习天气系统时，教材中的天气图是经典的，但是距离学生生活的年代比较久远。因此，教师需每年收集当年影响较大的或典型天气现象的天气图，如冬季的寒潮、夏季的台风等，作为教材图像的补充素材。

3. 教材内容的增补与省略

国家课程中，有些内容可能会出现"空缺"。这里所指的空缺，并非真正意义上的内容空缺，而是由于学生的知识储备有限而造成的学习上的"鸿沟"。例如，由于初中地理基础存在差异，学生进入高二以后，在学习与区域地理关联较大的模块（课程必修3模块、新课程选择性必修2模块和选择性必修3模块）时，会面临比较大的困难。因此，在模块与模块之间插入部分衔接性教学内容可以降低学生学习的难度，使模块与模块之间的衔接更为自然。

三、国家课程校本化建设的效果

自国家课程校本化建设实施以来，我们的态度从迷茫变成坚定，认识从模糊到清晰，做法从简单到系统，经过了由肤浅到深刻的发展历程。伴随这一发展历程，我们获得了明显效果：提高了课程的适应性，促进了学生的个性化成长；增强了教师的课程意识，促进了教师在专业领域的发展；实现了学校的课程创新，促进了学校特色的形成。

1. 提高了课程的适应性

经过两轮高中地理课程校本化建设，教师对课程的适应性越来越明显。

首先是新课程的观念深入人心。例如，对于三维目标，一开始不清楚怎么写，撰写出的三维目标或是只有知识目标，或者三维目标割裂，后来便能够和教学过程统一了。再如，对于核心素养，一开始不清楚其内涵，撰写的核心素养是贴标签式的，后来明确了核心素养和三维目标乃至教学内容之间的关系，再看核心素养，就更容易理解了。接下来，当教师能够建立起核心素养与三维目标以及具体教学内容之间的关联时，核心素养便有了实际的依托，就能够落地了，这就避免了核心素养和教学内容两张皮的现象。

2. 促进了学生的个性成长

学生是课程中信息传递的终端，是校本化课程建设的最终受益者。学校的课程，归根结底是为了学生的发展。校本化的课程，更加能够适应学校的客观条件，更能够符合学生身心发展的多样化需求。

3. 增强了教师的课程意识

在传统的课程中，教师只是教材的教授者，简单地将知识从课本搬运到学生的头脑中，缺少课程意识。现代教育对教师功能的定位发生了很大变化，教师不再是单纯的教材的教授者，也是课程内容与教材的开发者。教师要有了解学生需求的能力，要有批判、反思和行动的能力。历经十年磨炼，我们的教师能够自觉地进行学情分析，积极主动地开发课程，特别是在对国家课程进行增补、整合、再编写的能力方面有了明显提升。

4. 促进了教师的专业成长

师本化是校本化的具体体现，没有师本化就没有校本化。所谓师本化，是指在课程校本化建设过程中，教师逐步积淀创生而展现出来的教学风格，体现现代教师的个性化课程。因此，我们经常看到这样的现象：经过集体备课后，同样的教学内容，在不同教师的课堂上呈现出不同的教学风格，即课程实施具有鲜明的个性化。

5. 构建了校本化教学资源

通过国家课程校本化建设，教研组编写了与之配套的校本化学案，帮助学生梳理重点、难点，记笔记，学习与复习，引导学生有效率地听课。北京一零一中原版高中地理学案经过了十年的教学实践，是一套完整的辅助高中地理课程的资源。北京一零一中新版高中地理学案则是在原有的基础上，结合新的课程改革理念、新教材的实施，以及新的考试命题方向编写而成的课程辅助资源，目前已经完成了第一轮实践（2019—2022年）。

下面为普通高中地理课程——地理1"宇宙中的地球"一节学案的样节。

【学习目标】

1. 运用资料，说出天体系统的名称。
2. 运用示意图等，指出地球在不同层级天体系统中的位置，描述地球所处的宇宙环境。
3. 运用资料，说明地球的普通性和特殊性。
4. 从地球自身特征和地球所处的宇宙环境，说明地球上存在生命的原因，体会保护地球宇宙环境的重要性。

【学习过程】

一、科学预习

本节课学习的重点是运用文字、示意图、表格等资料，描述地球所处的宇宙环境，并能够结合地球上存在生命的原因说明地球宇宙环境的重要性。

本节重点问题：

1. 我们可以如何描述地球在宇宙中的位置？
2. 地球是宇宙中唯一存在高级智慧生命的星球吗？为什么？

二、课堂学习

【学习任务一】

选用适当的方式绘制示意图，表示地球在宇宙中的位置。

【学习任务二】

活动：火眼金睛找问题。

某同学在学习地球的宇宙环境后，绘制了太阳系示意（图2-3）。请你从科学性角度对该同学绘制的太阳系示意进行简单评价，并提出改进建议。

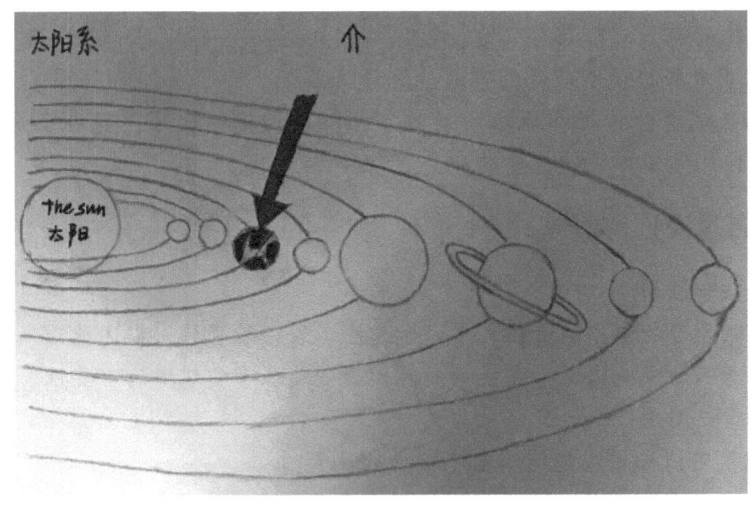

图2-3 太阳系示意

【学习任务三】

活动：哪一个对你更重要？

第二章 "生态·智慧课堂"视域下的地理课程建设

参考学习任务三活动表（表2-3）回答问题。

表2-3 学习任务三活动表

假设你是机长,现在飞机中有14名机组人员。由于引擎故障,你需要迫降月面,降落地距科学考察站有100km路程。你们决定步行去科学考察站。为了降低质量,你们现在只能带5种必需品。请你按照其重要程度为5种必需品排序（最重要的写①,最不重要的写⑤,以便明确在紧急情况下可以先丢掉什么。）				假设你是机长,现在飞机中有14名机组人员。由于引擎故障,你需要迫降在沙漠中,降落地距驻地有降低300km路程。你们决定步行去驻地。为了降低质量,你们现在只能带5种必需品。请你按照其重要程度为5种必需品排序（最重要的写①,最不重要的写⑤,以便你明确在紧急情况下可以先丢掉什么。）
你选择的理由	序号	目前能够找到的物品	序号	你选择的理由
		A 压缩食品		
		B 降落伞		
		C 汽油		
		D 奶粉		
		E 氧气瓶		
		F 尼龙绳		
		G 星图		
		H 火柴		
		I 指南针		
		J 足量的瓶装水		
		K 信号灯		
		L 急救药品		
		M 发报机		
		N 加热器		
		O 手电		
两种情况下你选择的物品有哪些相同点和区别？				
你的选择	在沙漠中	在月面	你从活动中学到了什么？	
①				
②				
③				
④				
⑤				

结合上述活动，请思考：
1. 生命存在的条件有哪些？
2. 从地球的自身条件和宇宙环境两个角度总结地球上存在生命的原因。

三、课堂达标

天体系统层次示意如图 2-4 所示，请作为参考答完 1~2 题。

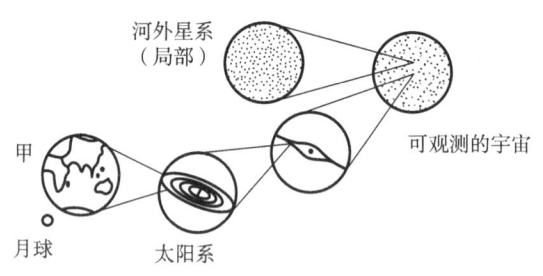

图 2-4 天体系统层次示意

1. 图 2-4 中包含的天体系统层次有（　　）。
   A. 二级　　　　B. 三级　　　　C. 四级　　　　D. 五级
2. 甲是一颗有生命存在的行星，它存在生命的条件最可能是（　　）。
   ①该行星绕转的恒星很稳定　②该行星上有岩石　③该行星有浓密的大气
   ④该行星只有一颗卫星　⑤该行星上有液态水
   A. ①②③④⑤　　B. ②③④⑤　　C. ①③⑤　　D. ①⑤

四、课后复习与检测

荷兰某机构计划 2025 年把志愿者送上火星。这个计划可行吗？专家认为技术上很难。太阳系模式局部示意如图 2-5 所示，请作为参考完成 1~3 题。

图 2-5 太阳系模式局部示意

1. 火星在图中的代号为（　　）。
   A. a　　　　B. b　　　　C. d　　　　D. e
2. 火星成为地球近邻，实际上路途非常遥远。已知火星绕太阳运行的轨道半径平均为 1.52 天文单位，则地球到火星的最近距离大约为（　　）。
   A. 0.52 天文单位　　　　　　B. 1 天文单位
   C. 1.52 天文单位　　　　　　D. 2.52 天文单位
3. 志愿者在飞往火星途中会遇到的主要困难是（　　）。
   ①宇宙空间强辐射　②火星引力强大　③火星大气层稠密　④环境长期失重
   A. ①③　　　　B. ②④　　　　C. ②③　　　　D. ①④

4. 格林尼治时间某年 3 月 17 日 0 时 18 分 45 秒，爱尔兰天文爱好者拍摄到某天体碰撞木星表面的照片（图 2 - 6）。有人称木星为"地球的盾牌"，保护着地球。你认为以下较合理的解释是（　　）。

A. 木星距离太阳更近，削弱了太阳射向地球的紫外线辐射

图 2 - 6　天体碰撞木星表面

B. 木星公转轨道在地球公转轨道与小行星带之间，阻挡小行星撞击地球
C. 木星公转方向与地球的一致，构成了安全稳定的宇宙环境
D. 木星体积、质量巨大，吸引部分可能撞向地球的小天体

2016 年 9 月 25 日，有"超级天眼"之称的全球最大的球面射电望远镜在贵州平塘的喀斯特洼坑大窝凼中落成启用。"超级天眼"探测范围可达到目前人类可知的宇宙边缘，对探索地外文明具有重要意义。请据此完成 5~6 题。

5. 该望远镜可探测到的最高级别的天体系统为（　　）。
   A. 可观测的宇宙　B. 银河系　　　C. 河外星系　　D. 太阳系

6. 科学家们一直致力于在宇宙中寻找与地球相似的天体。若推断出某行星可能存在生命，其可能具备的条件是（　　）。
   ①有适合生物呼吸的大气　②体积和质量适宜
   ③有昼夜更替现象　④距恒星较近，表面温度较高
   ⑤有液态水
   A. ①②③　　　　B. ②④⑤　　　　C. ①④⑤　　　　D. ①②⑤

7. 为了了解"地球的宇宙环境"，某同学进行自主学习探究活动。请阅读相关资料，回答下列问题，帮助该同学完成学习探究任务。

学习材料：太阳系模式（图 2 - 7）、八大行星主要物理性质比较（表 2 - 4）。

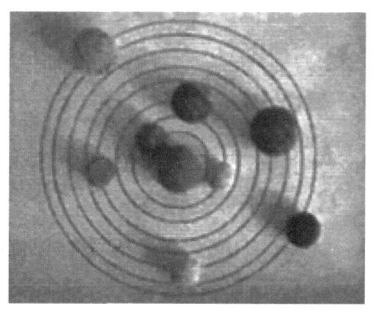

图 2 - 7　太阳系模式

表 2-4　八大行星主要物理性质比较

行星	距太阳（地球=1）	体积（地球=1）	赤道半径/km
水星	0.387	0.056	2 440
金星	0.723	0.856	6 050
地球	1.00	1.00	6 378
火星	1.52	0.15	3 395
木星	5.2	1 316.0	71 400
土星	9.5	754.0	60 000
天王星	19.2	65.20	25 900
海王星	30.1	57.10	24 750

活动一：参考图 2-7 和表 2-4，认识地球在宇宙中的位置。

该同学对地球在宇宙中的位置是这样描述的：

我们赖以生存的地球，是浩瀚宇宙中的一个天体。地球所处的天体系统，按照级别从高到低，依次为可观测的宇宙、河外星系、太阳系、地月系。地球是太阳系的八大行星之一，它和其他行星沿着近似圆形的轨道围绕太阳公转，公转方向不同，轨道面几乎在同一个平面上。按照距离太阳由近及远的顺序，地球排在第三位，地球内侧相邻的是金星，地球外侧相邻的是土星。太阳是距离地球最近的恒星，日地平均距离约为 1.5 亿千米。

（1）请你挑出该同学描述中的两处错误，按示例格式抄写错误原文并改正。

【示例】错误原文：河外星系，改正：银河系。

错误 1：_____。

错误 2：_____。

活动二：参考图 2-6 和表 2-4 制作太阳系模型，模拟地球的宇宙环境。

（2）请你从科学性角度对该同学制作的太阳系模式进行简单评价，并提出改进建议。

活动三：在学习和制作模型的基础上探寻地球上存在生命的主要原因。

（3）地球上生命活动的能量来源是____（单选题）。

A. 太阳辐射　　B. 太阳活动　　C. 地热能　　D. 重力势能

（4）地球上有生命存在的主要原因有____（双选题）。

A. 地球与太阳的距离适中　　　　B. 地球有一颗天然卫星——月球

C. 地球所处的宇宙环境很稳定　　D. 地球是太阳系八大行星之一

四、参考答案

1. C　2. A　3. D　4. D　5. A　6. D

7.

（1）错误1：公转方向不同，改正：公转方向相同；错误2：地球外侧相邻的是土星，改正：地球外侧相邻的是木星。

（2）调整八大行星的距日远近和体积大小、补充小行星带。

（3）A

（4）AC

"课堂达标"评价：

评价层级 题目	★	★★	★★★	★★★★	★★★★★
1	√				
2	√				
3	√				
4	√				
5	√				
6	√				
7		√			

五、学习资源链接

纪录片《宇宙与人》《人类对宇宙中恒星的探索》。

学生通过观看纪录片了解人类探索宇宙的变化，国家课程校本化最终实现了学校的课程创新，助力学校特色课程的形成。

附：北京一零一中地理国家课程"教—学—评"实施标准

一、教学安排

学段		课程内容
七年级第一学期	七年级（上册）	第一章 地球和地图；第二章 陆地和海洋；第三章 天气和气候；第四章 居民与聚落；第五章 发展与合作
七年级第二学期	七年级（下册）	第六章 亚洲；第七章 我们临近的地区和国家；第八章 东半球其他的地区和国家；第九章 西半球的国家；第十章 极地地区
八年级第一学期	八年级（上册）	第一章 从世界看中国；第二章 中国的自然环境；第三章 中国的自然资源；第四章 中国的经济发展

续表

学段		课程内容
八年级第二学期	八年级（下册）	第五章　中国的地理差异；第六章　北方地区；第七章　南方地区；第八章　西北地区；第九章　青藏地区；第十章　中国在世界中
高一年级第一学期	必修1	第一章　宇宙中的地球；第二章　地球上的大气；第三章　地球上的水；第四章　地貌；第五章　植被和土壤；第六章　自然灾害
高一年级第二学期	必修2	第一章　人口；第二章　乡村和城镇；第三章　产业区位因素；第四章　交通运输布局与区域发展；第五章　环境与发展
高二年级第一学期	选择性必修1	第一章　地球的运动；第二章　地表形态的塑造；第三章　大气的运动；第四章　水的运动；第五章　自然环境的整体性与差异性
高二年级第二学期	选择性必修2	第一章　区域与区域发展；第二章　资源、环境与区域发展；第三章　城市、产业与区域发展；第四章　区际联系与区域协调发展
	选择性必修3	第一章　自然环境与人类社会；第二章　资源安全与国家安全；第三章　环境安全与国家安全；第四章　保障国家安全的资源、环境战略与行动

二、课程目标

（一）课程总目标

掌握地理基础知识、基本技能、基本思想和方法，通过培养地理学科核心素养的落实立德树人根本任务。

（1）掌握地球和地图的基础知识，了解家乡、中国和世界的地理概貌，了解家乡与祖国、中国与世界的联系，增强对地理事物和现象的好奇心，提升学习地理的兴趣及对地理环境的审美情趣，关心家乡的环境与发展，关心我国基本地理国情，增强热爱家乡、热爱祖国的情感，尊重世界不同国家的文化和传统，增强民族自尊心、自信心和自豪感，理解国际合作的意义，初步形成全球意识。

（2）正确看待地理环境与人类活动的相互影响，深入认识两者相互影响的不同方式、强度和后果，理解人们对人地关系认识的阶段性表现及其原因，认同人地协调对可持续发展具有重要意义，形成尊重自然、和谐发展的观念，增强防范自然灾害、保护环境与资源和遵守相关法律法规的意识，养成关心和爱护地理环境的行为习惯。

（3）形成从综合的视角认识地理事物和现象的意识，对地理各要素之间的相互作用关系有较强的分析能力，并能在一定程度上解释地理事物和现象发生、发展的过程，从而比较全面地观察、分析和认识不同地方的地理环境特点，可以辩证地看待地理问题。

（4）形成从空间－区域视角认识地理事物和现象的意识，对地理事物和现象的空间格局有较强的观察力，并运用区域综合分析、区域比较、区域关联等方法认识区域，简要评价区域现状和发展趋势。

（5）运用所学知识和地理工具、在室内、野外和社会的真实环境下，通过考察、实验、调查等方式获取地理信息探索并尝试解决实际问题，具备活动策划、实施等方面的行动能力。

（二）各年级课程目标

1. 义务教育七年级课程目标

（1）了解地球和地球仪的有关基础知识；认识地球的运动及其对人类活动的影响；了解地球仪的作用，逐步建立地理空间概念。

（2）认识地图是记录和传递地理信息的工具，掌握地图的基本知识和运用地图的基本技能，养成日常生活中运用地图的习惯。

（3）认识地球表面海陆分布，初步形成海陆不断变化的科学观念；认识世界气候的地区差异，初步学会分析影响气候的主要因素；认识气候与人类生产、生活的关系，形成保护大气环境的意识，养成收听收看天气预报的习惯。

（4）理解世界人口问题及其影响，初步形成正确的人口观；了解世界文化的差异，理解和尊重各国的文化传统；形成保护人类文化遗产的意识。

（5）认识世界地域经济发展是不平衡的；了解国际合作的重要性。

（6）从"位置与分布""联系与差异""环境与发展"等角度认识不同尺度世界区域的地理特征。

2. 义务教育八年级课程目标

（1）了解我国疆域与行政区划，增强国土意识。

（2）理解我国的人口国策，增强民族团结意识。

（3）了解我国自然环境和自然资源的基本特征；初步形成合理利用、保护自然资源的意识和防灾、减灾的意识。

（4）了解我国四大地理单元的基本特征，认识我国自然地理环境存在显著差异；初步认识我国社会、经济发展地区差异大的自然地理原因。

（5）了解我国经济地理的分布概况，形成因地制宜经济的观念；了解我国文化的地区差异，理解与尊重各地区地方文化传统和生活习俗。

（6）从"位置与分布""联系与差异""环境与发展"等角度认识不同尺度

世界区域的地理特征。

（7）认识家乡的地理环境，增强爱国、爱家乡的情感，培养实践能力。

3. 高中地理必修课程目标

（1）通过学习地球科学基础、自然地理实践、自然环境与人类活动的关系等内容，学生可以了解基本的地球科学知识，理解一些自然地理现象的过程与原理，增强对生活中的自然地理现象进行观察、识别、描述、解释、欣赏的意识与能力，树立尊重自然、顺应自然、保护自然的观念。

（2）通过学习人口、城镇与乡村、产业区位选择、环境与发展等内容，学生可以了解基本社会经济活动的空间特点，树立绿色发展、共同发展、人地协调发展的观念。

4. 高中地理选择性必修课程目标

（1）通过学习地球的运动、自然环境中的物质运动和能量交换、自然环境的整体性和差异性等内容，学生可以了解人类生存的自然环境特征，理解自然环境及其演变过程对人类活动的影响，提升认识自然环境的能力与意识水平。

（2）通过学习区域的概念和类型、区域发展、区域协调等内容，学生可以了解区域特征及其发展路径，理解区域创新发展和转型发展的重要意义，树立因地制宜、人地和谐的区域协调发展观。

（3）通过学习自然资源开发利用、环境保护、资源环境对国家安全的重要意义，学生可以了解资源、环境与国家安全的关系，增强保护资源与环境的意识，树立维护国家安全、发展利益的观念。

三、多维细目表

（一）义务教育地理多维细目表

七年级上册至八年级下册的地理多维细目表见表2-5～表2-8。

表2-5　七年级上册地理多维细目表

序号	单元	单元学习内容分解	认知层次				重难点	素养目标	达成目标途径	备注
			了解	识记	理解	运用				
1	地球	地球的形状；地球的大小	√				重点：学会利用相关地理现象和数据说明地球的形状和大小。难点：对于地球大小的空间上的理解	（1）通过了解人类认识地球形状的大致过程，感受前人勇于探索的精神。（2）会用平均半径、赤道周长和表面积等相关数据描述地球的大小	启发式教学	

续表

序号	单元	单元学习内容分解	认知层次 了解	认知层次 识记	认知层次 理解	认知层次 运用	重难点	素养目标	达成目标途径	备注
2	地球仪	纬线和纬度；经线和经度；利用经纬网定位	√	√		√	重点：归纳经线和纬线、经度和纬度的特点。可以利用经纬网定位。难点：区分经线和纬线	（1）了解地球仪的主要用途，并通过制作简易地球仪感知地球仪的基本结构。（2）运用地球仪知道经线和纬线、经度和纬度的划分，并能够比较和归纳经线和纬线、经度和纬度的特点。（3）熟知经纬网的构成，能够在地球仪上，利用经纬网确定某地点的经纬度	制作简易地球仪模型	
3	地球的运动	地球的自转；地球的公转			√ √		重点：演示和理解地球自转和公转过程，说出产生的现象。难点：(1)体会从不同角度看地球自转方向，理解时差产生的原因。(2)理解四季的形成、五带的划分与地球公转的关系	（1）会用地球仪演示地球的自转，说出地球自转的方向和周期，并能够解释所产生的昼夜交替与时间差异现象。（2）能够结合日常生活中的实例说明其与地球自转的关系。（3）会用地球仪演示地球的公转，说出地球公转的方向和周期，并能够解释所产生的季节变化与热量差异现象。（4）能够结合当地季节变化的实例，说明其与地球公转的关系。(5)利	启发式教学	

续表

序号	单元	单元学习内容分解	认知层次 了解	认知层次 识记	认知层次 理解	认知层次 运用	重难点	素养目标	达成目标途径	备注
3								用地球上的五带分布图说出五带划分的界限，并能够举例说明各带的特点		
4	地图	地图的基本要素（比例尺、地图上的方向、地图上的图例）；会选择常用地图			√	√	重点：(1) 地图上方向的确定、常见图例的识别、比例尺（图上距离与实地距离的换算）(2) 根据不同的实际情况需要选择不同的地图。难点：判断比例尺的大小	(1) 能够在地图上依据经纬线或者指向标等确定方向，正确识别常见图例，在地图上测量两点间直线的距离，并根据比例尺或将其换算成实地距离。(2) 会根据需要选择常用地图，查找所需要的地理信息，养成在日常生活中使用地图的习惯。(3) 会通过查找资料并进行相互交流的方式来了解电子地图、遥感图像等在生产、生活中的用途	校园定向越野活动	
5	地形图	等高线地形图；分层设色地形图地形剖面图			√		重点：厘清等高线的疏密程度及形态与地势高低、坡度陡缓的关系。难点：学会辨别等高线地形图上的不同地形单元	(1) 会在等高线地形图上识别山峰、山脊、山谷，判读山坡的陡缓，估算海拔与相对高度等。(2) 会在地形图上识别五种主要的地形类型	利用泡沫、塑料、砂土等制作地形模型	

续表

序号	单元	单元学习内容分解	认知层次 了解	认知层次 识记	认知层次 理解	认知层次 运用	重难点	素养目标	达成目标途径	备注
6	海陆分布	全球海陆分布大势；七大洲和四大洋	√ √				重点：认识全球海陆分布特点。难点：体会地理学家探索海陆分布过程的艰辛	（1）能运用地图和数据说出地球表面海陆所占比例，描述海陆分布特点。（2）能运用地图判别大洲、大陆、半岛、岛屿及大洋海和海峡。（3）在世界地图上说出七大洲和四大洋的名称、位置、轮廓和分布特征，在地图上识别七大洲和四大洋	拼图游戏等认识海陆分布	
7	海陆变迁	海陆变迁；板块的运动			√		重点：板块构造学说的基本内容，世界上火山、地震带的分布规律。难点：世界上火山和地震的分布及其与板块运动的联系	（1）举例说明地球表面海洋和陆地处在不断的运动和变化之中。（2）知道板块构造学说的基本观点，能说出世界著名山系及火山、地震带分布与板块运动的关系	启发式教学	
8	天气	天气和气候；常见的天气符号与天气预报；我们需要洁净的空气	√	√	√		重点：(1)辨析"天气"和"气候"。(2)学会阅读卫星云图和简单的天气预报图。难点：常见天气符号的识别，风力、风向图标等的含义	（1）能区分天气和气候的概念，并能正确应用。（2）能识别常见的天气符号，能看懂简单的天气图。（3）能用实例说明人类活动对空气质量产生的影响	参观大气环境监测站；收看天气预报	

续表

序号	单元	单元学习内容分解	认知层次 了解	认知层次 识记	认知层次 理解	认知层次 运用	重难点	素养目标	达成目标途径	备注
9	气温的变化与分布	气温的变化；气温的分布			√	√	重点：运用气温资料绘制气温曲线图，说出气温随时间（一天或一年）的变化特点。难点：分析和描述一天或一年里的气温变化特点，绘制气温曲线图	（1）能够通过阅读世界年平均和一月、七月平均气温分布图，归纳世界气温分布特点。（2）能够运用气温资料绘制气温曲线图，说出气温随时间而变化的特点	启发式教学	
10	降水的变化与分布	降水的变化；降水的分布			√	√	重点：运用降水资料绘制降水量柱状图，说出降水量时间的变化特点。阅读世界年降水量分布图，归纳世界降水量分布特点。难点：阅读世界年降水量分布图，归纳世界降水量分布特点。举例说明纬度位置、海陆位置、地形等因素对降水的影响	（1）能够通过阅读世界年降水量分布图，归纳世界降水量分布特点。（2）能够运用降水资料绘制降水量柱状图，说出降水量随时间而变化的特点	启发式教学	
11	世界的气候	气候的地区差异；世界气候类型的分布；影响气候的主要因素；气候与人类活动	√		√	√	重点：气候的地区差异。难点：影响气候的主要因素	（1）能够在世界气候分布图上指出主要气候类型的分布地区。(2) 能够举例分析纬度位置、海陆位置和地形对气候的影响。(3) 能够举出日常生活的实例，说明气候对人们生活和生产的影响	案例教学	

续表

序号	单元	单元学习内容分解	认知层次				重难点	素养目标	达成目标途径	备注
			了解	识记	理解	运用				
12	人口与人种	世界人口的增长；世界人口的分布；人口问题；不同的人种	√	√	√		重点：世界人口增长和分布的特点。难点：(1) 人口增长过快对环境及社会、经济的影响；(2) 世界三大人种的特点及主要分布地区；(3) 树立人口增长要与社会、经济的发展相适应，与环境、资源相协调的科学人口观	(1) 运用地图和其他资料归纳世界人口增长和分布的特点。(2) 举例说明，人口数量过多对环境及社会经济的影响。(3) 说出世界三大人种的特点，并在地图上指出三大人种的主要分布地区	开展辩论活动，围绕"人口多好，还是人口少好"进行	
13	语言与宗教	世界的语言；世界三大宗教	√				重点：世界主要语言和宗教及其主要分布地区。难点：形成世界主要语言和宗教分布的空间观念	(1) 运用地图说出汉语、英语、法语、俄语、西班牙语、阿拉伯语的主要分布地区。(2) 说出世界三大宗教及其主要分布地区	案例教学	
14	聚落	聚落与环境；聚落与世界文化遗产	√		√		重点：城市和乡村聚落的特点、聚落的形态及其与自然环境的关系。难点：利用所学知识具体分析聚落的形成与发展的主要影响因素、聚落的形态及其与自然环境的关系	(1) 运用图片描述城市景观和乡村景观的差别。(2) 举例说出聚落与自然环境的关系。(3) 懂得保护世界文化遗产的意义	开展辩论活动，围绕"住在乡村好，还是住在城镇好"进行	

续表

序号	单元	单元学习内容分解	认知层次 了解	认知层次 识记	认知层次 理解	认知层次 运用	重难点	素养目标	达成目标途径	备注
15	发展与合作	地域发展差异；发达国家和发展中国家的分布；国际经济合作			√		重点：从不同的角度分析国家及地区之间的差异 难点：归纳国家及地区之间差异形成的原因	（1）能够运用数据和实例说出发展中国家和发达国家发展水平的差异。（2）能够运用地图指出代表性的发展中国家与发达国家及其分布特点。（3）能够运用实例说明加强国际经济合作的重要性，列出主要国际经济组织	案例教学	

表2-6　七年级下册地理多维细目表

序号	单元	单元学习内容分解	认知层次 了解	认知层次 识记	认知层次 理解	认知层次 运用	重难点	素养目标	达成目标途径	课时	备注
1	认识大洲	（1）说明某一大洲的纬度位置、海陆位置。（2）归纳某一大洲的地形、气候、河流特点及其相互关系。（3）说明某一大洲存在的人口、环境、发展等问题。（4）说明某一大洲内部的经济发展水平是不平衡的			√		重点：说明大洲的位置，说出某大洲存在的人口、环境、发展等问题。 难点：归纳某大洲的地形、气候、河流特点及其相互关系	（1）结合实例，学会运用地图等资料，说明某大洲的位置。（2）运用地图和其他资料，归纳某大洲的地形、气候、水系特点，并简要分析其相互关系，说出它们对人类活动的影响	启发式讲授、案例教学。选取亚洲作为典型案例，分析、学习之后再选取北美洲进行活动练习	4	

续表

序号	单元	单元学习内容分解	认知层次				重难点	素养目标	达成目标途径	课时	备注
			了解	识记	理解	运用					
2	认识地区	（1）说出某一地区的地理位置特点。（2）描述某一地区地形特征及与人类活动的关系。（3）说出某一地区的气候特点及其对农业生产和生活的影响。（4）说明某一地区河流概况及其对城市分布的影响。（5）指出某一地区重要的自然资源并说出其分布、生产、出口等情况。（6）说出某一地区发展旅游业的优势。（7）说出某一地区最有影响的区域性国际组织。（8）描述某一地区富有特色的文化习俗				√	重点：某地区地理位置特点、特色产业、特色文化习俗及有影响的国际组织。难点：某地区地形、气候、河流、自然资源等要素的特征及其对人类活动的影响	（1）结合实例，学会运用地图等资料，说明某地区的位置。（2）运用地图、图表等资料，归纳某地区地形、气候、河流等要素的特征，并说明其对人类活动的影响。（3）运用地图和其他资料说出某地区重要的自然资源情况。（4）运用地图等描述某地区的旅游业、特色文化和国际组织	启发式讲授、案例教学。选取多个案例从不同角度落实课标要求，如东南亚、中东、撒哈拉以南非洲、欧洲西部等	12	
3	认识两极地区	说出两极地区自然环境的特殊性及开展科学考察和环境保护的重要性				√	重点：两极地区的自然环境。难点：两极地区自然环境的特殊性及其重要性	运用地图和其他资料分析两极地区自然环境的特殊性及重要性	启发式讲授	2	

续表

序号	单元	单元学习内容分解	认知层次 了解	认知层次 识记	认知层次 理解	认知层次 运用	重难点	素养目标	达成目标途径	课时	备注
4	认识国家	（1）说出某一国家的地理位置、领土组成和首都。 （2）说出某一国家自然环境的基本特点，指出特有的自然地理现象和突出的自然灾害，并说明成因。 （3）说出某一国家因地制宜发展经济的实例。 （4）说明高新技术产业在某一国家经济发展中的地位和作用。 （5）说出某一国家的种族、民族、人口、宗教、语言等方面的概况。 （6）说明某一国家自然与社会环境对民俗的影响。 （7）说出某一国家与其他国家在经济、贸易、文化等方面的联系。 （8）说出某一国家在开发利用自然资源和保护环境方面的经验、教训				√	重点：某国的地理位置及经济发展等方面的概况。 难点：某国自然环境的基本特征、成因及其影响	（1）结合实例，学会运用地图等资料，说明某国的位置。 （2）运用地图、图表等资料，归纳某国地形、气候、河流等要素的特征，并说明其对人类活动的影响。 （3）运用地图和其他资料说出某国因地制宜发展经济的情况。 （4）运用地图等描述某国开发利用自然资源的情况、与其他国家的联系等	启发式讲授、案例教学。选取多个案例从不同角度落实课标要求，如日本、印度、俄罗斯、美国、巴西、澳大利亚等	18	

表 2-7　八年级上册地理多维细目表

序号	单元	单元学习内容分解	认知层次 了解	认知层次 识记	认知层次 理解	认知层次 运用	重难点	素养目标	达成目标途径	备注
1	疆域	我国的地理位置；我国的邻国和濒临海洋；我国的省级行政区域		√			重点：(1)我国地理位置的优越性；(2)省级行政单位的名称及分布。难点：众多地名在地图上的空间位置的落实	(1)运用地图说出我国的地理位置及其特点。(2)记住我国的领土面积，在地图上指出我国的邻国和濒临的海洋，认识我国既是陆地大国，也是海洋大国。(3)在我国政区图上准确找出34个省级行政区域单位，记住它们的简称和行政中心	案例教学	
2	人口	我国的人口增长趋势；我国人口国策；我国人口分布特点				√	重点：(1)我国人口的数量及增长；(2)我国人口分布特点。难点：我国存在的人口问题及对我国人口基本国策的理解	(1)运用有关数据说明我国人口增长趋势，理解我国的人口国策。(2)运用中国人口分布图描述我国人口分布的特点	启发式教学	
3	民族	我国的民族分布特征				√	重点：(1)我国的民族构成特点；(2)我国的民族分布特点。难点：对我国民族政策的认识和理解	运用中国民族分布图说出我国民族分布的特征	启发式教学	

续表

序号	单元	单元学习内容分解	认知层次 了解	认知层次 识记	认知层次 理解	认知层次 运用	重难点	素养目标	达成目标途径	备注
4	地形和地势	我国地形地势的主要特征				√	重点：我国的地势、地形基本特征。难点：(1)运用地图观察判断我国地势、地形的基本特征。(2)结合地图，使学生形成地理事物的空间概念	运用中国地形图概括我国地形、地势的主要特征	案例教学	
5	气候	我国气候的主要特征；我国气候主要的影响因素				√	重点：(1)我国气温和降水的分布特点及差异。(2)我国气候的主要特征及其影响。难点：(1)有关气候图的分析判读。(2)温度带、干湿地区与人们的生产和生活的关系。(3)季风气候的成因及其对农业生产的影响	运用资料说出我国气候的主要特征，以及影响我国气候的主要因素	启发式教学	
6	河流	我国河流的分布特征；黄河、长江的水文特征				√	重点：(1)黄河、长江的地理概况。(2)黄河的忧患与治理。(3)长江的开发利用与治理。难点：(1)外、内流河的水文特征及其成因。(2)黄河、长江的治理	(1)在地图上找出我国主要的河流，归纳我国外流河、内流河的分布特征。(2)运用地图和资料，说出长江、黄河的主要水文特征以及对社会经济发展的影响	案例教学	

续表

序号	单元	单元学习内容分解	认知层次 了解	认知层次 识记	认知层次 理解	认知层次 运用	重难点	素养目标	达成目标途径	备注
7	自然灾害	我国自然灾害的特点	√				重点：了解我国自然灾害的主要特点。难点：举例说出我国在防灾减灾工作中的成就	了解我国是一个自然灾害频繁发生的国家	案例教学	
8	自然资源的含义及类型	自然资源的含义；自然资源的类型	√				重点：可再生资源和非可再生资源	举例说明可再生资源和非可再生资源的区别	启发式讲授	
9	土地资源	土地资源的主要特点；我国的土地国策	√		√		重点：土地资源的特点。难点：土地资源的问题及影响	（1）运用资料说出我国土地资源的主要特点。（2）结合土地资源利用中出现的问题，理解我国的土地国策。（3）说明土地资源对我国人民生产和生活的影响，初步形成可持续发展的观念	启发式讲授案例教学	
10	水资源	水资源的时空分布特点；水资源对社会经济发展的影响；我国跨流域调水的必要性	√√		√		重点：水资源的时空分布特点。难点：我国跨流域调水的重要性	（1）运用资料说出我国水资源的时空分布特点及其对于社会经济发展的影响。（2）知道解决我国水资源时空分布不均的措施。（3）结合实例说明我国跨流域调水的必要性	启发式教学，案例"大江北去，一滴水的进京路"	

续表

序号	单元	单元学习内容分解	认知层次 了解	认知层次 识记	认知层次 理解	认知层次 运用	重难点	素养目标	达成目标途径	备注
11	交通运输方式	不同交通运输方式的特点；选择恰当的交通运输方式；我国铁路干线的分布格局	√	√		√	重点：比较不同交通运输方式的特点并会选择。难点：我国铁路干线的分布格局	（1）通过列表比较不同交通运输方式的特点。（2）结合生活实例选择恰当的交通运输方式。（3）运用地图说出我国铁路干线的分布格局，并能根据铁路干线分布图设计合理、经济的旅游线路	启发式、案例教学	
12	农业	农业的分布特点；农业的重要性；科学技术在农业中的重要性	√	√	√		重点：农业的分布及重要性。难点：科学技术在农业发展中的重要性	（1）运用资料说出我国农业分布特点，说出我国农业在地区分布上的差异。（2）通过实例分析理解因地制宜发展农业的必要性。（3）举例说明科学技术在农业发展中的重要作用	启发式、案例教学	
13	工业	工业分布特点；我国高新技术产业的发展状况	√				重点：工业分布特点。难点：我国高新技术产业的发展状况	（1）运用资料说出我国工业分布特点及基本格局，认识一些工业中心和工业基地。（2）了解我国高新技术产业的发展状况，认识高新技术产业的重要性	启发式、案例教学	

表2-8　八年级下册地理多维细目表

序号	单元	单元学习内容分解	认知层次 了解	认知层次 识记	认知层次 理解	认知层次 运用	重难点	素养目标	达成目标途径	备注
1	中国的地理差异	中国的地理差异			√		重点：(1) 能够在地图上指出北方地区、南方地区、西北地区和青藏地区的位置和范围，分析其划分原因；(2) 理解秦岭—淮河一线是我国重要的地理界限。难点：知道我国四大区域划分的自然、人文综合原因，初步了解它们的自然地理差异	(1) 通过地图的使用，能够在地图上指出四大地理区域的位置、范围及划分的自然、人文原因，能够比较它们的自然地理差异，明确同一地理区域也存在很大的差异。(2) 能在地图上找出秦岭淮河，并说明秦岭淮河的地理意义。(3) 初步掌握地理事物划分方法以及区域划分的一般方法。(4) 通过分析我国不同地区丰富的民族文化、自然风光，培养学生的民族自豪感和爱国主义情操	谈话法、读图分析法、归纳法和小组合作探究法	
2	北方地区	自然特征与农业			√		重点：(1) 北方地区的自然特征；(2) 北方地区主要农业区及其主要农产品。难点：(1) 北方地区气候、地形等自然地理要素与农业生产和人民生活的关系；	(1) 读图归纳北方地区的地理位置、范围、地形、气候等特征并进行简单评价。(2) 分析北方地区的主要自然地理特征，探讨其对该地区的人民生活、经济发展产生了什么影响，尤其是对当地农业生	自主—合作探究教学法、读图分析法、启发讲授法	

续表

序号	单元	单元学习内容分解	认知层次				重难点	素养目标	达成目标途径	备注
			了解	识记	理解	运用				
2							（2）北方地区农业发展过程中存在的主要问题及解决措施	产有哪些影响。 （3）了解北方地区农业生产方式和主要农作物，分析形成原因，讨论农业发展带来的问题及解决办法。 （4）了解自然地理环境对农业生产的影响，初步树立因地制宜的观念，理解人与自然和谐相处的意义，树立可持续发展的环境观，增强环保意识。 （5）分析讨论各自然条件的相互影响和制约，培养学生辩证唯物主义观念		
3	北方地区	"白山黑水"——东北三省				√	重点：东北地区优越的自然条件和各种矿产资源的产地 难点：东北地区在重工业建设方面取得的成就	（1）了解东北三省的位置和范围，优越的地形、气候条件，以及丰富的矿产资源和森林资源。 （2）了解东北能成为"中国工业摇篮"的原因以及工业的分布状况。 （3）了解东北的历史及对国家的贡献，关注东北的发展状况，发展学生的逻辑思维，培养创新与合作意识	案例研究法、小组合作探究法	

续表

序号	单元	单元学习内容分解	认知层次				重难点	素养目标	达成目标途径	备注
			了解	识记	理解	运用				
4	北方地区	世界上最大的黄土堆积区——黄土高原			√		重点：(1) 黄土高原水土流失严重的原因。(2) 黄土高原脆弱的生态环境及成因。难点：黄土高原千沟万壑的地形特征的成因，黄土高原人地关系的矛盾和协调	(1) 读图说出黄土高原的位置，描述黄土高原所跨的省级行政区，知道黄土高原的形成原因，通过分析黄土高原的形成原因初步了解科学论证的一般方法。(2) 读图分析造成黄土高原水土流失严重的原因，并讨论由此导致的严重后果，进一步培养学生的读图分析能力及归纳理解能力。(3) 认识到人与自然及自然环境各要素之间相互作用、相互影响的复杂关系，从而培养学生树立正确的人地观和持续发展观	小组合作探究，小组展示	

续表

序号	单元	单元学习内容分解	认知层次				重难点	素养目标	达成目标途径	备注
			了解	识记	理解	运用				
5	北方地区	祖国的首都——北京			√		重点：(1) 北京市的自然地理特征、历史文化传统和城市职能。(2) 北京市的未来发展方向。难点：对北京市地理位置的评价，北京市城市建设中存在的问题及解决措施	(1) 了解北京市的位置、面积等自然环境特征，并能对北京的位置做出简要评价。(2) 了解北京市的历史文化传统和城市的发展变迁、著名的名胜古迹，掌握北京的城市职能和未来发展方向。(3) 加深学生对祖国悠久历史、深刻文化底蕴的认识，进一步培养学生热爱首都、热爱祖国的高尚情操，增强民族自豪感，树立保护名胜古迹的正确态度	课前小组调查法、小组展示法、小组合作探究法	
6	南方地区	自然特征与农业			√		重点：了解南方地区的位置、地形、气候等自然环境及水田农业区。难点：举例说明南方地区的自然环境对生产生活的影响	(1) 利用地图说出南方地区的位置范围、主要地形区及对气候的影响。(2) 了解南方地区是重要的水田农业区，能够读出主要农作物的分布。(3) 通过南方地区的学习，培养学生对祖国大好河山的热爱，培养学生的爱国主义情怀	小组合作探究法、多媒体辅助教学法、启发式讲授法	

续表

序号	单元	单元学习内容分解	认知层次 了解	认知层次 识记	认知层次 理解	认知层次 运用	重难点	素养目标	达成目标途径	备注
7	南方地区	"鱼米之乡"——长江三角洲地区	√				重点：我国最大的城市群在全国发展中的地位。难点：水乡的文化特色	（1）了解南方地区位置的特点。（2）了解水乡的特色文化。（3）认识我国最大城市群在全国的地位，培养综合分析区位优势的能力	图文资料演示法、小组讨论法	
8	南方地区	"东方明珠"——香港和澳门			√		重点：(1)香港和澳门概况：位置、范围、人口等。(2)祖国内地与港澳之间的密切联系。难点：香港经济特点及与内地的联系	（1）了解香港和澳门的地理位置与优越性，理解"一国两制"政策的含义。（2）了解香港和澳门的人口密度、经济特点等人文地理特征。（3）理解祖国大陆与港、澳经济发展的模式和意义。（4）分析图文资料，培养学生获取图文信息并对其进行综合分析的能力。（5）培养学生对与港澳同类的地区或国家区域地理特征的归纳分析能力。（6）讲述香港和澳门的"身世"和"一国两制"政策，对学生进行爱国主义教育和国情国策教育	启发式讲授	

续表

序号	单元	单元学习内容分解	认知层次 了解	认知层次 识记	认知层次 理解	认知层次 运用	重难点	素养目标	达成目标途径	备注
9	南方地区	祖国的神圣领土——台湾省			√		重点：(1) 台湾是中国不可分割的神圣领土。(2) 台湾的自然环境特征和经济特色。难点：(1) 台湾的经济特色。(2) 自然环境与物产的密切联系	(1) 能运用地图说出台湾省的位置和范围，了解台湾省的人口，培养从地图上获取区域知识的能力。(2) 学会用事实和史料证明台湾是祖国不可分割的神圣领土。(3) 能运用地图和资料学会分析台湾的自然环境特点和经济特色，培养提取信息、加工信息和分析问题的能力，初步学会分析区域特征的方法。(4) 通过阅读大量的史实材料，学生可以明确台湾自古以来就是中国不可分割的神圣领土，对学生进行爱国主义教育，培养学生的爱国主义情感，以及神圣的民族感、使命感、责任感，并保持为祖国振兴而学习的动力	启发式讲授	

续表

序号	单元	单元学习内容分解	认知层次 了解	认知层次 识记	认知层次 理解	认知层次 运用	重难点	素养目标	达成目标途径	备注
10	西北地区	自然特征与农业			√		重点：西北地区独特的自然地理特征。难点：地理环境各要素之间相互依存和相互影响的关系，西北地区独特的自然地理特征对人类生产、生活的影响	（1）让学生明确我国西北地区的位置、范围和以高原、盆地为主的地形。（2）让学生明确西北地区是一个以干旱为主要自然特征的地区，干旱的气候与当地的地理位置、地形、植被、河流的相互关系，以及对当地经济建设、民众生活的制约。（3）让学生明确西北地区从东向西自然景观变化规律，并探讨其形成原因。（4）西北地区自然景观的分布规律及原因。（5）我国重要的畜牧业基地和富有特色的灌溉农业区。（6）认识古老的饮水工程坎儿井与自然环境的关系。（7）通过了解西北地区的干旱严重影响了民众的生活，制约了经济的发展，让学生具备珍惜水资源，爱护自然环境的意识	启发式讲授	

续表

序号	单元	单元学习内容分解	认知层次 了解	认知层次 识记	认知层次 理解	认知层次 运用	重难点	素养目标	达成目标途径	备注
11	西北地区	干旱的宝地——塔里木盆地			√		重点：(1)塔里木盆地人口、城市的分布特点及其影响因素。(2)能源开发与环境保护之间的关系。难点：(1)塔里木盆地人口、城市的分布特点及其影响因素。(2)明确我国西部开发与环境保护之间的关系，树立可持续发展的观念	(1)运用地图和相关资料使学生了解塔里木盆地的自然环境，分析其干旱的原因，并能够描述新疆人口、城市的分布特点，并在此基础上分析影响其分布的因素，使学生了解各地理要素之间相互影响的关系。(2)了解塔里木盆地丰富的油气资源及实施资源区域调配的原因。(3)深刻领会人类在利用自然资源的同时更应保护资源；做到人与自然的和谐发展	读图观察法、小组活动法、联系对比法	
12	青藏地区	自然特征与农业			√		重点：青藏地区的自然环境特征。难点：探究青藏高原自然地理特征对人类生产、生活的影响	(1)了解青藏地区的位置、范围、山脉、河流等基本情况。(2)掌握青藏地区的地形、气候特征。(3)理解青藏地区农业生产特殊性。(4)激发学生的爱国主义情怀和开发、建设边疆的雄心壮志	读图观察法、小组活动法、联系对比法	

续表

序号	单元	单元学习内容分解	认知层次 了解	认知层次 识记	认知层次 理解	认知层次 运用	重难点	素养目标	达成目标途径	备注
13	青藏地区	高原湿地——三江源地区	√				重点：了解三江源地区环境特征和环境保护。难点：认识三江源地区的生态价值	（1）了解三江源"中华水塔"的由来。（2）认识三江源地区的生态价值。（3）养成并提升环境保护意识，树立可持续发展的观念	探究式学习	
14	中国在世界中	中国在世界中	√				重点：中国的发展状况和重大的国际责任。难点：中国发展中的问题	（1）了解我国发展的巨大成就。（2）认识到发展阶段和地区差距，培养民族危机感、拥有民族自豪感和大国责任感	读图观察法、小组活动法、联系对比法、网络学习法	

（二）高中地理多维细目表

高中地理多维细目表见表2-9~表2-13。

表2-9 必修1

序号	单元	单元学习内容分解	认知层次 水平1	认知层次 水平2	认知层次 水平3	认知层次 水平4	重难点	素养目标	达成目标途径	备注
1	宇宙中的地球	（1）地球的宇宙环境。（2）太阳对地球的影响。（3）地球的历史。（4）地球的圈层结构		√			重点：地球在天体系统中的位置；地球上生命存在的条件；太阳辐射和太阳活动对地球的影响；简要描述地球的演化历程。难点：认识地球的普通性和特殊性；地球上生命存在的条件；了解地质年代表的划分依据；地	（1）根据图像资料，结合天文观测活动描述各类天体的特点和天体系统的层次结构。（2）运用资料说出行星地球的普通性和特殊性。（3）举例说明太阳辐射和太阳活动对地球的影响	现象感知、实例分析、模型建构、特征描述、方法掌握	5课时

续表

序号	单元	单元学习内容分解	认知层次 水平1	认知层次 水平2	认知层次 水平3	认知层次 水平4	重难点	素养目标	达成目标途径	备注
1							球各圈层的相互联系、相互渗透	（4）描述不同地质年代的地球环境及古生物特点。（5）运用图表描述地球内部、外部圈层的范围、物质组成，说明地球结构特点		
2	地球上的大气	（1）大气的组成和垂直分层。（2）大气受热过程和大气运动		√			重点：说明大气的组成和垂直分层；说明大气的受热过程和大气的热力环流原理。难点：分析大气的组成和垂直分层与人类活动的联系；能够用事实解释自然界和生活中的热力环流情况	（1）运用图表等资料，说明大气的垂直分层及其与生产、生活的联系。（2）运用示意图等，说明大气受热过程和大气热力环流原理，并解释相关现象。（3）运用示意图等，说明风的形成和风向规律	情境感知、原理说明、实践应用、共同构建、问题探究式教学、学生实验式学习	3课时
3	地球上的水	（1）水循环。（2）海水的性质。（3）海水的运动		√			重点：运用示意图，说明水循环的过程及其地理意义；说明海水性质和海水运动对人类活动的影响。难点：海水盐度分布和密度分布；理解海浪、潮汐、洋流的概念	（1）运用水循环示意图，识别水循环的主要环节，描述水循环的过程，指出水循环的类型。（2）结合实例，分析水循环对自然环境的影响，说明水循环的地理意义，体会水量平衡的思想。（3）运用图表等资料，说出海水温度、盐度、密度的分布特点及其	情境设疑、建构过程、探究意义、渗透观念、概念阐述、影响因素、分布规律、案例说明	5课时

第二章 "生态·智慧课堂"视域下的地理课程建设 51

续表

序号	单元	单元学习内容分解	认知层次 水平1	认知层次 水平2	认知层次 水平3	认知层次 水平4	重难点	素养目标	达成目标途径	备注
3								影响因素。（4）运用图表等资料，说明海浪、潮汐和洋流对人类活动的影响		
4	地貌	（1）常见地貌类型。（2）地貌的观察		√			重点：识别喀斯特地貌、河流地貌、风沙地貌与海岸地貌；观察坡度、坡向对自然环境及人类活动的影响。难点：结合野外观察或实地景观图片，描述上述四类地貌景观的特征	（1）通过实地观察或运用视频、图像等资料，辨识喀斯特地貌、河流地貌、风沙地貌和海岸地貌，描述景观的主要特点。（2）了解地貌观察的顺序，能够在野外选择地貌观察点并确定地貌观察顺序	情感感知、分类识别、特征描述、共同建构、方法引导、实地观察、研究影响	3课时
5	植被与土壤	1. 植被。2. 土壤		√			重点：识别主要植被类型；说明植被与自然环境的关系。难点：土壤的形成因素，及其在地理环境中的地位	（1）通过实地观察或运用视频、图像识别主要植被类型。（2）通过实地观察或运用土壤标本，了解土壤的组成、颜色、质地和剖面结构，掌握观察土壤的基本内容和方法	案例分析、观察探究、归纳总结、拓展应用	4课时

续表

序号	单元	单元学习内容分解	认知层次 水平1	认知层次 水平2	认知层次 水平3	认知层次 水平4	重难点	素养目标	达成目标途径	备注
6	自然灾害	（1）气象灾害。（2）地质灾害。（3）防灾减灾。（4）地理信息技术在防灾减灾中的应用		√			重点：说明气象灾害时空特征和对人类活动的影响；说明地质灾害的分布及危害。难点：分析地质灾害发生的原因；三类地理信息技术在防灾减灾中的应用	（1）利用地图，指出常见气象灾害的发生规律与分布地点。（2）举例说明几种常见气象灾害对人类活动的影响。（3）运用实例或材料说明地震、滑坡和泥石流对人类活动的影响。（4）结合材料，认识我国防灾减灾的主要手段。（5）举例说明遥感技术、全球卫星导航系统和地理信息系统在防灾减灾中的具体作用	案例分析、归纳总结、拓展应用、共同建构、实践运用	4课时

表2-10 必修2

序号	单元	单元学习内容分解	认知层次 水平1	认知层次 水平2	认知层次 水平3	认知层次 水平4	重难点	素养目标	达成目标途径	课时	备注
1	人口	（1）人口分布		√			重点：世界人口分布特点。难点：结合实例，说明影响人口分布的因素	（1）运用世界、国家或地区等图文资料，描述世界人口分布的特点。（2）利用资料或图表，说明影响人口分布的影响因素	启发式讲授、案例教学	2	

续表

序号	单元	单元学习内容分解	认知层次 水平1	认知层次 水平2	认知层次 水平3	认知层次 水平4	重难点	素养目标	达成目标途径	课时	备注
1	人口	（2）人口迁移		√			重点：人口迁移的影响因素。难点：运用人口迁移的相关原理，说明某区域人口迁移的现象	（1）运用实例和资料，理解人口迁移的概念，说明人口迁移对迁出地和迁入地带来的影响。（2）运用世界、国家或地区等图文资料，说明人口迁移的影响因素。（3）利用资料和图表认识人口迁移的类型，说明国际人口迁移和国内人口迁移的特点及其产生的影响	启发式讲授、案例教学	2	
1	人口	（3）人口容量		√			重点：区域资源环境承载力，人口合理容量的概念及影响因素；理解人类要在世界各地消除贫困并保持人口合理容量，各国必须采取相应措施。难点：区域资源环境承载力和人口合理容量之间的区别	（1）结合实例，理解区域资源环境承载力、人口合理容量的概念及影响因素，并说出二者的区别。（2）运用世界、国家或地区等图文资料，理解消除贫困并保持人口的合理容量，各国应因地制宜地采取相应的可持续发展措施。（3）结合我国的现实情况，利用资料，理解我国人口问题和人口政策	启发式讲授、案例教学	1	

续表

序号	单元	单元学习内容分解	认知层次 水平1	认知层次 水平2	认知层次 水平3	认知层次 水平4	重难点	素养目标	达成目标途径	课时	备注
2	乡村和城镇空间结构	乡村和城镇空间结构		√			重点：结合实例分析城镇的内部空间结构。难点：运用城镇内部空间结构的相关原理，分析现实城镇功能分区的现象	（1）结合实例，说明乡村土地利用的类型和分布。（2）运用实例或资料说明城镇内部主要功能区的特点和分布情况。（3）结合实例，说明合理规划城乡土地利用对人地协调发展的意义	启发式讲授、提供相关区域地图和示意图、搭建学生知识脚手架	2	
3	城镇化	城镇化		√			重点：运用资料分析说明不同地区城镇化的过程和特点。难点：运用实例说明城镇化水平与社会经济发展水平的关系	（1）运用实例或资料说明城镇化对区域发展的作用。（2）运用资料说明不同地区城镇化的过程和特点。（3）运用实例或资料解释城镇化对地理环境的影响。（4）结合实例说明地理信息技术在城市管理中的作用	启发式讲授、案例教学	2	
4	地域文化与城乡景观	地域文化与城乡景观		√			重点：说明地域文化在城镇景观上的体现。难点：结合实例说明地域文化对城镇景观的影响	（1）理解地域文化的含义并能够说明地域文化与城乡景观的关系。（2）举例说明地域文化在乡村景观上的体现。（3）举例说明地域文化在城镇景观上的体现		1	

续表

序号	单元	单元学习内容分解	认知层次 水平1	认知层次 水平2	认知层次 水平3	认知层次 水平4	重难点	素养目标	达成目标途径	课时	备注
5	产业区位因素	（1）农业区位因素及其变化		√			重点：农业区位因素。难点：农业区位因素的变化对农业区位选择的影响	（1）结合实例，说明影响农业区位选择的自然因素和人文因素。（2）结合实例，说明农业区位因素的变化对农业区位选择的影响	启发式讲授、案例教学。教学建议：分析水稻种植的农业区位因素	2	
		（2）工业区位因素及其变化		√			重点：如何进行工业区位的选择。难点：运用工业区位因素及其变化的理论解决问题	（1）结合实例说明影响工业区位选择的自然因素和人文因素。（2）结合实例说明工业区位因素的变化对工业区位选择的影响	启发式讲授、案例教学	2	
		（3）服务业区位因素及其变化		√			重点：服务业的区位因素以及服务业的区位因素的变化。难点：从生活实例中抽象、总结出影响服务业的主要区位因素；运用动态发展的眼光看待服务业的区位因素变化，并能举出相应的具体案例说明情况	（1）结合实例，说明影响服务业区位选择的自然因素和人文因素。（2）结合实例，说明服务业区位因素的变化对服务业区位选择的影响	启发式讲授、案例教学	1	

续表

序号	单元	单元学习内容分解	认知层次 水平1	认知层次 水平2	认知层次 水平3	认知层次 水平4	重难点	素养目标	达成目标途径	课时	备注
6	交通运输布局与区域发展	（1）区域发展对交通运输布局的影响		√			重点：交通运输布局的一般原则。难点：资金对交通运输布局的影响	（1）理解交通运输布局的一般原则。（2）结合实例，说明交通运输需求对交通运输布局的影响。（3）结合实例，说明资金对交通运输布局的影响	启发式讲授、案例教学	1	
		（2）交通运输布局对区域发展的影响		√			重点：交通运输布局对区域经济发展的促进作用。难点：交通运输布局及其变化对聚落发展的影响	（1）结合实例，说明交通运输布局对区域经济发展的促进作用。（2）结合实例，说明交通运输布局对聚落发展的影响	启发式讲授、案例教学	2	
7	环境与发展	（1）人类面临的主要环境问题		√			重点：环境问题的成因。难点：运用不同区域实例或资料，列举环境问题对区域带来的影响	（1）运用人类与环境的相关模式图并结合实例解释环境问题及其产生原因。（2）利用图表认识并归纳人类面临的主要环境问题及其表现。（3）根据相关资料举例说明环境问题的地域差异和全球化趋势，认识协调人地关系的重要性	启发式讲授、案例教学	1	

续表

序号	单元	单元学习内容分解	认知层次 水平1	认知层次 水平2	认知层次 水平3	认知层次 水平4	重难点	素养目标	达成目标途径	课时	备注
7	环境与发展	（2）走向人地协调——可持续发展		√			重点：协调人地关系和可持续发展的主要途径。难点：可持续发展系统示意图	（1）理解和持续发展的概念、内涵、原则。（2）认识只有协调人地关系，才能持续发展的道理。（3）能够举例说明实现可持续发展的主要途径	启发式讲授、案例教学	1.5	
8	中国国家发展战略	中国国家发展战略举例		√			重点：主体功能区的分类及依据；区域协调发展的背景及举措。难点：理解维护我国海洋权益的重要意义	（1）运用不同类型的专题地图说明主体功能区战略的地理背景。（2）以长江经济带发展战略为例说明我国区域发展战略的地理背景。（3）结合实例说明国家海洋权益、海洋发展战略及其重要意义。（4）运用资料说明南海诸岛是中国领土的组成部分，钓鱼岛及其附属岛屿是中国固有领土，中国对其拥有无可争辩的主权	启发式讲授、案例教学	2	

表 2-11 选择性必修 1

序号	单元	单元学习内容分解	认知层次 水平1	认知层次 水平2	认知层次 水平3	认知层次 水平4	重难点	素养目标	达成目标途径	课时	备注
1	地球运动	（1）地球运动的基本特征。（2）地球运动的地理意义			√		重点：(1) 地球自转和公转的运动特征。(2) 黄赤交角与太阳直射点的回归运动。(3) 昼夜交替与时差。(4) 昼夜长短和正午太阳高度的变化。(5) 四季交替和五带划分。难点：(1) 计算时差。(2) 昼夜长短和正午太阳高度的时空变化规律及原因	（1）运用相关示意图及地球仪等，说出地球自转和公转的运动特征。（2）说明黄赤交角的产生及影响，绘制示意图简述太阳直射点的回归运动。（3）阐述昼夜交替、时差、沿地表水平运动物体运动方向偏转现象的产生原因及对自然事物或人类活动的影响。（4）结合实践活动及生活实例，说明昼夜长短和正午太阳高度的时空变化规律及形成原因	启发式讲授、校园实践活动。教学建议：（1）在学案或笔记上落实相关示意图，阐述地球运动的地理意义；（2）开展正午太阳高度测量、太阳光照图教具演示实验、观察日晷及圭表等校园实践活动；（3）结合生活实例及目视太阳轨迹示意图等开展地球运动教学	5	
2	岩石圈物质循环过程	（1）内力作用与外力作用。（2）岩石圈物质循环过程			√		重点：(1) 内力、外力作用的表现形式，及其对典型地貌形成的作用。(2) 三大类岩石的名称和特点。难点：岩石圈物质的循环过程	（1）结合实例说明内力作用及其在地表形态形成过程中的作用。（2）结合实例说明外力作用及其在地表形态形成过程中的作用。（3）通过标本或图像说出三大类岩石的名称，绘制示意图，说明岩石圈物质的循环过程	启发式讲授、校园或野外实践活动。教学建议：（1）结合不同时空尺度地表形态案例，进行内力、外力作用综合分析。（2）开展野外实践活动，在真实的自然环境中认识内、外力作用对地表形态形成的作用	2	

续表

序号	单元	单元学习内容分解	认知层次 水平1	认知层次 水平2	认知层次 水平3	认知层次 水平4	重难点	素养目标	达成目标途径	课时	备注
3	地表形态变化	（1）构造地貌。（2）河流地貌。（3）地表形态与人类活动的关系			√		重点：(1)常见地质构造对地表形态的影响。(2)从时空角度认识河流地貌。(3)地表形态与人类活动的关系。难点：(1)地质构造的判别。(2)河流地貌的形成原因	（1）结合实例，认识地质构造、板块运动与地表形态的关系。（2）结合实例，认识不同阶段、不同河段河流地貌的形成与特点。（3）以山地、河流地貌为例，说明地表形态与人类活动的关系	启发式讲授、案例教学。教学建议：（1）本单元专业术语较多，教学中注意把握重点概念的解读，注意地理概念的本质区别。（2）注重引导学生从不同时空尺度对不同的地表形态进行成因分析与特点描述。（3）结合真实情境，选择典型案例开展教学活动，尽量提供直观、清晰的图像、视频等资料，条件成熟可以开展野外实践活动教学	3	
4	天气系统	（1）锋面系统。（2）低压（气旋）、高压（反气旋）系统。（3）简易天气图判读			√		重点：(1)锋面系统、气压系统。(2)等压线天气图判读。难点：运用天气系统相关知识，解释常见天气现象及气象灾害	（1）运用示意图，分析锋面天气系统，解释常见天气现象及气象灾害。（2）运用示意图，分析低压（气旋）、高压（反气旋）天气系统，解释常见天气现象及气象灾害。（3）运用简易天气图（海平面等压线图），判读天气系统，表述变化及天气特点；判读风向、风力等	启发式讲授。教学建议：（1）选用真实案例、情境开展教学，结合具体区域（当地）天气现象及变化过程，帮助学生对相关知识的理解。（2）落实天气系统示意图绘制、等压线天气图判读等图像教学任务，借助地理信息技术（卫星遥感云图等）学习	3	

续表

序号	单元	单元学习内容分解	认知层次 水平1	认知层次 水平2	认知层次 水平3	认知层次 水平4	重难点	素养目标	达成目标途径	课时	备注
5	气压带、风带与气候	（1）气压带、风带。（2）季风环流。（3）大气环流对气候形成的作用。（4）气候对自然地理景观形成的影响			√		重点：气压带、风带及季风环流的形成、分布及其对气候的影响。难点：描述气候特征、分布，综合分析气候成因	（1）运用示意图说明气压带、风带的形成与分布，说明海陆分布对气压带、风带的影响。（2）结合气流运动特征并运用示意图、统计图等分析气压带、风带及季风环流对气候的影响。（3）结合实例分析气候对自然景观的形成的影响	启发式讲授、案例教学。教学建议：（1）承上启下，以热力环流、大气运动知识为基础，讲解气压带、风带及季风环流的形成及其控制下气候特点，特别是降水特点，进而分析气候对地理景观的影响。（2）注重气候特征判读及描述的方法，从太阳辐射、大气环流、下垫面因素及人类活动等综合分析气候成因，同时关注不同的空间尺度	4	
6	陆地水	（1）陆地水体。（2）陆地水体的相互关系			√		重点：(1)陆地水之间的相互关系、河流补给方式。(2)河流水文特征的描述与分析。难点：绘制陆地水关系示意图	（1）结合相关资料，认识陆地水的类型、分布、储量等。（2）结合相关图表及实例分析河流与其他陆地水体之间的关系，绘制陆地水相互关系示意图。（3）结合相关图文资料，描述并分析河流水文、水系特征	启发式讲授、案例教学。（1）结合不同时空区域，选取典型案例，分析陆地水体之间的关系。（2）联系初中相关知识，帮助学生形成河流水文、水系特征的分析思路	2	

第二章 "生态·智慧课堂"视域下的地理课程建设 61

续表

序号	单元	单元学习内容分解	认知层次 水平1	认知层次 水平2	认知层次 水平3	认知层次 水平4	重难点	素养目标	达成目标途径	课时	备注
7	洋流	（1）世界洋流的分布规律。（2）洋流对地理环境和人类活动的影响			√		重点：(1)运用示意图，说明世界洋流分布规律。(2)结合实例，说明洋流对地理环境和人类活动的影响。难点：北印度洋季风洋流的分布规律。	（1）读世界表层洋流分布图，结合盛行风、海陆分布、地转偏向力等因素，归纳洋流成因及分布规律。（2）结合实例，分析洋流对气候、海洋生物（渔场）、海洋污染、海上航行的影响	启发式讲授。教学建议：（1）全球洋流分布（现象）或全球风带分布（成因）引入，指导学生总结、归纳全球洋流分布规律，说出不同纬度、大陆东西两岸的沿岸洋流流向、性质以及西风漂流、北印度洋季风洋流的特点、运动方向等。（2）结合热点事件、真实案例等，如泰坦尼克号沉没、赤道企鹅等，分析洋流对气候、渔场等自然环境和人类活动的影响	2	
8	海—气相互作用	（1）海—气相互作用对全球水热平衡的影响。（2）厄尔尼诺、拉尼娜现象			√		重点：(1)分析海—气相互作用对全球水热平衡的影响。(2)解释厄尔尼诺现象和拉尼娜现象对气候、人类活动的影响。难点：结合沃克环流示意图，解释厄尔尼诺现象和拉尼娜现象出现的特征与影响	（1）运用图表说出海洋与大气之间的水分和热量交换过程，理解海—气相互作用对全球水热平衡的影响。（2）结合图文资料并运用沃克环流理论说出厄尔尼诺现象和拉尼娜现象出现的特征、对气候、人类活动的影响	启发式讲授。教学建议：（1）通过绘制示意图，帮助学生理解海—气之间的水热交换，理解相关过程及地理术语。（2）重点关注厄尔尼诺现象和拉尼娜现象的发生对局部地区及全球气候的影响，以及气候异常对人类活动的影响	1	

续表

序号	单元	单元学习内容分解	认知层次 水平1	认知层次 水平2	认知层次 水平3	认知层次 水平4	重难点	素养目标	达成目标途径	课时	备注
9	自然环境的整体性和地域分异规律	（1）自然环境的整体性。（2）自然环境的地域分异规律			√		重点：(1) 地理环境整体性，自然地理环境要素的相互作用。(2) 自然地理环境的地域分异规律及影响因素。难点：自然带的分布规律及成因分析。	（1）结合实例，理解自然环境整体性的内涵，举例说明自然地理各要素的相互作用，从整体性视角分析自然地理现象。（2）理解地理环境的差异性，举例说明地域分异规律的成因和表现，理解地理环境差异性的空间尺度，结合气候、植被等要素，分析自然带的分布与形成	启发式讲授。教学建议：（1）通过景观图像归纳地理环境要素类型，并分析相关要素之间的联系，形成对地理环境整体性的理解。（2）提供丰富的地理景观图像、视频、示意图等，帮助学生理解纬度地带性、经度地带性、垂直地带性的分布规律及主要影响因素以及非地带性现象及成因	3	

表2－12　选择性必修2

序号	单元	单元学习内容分解	认知层次 水平1	认知层次 水平2	认知层次 水平3	认知层次 水平4	重难点	素养目标	达成目标途径	课时	备注
1	区域的含义及类型	（1）区域的含义。（2）区域的类型			√		重点：区域的类型。难点：区域边界、区域空间尺度。	结合实例说明区域的含义、不同类型，理解区域的不同空间尺度	启发式讲授	2	
2	区域的整体性和关联性	（1）不同区域发展的异同。（2）因地制宜对区域发展的重要意义			√		重点：结合实例，理解区域的差异性与区域关联，比较不同该区域发展的异同。难点：结合实例，理解区域的整体性特点，比较不同区域发展的异同	（1）了解区域的要素组成。（2）理解区域的整体性特点、差异性与区域关联。（3）比较不同区域发展的异同，说明因地制宜对于区域发展的重要意义	启发式讲授、案例教学。教学建议：比较长三角地区与东北地区的异同	4	

第二章 "生态·智慧课堂"视域下的地理课程建设

续表

序号	单元	单元学习内容分解	认知层次 水平1	认知层次 水平2	认知层次 水平3	认知层次 水平4	重难点	素养目标	达成目标途径	课时	备注
3	生态脆弱区的综合治理	（1）生态脆弱区的基本特征。（2）生态脆弱区存在的环境问题。（3）生态脆弱区的治理措施			√		重点：某生态脆弱区的环境问题及其治理措施。难点：说明不同生态脆弱区的表现及相应的综合治理措施	（1）运用资料，说出某生态脆弱区的自然环境特点。（2）运用资料，说明某生态脆弱区存在的环境与发展问题。（3）运用资料，说明某生态脆弱区的综合治理措施	启发式讲授、案例教学。教学建议：以北方农牧交错带、喀斯特地区为例，带领学生认识生态脆弱区	4	
4	资源枯竭型城市的转型	（1）资源枯竭型城市的概念。（2）资源枯竭型城市的形成原因。（3）资源枯竭型城市的转型措施			√		重点：说出资源枯竭型城市的主要特征，分析资源枯竭型城市的发展方向。难点：分析不同资源枯竭型城市的发展方向	（1）说明资源枯竭型城市生命发展周期与自然环境的关系。（2）通过典型案例，说出资源枯竭型城市的主要特征。（3）运用资料，分析资源枯竭型城市转型的方法	启发式讲授、案例教学。教学建议：以焦作等城市为例，带领学生认识资源枯竭型城市的转型	4	
5	流域协调发展	（1）流域的概念和基本要素。（2）流域协调发展的必要性。（3）流域内协调开发水资源的方式和意义。（4）流域内协同解决水环境问题的措施，流域内部保护环境的意义			√		重点：了解流域协作开发利用水资源的方式及解决水环境问题的措施，说明流域内部协作开发水资源和保护环境的意义。难点：理解流域内协调发展的必要性和重要性	（1）运用示意图说出流域的概念，指出流域的基本要素。（2）结合实例，理解流域内协调发展的必要性。（3）结合实例，了解流域上中下游协作开发水资源的方式说明流域内部协作开发水资源的意义	启发式讲授、案例教学。教学建议：以长江、黄河等河流为例，带领学生认识流域协调发展的必要性和措施	4	

续表

序号	单元	单元学习内容分解	认知层次 水平1	认知层次 水平2	认知层次 水平3	认知层次 水平4	重难点	素养目标	达成目标途径	课时	备注
5								（4）结合实例，了解流域内协同解决水质等水环境问题的措施，说明流域内部保护环境的意义			
6	资源的跨区域调配	（1）资源的概念与分类。（2）资源跨区域调配的原因。（3）资源跨区域调配的影响			√		重点：运用资料，分析资源跨区域调配的原因；结合实例，辩证认识资源跨区域调配对调入区、调出区经济、环境、社会的影响。难点：结合实例，说明资源跨区域调配对区域发展和自然资源合理利用的重要意义	（1）结合实例，说出资源的概念与分类。（2）结合实例，辩证认识资源跨区域调配对调入区、调出区经济、环境、社会的影响。（3）结合实例，说明资源跨区域调配对区域发展和自然资源合理利用的重要意义	启发式讲授、案例教学。教学建议：以西气东输为例，带领学生认识资源跨区域调配的重要意义	3	
7	大都市的辐射功能	（1）城市功能、城市辐射功能、腹地、区域空间组织形式。（2）大都市的辐射功能			√		重点：城市对区域发展的辐射功能。难点：从区域空间组织的视角出发，说明大都市的辐射功能	（1）结合实例，理解城市功能、城市辐射功能、腹地、区域空间组织形式等基本概念。（2）结合实例，从区域空间组织的视角出发，说明大都市在不同尺度空间的辐射功能	启发式讲授、案例教学。教学建议：以纽约成为区域中心为例，带领学生认识大都市的辐射功能	4	

续表

序号	单元	单元学习内容分解	认知层次 水平1	认知层次 水平2	认知层次 水平3	认知层次 水平4	重难点	素养目标	达成目标途径	课时	备注
8	产业转移	（1）产业转移。（2）产业转移的原因。（3）产业转移的影响			√		重点：分析产业转移的原因及其对产业转出区和承接区的经济、环境、社会影响。难点：分析产业转移对产业转出区和承接区的经济、环境、社会影响	（1）运用资料，结合实例，分析产业转移的原因。（2）结合实例，说明产业转移对产业转出区和承接区的经济、环境、社会影响，辩证认识产业转移的影响	启发式讲授、案例教学。教学建议：以珠三角、长三角、东亚地区的产业转移为例说明产业转移的原因和影响	3	
9	地区产业结构变化	（1）产业结构。（2）产业结构的特征。（3）产业结构升级。（4）产业结构升级的一般规律。（5）产业结构变化的过程和原因			√		重点：不同地区产业结构的空间差异及成因，某一地区产业结构升级变化的一般规律与成因。难点：地区产业结构差异与变化的原因分析	（1）结合实例，说出产业结构、产业结构升级的含义。（2）运用资料，概括地区产业结构的特征。（3）结合实例，说明地区产业升级的一般规律。（4）结合实例，分析地区产业结构变化的过程及原因	启发式讲授、案例教学。教学建议：以上海、珠三角地区产业结构的变化与产业升级为例说明地区产业结构的变化	4	
10	国际合作	（1）国际合作。（2）"一带一路"建设的重要意义			√		重点：结合"一带一路"建设情况，说明国际合作的重要意义。难点：结合"一带一路"建设情况，说明国际合作的重要意义	（1）结合实例，说出参与国际合作国家开展的具体合作及影响。（2）举例说明经济全球化的表现。（3）结合"一带一路"建设，说明国际合作的重要意义	启发式讲授、案例教学	2	

表 2-13 选择性必修 3

序号	单元	单元学习内容分解	认知层次 水平1	认知层次 水平2	认知层次 水平3	认知层次 水平4	重难点	素养目标	达成目标途径	课时	备注
1	自然环境与人类社会	（1）自然环境服务功能的类型与价值。（2）人类对自然环境服务的利用			√		重点：说明自然环境的服务功能。难点：人类如何利用自然环境的服务	（1）通过实例，说明自然环境服务功能的类型和价值。（2）举例说明人类如何利用自然环境的服务	启发式讲授、案例教学。教学建议：以森林为主题，紧扣其经济价值、生态和文化价值，引导学生说明森林的多项服务功能，以及人类对其合理的选择利用	2	
2	资源安全对国家安全的影响	（1）资源分类。（2）自然资源的数量、质量、空间分布与人类活动的关系。（3）资源安全问题产生及其影响因素。（4）资源安全问题影响国家安全的途径。（5）保障资源安全的主要途径。			√		重点：自然资源及其属性；自然资源的数量、质量、空间分布特征；资源安全问题影响国家安全；保障资源安全的途径。难点：说明自然资源特征与人类活动的关系；资源安全问题影响国家安全	（1）通过实例，运用图文资料，说明自然资源的数量、质量和空间分布与人类活动的关系。（2）通过图表资料，理解资源问题的产生及其影响因素。（3）通过图文资料、实例分析，掌握资源安全问题影响国家安全的途径，了解资源安全对于国家安全的重要性，理解保障资源安全的主要途径，形成保护和节约资源的意识	启发式讲授，案例教学。教学建议：对于资源影响国家安全的情况，可以围绕两位教授对资源价格变化趋势对赌的案例展开讲解；资源安全对国家安全的影响可以用瑙鲁作为案例，是富也资源贫也资源的国家代表；结合中国国情，可以在教学选取能源资源中的煤炭、石油和天然气为案例，分析其开发利用现状及其对保障资源安全的重要性，以此来培养学生保护和节约资源的意识	6	

续表

序号	单元	单元学习内容分解	认知层次 水平1	认知层次 水平2	认知层次 水平3	认知层次 水平4	重难点	素养目标	达成目标途径	课时	备注
3	中国的耕地资源与粮食安全	（1）中国耕地资源的分布。（2）中国耕地资源的开发利用现状。（3）耕地保护与粮食安全的关系			√		重点：耕地保护对粮食安全的重要性。难点：维系粮食安全的主要途径	（1）认识粮食生产的资源基础，理解我国粮食生产所面临的主要安全风险。（2）通过图文、数据等资料，了解我国维系粮食安全的主要途径。（3）通过资料，理解耕地保护对维持粮食安全的重要性	启发式讲授、案例教学。教学建议：以《中国的粮食安全》白皮书和中国历史上的饥荒情况为例，认识耕地保护与粮食安全的关系	3	
4	海洋空间资源开发与国家安全	（1）海洋空间资源。（2）海洋空间资源开发对国家安全的影响			√		重点：海洋空间资源的开发方式。难点：对国家资源安全和国家海洋国土安全的影响	（1）运用示意图列举各类型海洋空间资源的开发利用方式。（2）结合实例说明海洋空间资源开发对国家资源安全和国家海洋国土安全的影响。（3）通过社会调查或观看影像，体会海洋空间资源开发对国家安全的重要意义	启发式讲授、案例教学。教学建议：以永兴岛的开发为例，说明海洋空间资源开发对国家资源安全和国家海洋国土安全的影响	4	
5	环境问题与国家安全	（1）环境问题及其危害。（2）环境安全对国家安全的影响。（3）环境污染与国家安全			√		重点：说明环境问题产生的原因及危害；环境安全问题临界值的差异；不同类型的环境问题。难点：环境问题的产生机制；环境安全问题的应对措施	（1）运用图文资料、实例分析，说明环境问题产生的原因，说出环境问题的危害。（2）利用图表，理解环境安全问题产生的本质，认识不同环境安全	启发式讲授、案例教学	6	

续表

序号	单元	单元学习内容分解	认知层次 水平1	水平2	水平3	水平4	重难点	素养目标	达成目标途径	课时	备注
5								问题的特点。 （3）运用图文资料、实例分析，理解环境安全问题影响国家安全的途径，了解环境安全对国家安全的重要性。 （4）通过思维导图，建立应对环境安全问题的概念框架，形成环境安全风险与危机意识。 （5）结合实例，认识污染物跨国转移的主要方式，说明其引发的国家争端及其对环境安全乃至国家安全的威胁。 （6）运用新闻媒体和实例资料认识我国应对跨国污染问题的战略和措施，说明其与国家安全的关系，逐渐形成关注国家和世界地理问题的家国情怀与世界眼光	教学建议：以日本琵琶湖的污染治理为例说明环境问题及其危害；以松花江跨境污染事件中的中俄合作为例，理解环境安全问题影响国家安全的途径，了解环境安全对国家安全的重要性		

续表

序号	单元	单元学习内容分解	认知层次 水平1	认知层次 水平2	认知层次 水平3	认知层次 水平4	重难点	素养目标	达成目标途径	课时	备注
6	生态保护、生态文明与国家安全	（1）生态退化的表现形式和特点。（2）生态保护措施的实施方式和效果。（3）自然保护区与国家生态安全。（4）走向生态文明的过程			√		重点：生态退化及其对国家安全的影响；生态修复、设立自然保护区对生态安全的意义；人类走向生态文明的过程，生产、生活方式绿色化的途径。难点：生态退化及其对国家安全的影响，树立人与自然和谐共生的资源与环境安全观并将其转化为自觉行动	（1）运用图文资料说明不同区域生态退化的表现形式和特点，及其对国家生态安全的危害。（2）通过实地调查或观看影像，了解生态修复、建立自然保护区等生态保护措施的实施方式和效果。（3）结合实例说明建立自然保护区等生态保护措施对国家生态安全的意义。（4）运用图文资料说明人类走向生态文明的过程。（5）结合实例解释人与自然和谐共生的资源与环境安全观的内涵，举例说明生产方式和生活方式绿色化的途径。（6）联系实际，践行人与自然和谐共生的资源与环境安全观	启发式讲授、案例教学。教学建议：以"林都"伊春的崛起、鄱阳湖的生态恢复工程为例，了解生态修复、建立自然保护区等生态保护措施的实施方式和效果	7	

续表

序号	单元	单元学习内容分解	认知层次 水平1	认知层次 水平2	认知层次 水平3	认知层次 水平4	重难点	素养目标	达成目标途径	课时	备注
7	保障国家安全的战略与行动	（1）全球气候变化与人为碳排放。（2）碳排放与国家安全和国际合作。（3）应对全球气候变化的措施。（4）环境保护政策、措施与国家安全。（5）国际合作的必要性和途径			√		重点：碳排放对环境的影响；碳减排国际合作的重要性；说明保障资源领域、环境领域国家安全的主要政策与措施；推动公众参与；国际合作的必要性和途径；中国积极参与国际合作的表现。难点：碳循环；说明环境保护政策、措施与国家安全的关系；国际合作的必要性和途径	（1）运用情境材料和统计资料，了解全球气候变化与人为碳排放的关系。（2）运用图文资料，分析碳排放对环境的影响以及对国家安全的影响。（3）运用图文资料，理解人类应对全球气候变化的主要措施。（4）结合实例，说明资源、环境领域政策、措施与国家安全的关系。（5）结合实例，说明推动公众参与解决资源环境问题的主要途径。（6）运用图文资料，说明国际合作的必要性和途径。（7）结合实例，说明中国在国际合作中的态度和行动	启发式讲授、案例教学、分组讨论。教学建议：以"林都"伊春的崛起、鄱阳湖的生态恢复工程为例了解生态修复、建立自然保护区等生态保护措施的实施方式和效果；以模拟联合国气候变化谈判为主题进行分组讨论，说明国际合作的必要性和途径	8	

四、说明与建议

（1）为了培养学生地理学科核心素养，教师要了解义务教育地理和普通高中地理课程的设计思路，明确三维目标与核心素养之间的关系，建立基于核心素养培养的整体教学观念，在教学中渗透德育、智育、体育、美育、劳动教育。

（2）要秉承多样化的观念，灵活使用教材，积极构建并运用多种教学资源。

（3）了解、理解、驾驭不同的教学思路与教学模式，使教学具有开放性。

（4）以学生为主体，基于学生的基础和需求设计教学活动，形成有机的教学过程；

（5）努力创造条件开展地理实践教学，发挥地理实践活动在学科育人方面独特的作用；

（6）充分利用学生的生活经验开展教学工作；

（7）构建多样化的情境（学术情境、生活情境），设计基于情境的问题链，引导、鼓励学生独立思考，发现并解决问题，强化学生的思维训练；

（8）深化信息技术在地理教学中的应用，借助大数据、人工智能、"互联网+"、虚拟现实（VR）、增强现实（AR）等信息技术，为学生提供更加开放的地理学习空间，从而改变学习方式；

（9）将过程性评价与终结性评价相结合，采取多样的评价方式，充分发挥教学评价对教学的诊断作用和促进作用。

第三节 特色课程建设——以"高中地理野外考察与实践"为例

一、背景分析

1. 课程性质

地理学是研究地理环境，以及人类活动与地理环境关系的学科，具有综合性、区域性和实践性的特点。地理学兼有自然科学和社会科学的性质，是一门实践性很强的学科。

高中地理野外考察与实践课程是高中地理课程在实践部分的延伸，其内容反映了地理学的本质，体现了地理学的基本思想和方法，是支持学生核心素养发展的重要手段。课程侧重通过地理野外考察与实践活动，帮助学生掌握从地理的视角认识和欣赏自然与人文环境的方法，懂得"人与自然和谐共生"的道理，提高生活品位，为培养德智体美劳全面发展的社会主义建设者和接班人奠定基础。

2. 育人定位

（1）调动学生积极行动的意识。

本课程通过在真实情境中的地理野外考察和地理实践活动，引导学生积极行动，关注、欣赏这个世界，激发学生探寻自然和人类社会现象的好奇心，培养学生的问题意识，从地理的视角着手解释和解决相关问题。

（2）在行动中提升实践技能、磨炼意志、开阔眼界。

本课程通过考察和实践活动，带领学生动手操作，从而获得相关研究的一手数据，这有助于研究者地理实践能力和劳动技能的提升。在遇到困难时，通过自我查阅资料、分析思考、小组合作等方式，攻克难关，磨炼了学生的意志品质。

（3）培养学生积极能动的态度和责任。

对学生进行意识、意志品质等培养的过程，最终可外化为学生面对真实世界积极能动的生活态度和责任感。

3. *课程支撑条件*

北京一零一中坐落在北京西郊三山五园之中，西北临山，东南面向平原，具有得天独厚的开展地理实践活动的自然环境与社会经济环境优势。学校秉承着"培养具有担当意识和能力的未来杰出人才"的育人目标，从学生多元发展和个性化需求的角度，形成国家课程、地方课程和校本课程深度融合的学校"八领域三层级"课程体系。高中地理野外考察与实践课程既是学校课程体系的重要组成部分，又是结合学校实际情况将国家课程校本化的重要途径之一。

北京一零一中地理组拥有自然地理、人文地理、地理教育等不同领域的与地理教育相关专业的博士、硕士生，可为地理野外考察与实践课程的开发提供有力的学术支撑。

各年级近一半的学生将地理作为其学业水平等级性考试的选考科目；部分学有余力的同学利用课余时间参加地球科学竞赛、地球小博士科普大赛、气象竞赛等多种学科竞赛；也有少数同学将地理学科作为其未来大学的专业方向。课程的开发可满足不同方向、不同层次学生的发展需要。

本课程依托普通高中地理课程，将国家课程中的野外考察与实践活动进行进一步延伸，充分利用本土化资源开发相关课程。

4. *面临的问题、挑战与解决途径*

本课程实施面临两大问题：一是野外考察与实践课程耗时长，与学校日常教学工作存在实践上的冲突；二是野外考察与实践课程专业性强，地理组教师人数有限、学生多，难以面向全体学生开设课程。

基于上述现实问题，教师在课程实施过程中采取以下策略解决。

第一，充分挖掘校内和乡土资源，将其开发为可在校内完成的短课时（1～3课时）单元与野外实践为主的长课时（3～6课时）单元，灵活利用日常教学课时和小学期课时完成本课程教学活动。

第二，对每单元教学进行功能定位，分为面向全体学生的必修课程和面向特定学生人群的选修课程；同时，培养能够胜任本课程的年轻教师，以保证课程实施过程中的师生比例合理。

二、校本实施的理念、原则和思路

1. 课程基本理念

（1）以素养为导向构建校本课程。

高中地理野外考察与实践课程是一门以实践活动为主体的课程，其内容能够反映地理学科的本质，体现地理学科的基本思想和方法；学生学习完课程内容后，可以从地理视角认识和欣赏自然和人文环境，懂得人与自然和谐共生的道理，提高生活品位与精神境界，在实践活动中磨炼意志品质，将学科的育人价值落到实处。

（2）挖掘乡土资源开发在地化课程。

考虑教学实际情况，本课程开发过程中尽量选取校园内及北京周边地区的资源进行开发，实现其向课程资源的转化，帮助学生建立与地域的情感连接。

（3）建立基于核心素养发展的教—学—评一体化的课程体系。

准确把握基于核心素养的课程目标与学生的实际需求，以考察和实践活动为核心，将课程的教、学生的学及对学生的评价统筹考虑，形成教—学—评一体化的课程体系。

2. 课程的基本原则

（1）理论性与实践性相统一。

高中地理野外考察与实践课程是一门基于地理学的原理与实践的课程，是国家课程的校本化体现。课程内容依托普通高中地理课程，以地理野外考察和实践为主题，在学生的实践活动中向学生传授地理知识，培养地理技能，树立科学研究的态度和正确的价值观。理论性与实践性的统一，引导学生在学习过程中既不死读书，也不会在实践过程中玩而不思，有助于将课本原理和真实的自然环境与人类社会相结合。

（2）基础性与综合性并重。

课程是以培养学生核心素养为目标的校本课程，教学内容和教学技能应围绕学生作为一名未来具有一定地理素养的公民开展。课程内容涵盖天文、自然地理、人文地理等天文、地理的多个领域，以拓展学生的视野，具有基础性。同时，部分野外考察点包括可开展的多项地理考察活动，教学活动以所观察到的现象为出发点，引导学生综合运用所学知识进行观察、数据收集与记录、分析与解释，无论是考察内容、考察方式、考察过程、考察成果都具有综合性的特点。

（3）经典性与时代性并重。

课程内容与高中国家课程中的地理教学重点内容相呼应，选取这些内容教学时涉及的经典实验、经典考察项目构建课程。同时，在实践活动的选择上也着力体现校园、北京的自然和社会经济环境变迁，有助于学生了解、感受家乡日新月异的变化，激发其对家乡的热爱之情，具有时代性。

3. 总体设计的基本思路

课程共分为 10 个单元 33 课时。课程体系从三个维度进行构架。维度一为课程内容与学段，分为偏向自然地理的考察和实践活动、偏向人文地理的考察和实践活动。各内容匹配相应的国家课程学段。维度二为课程内容的功能，依据课程单元的教学内容和技能培养目标，将教学内容划分为面向全体学生必修的单元和面向特定学生群体的选修内容，以满足不同学生的发展需要。维度三为单元时长，依据各单元内容的多少和考察实践目标，分为长课时（通常为野外考察活动，3~6课时）和短课时（通常为野外考察活动的理论课或校园实践活动，3课时以下）。

三、校本实施的整体设计

1. 课程目标的细化及呈现

总目标：

通过地理野外考察与实践训练，提升学生使用各种工具获取野外地理信息，观察、发现、提出并获取证据，分析论证地理科学问题的能力，形成欣赏大自然的情趣，深刻理解人类在利用自然、改造自然、规划人类活动的过程中蕴含的人地和谐发展的智慧，在考察和实践活动中磨炼吃苦耐劳的意志品质，逐步形成面对现实世界积极、能动的生活态度和责任感。

具体目标：

（1）学会运用多种手段收集和提取地理信息，设计野外考察或实践方案，主动体验与反思，在设计过程中有克服困难的勇气和方法。

（2）运用地理工具在野外进行定向、定位操作并获取野外地理信息。

（3）阅读地形图、地质构造图以及遥感图像等，识别主要地形区、基本地质构造和地貌特点。

（4）识别主要造岩矿物和常见的岩石，认识不同性质岩石对地貌发育的影响，结合观察推断地貌的形成过程。

（5）观察考察地的地质、地貌、植被、土地利用方式等景观要素，分析景观形成的原因。

（6）运用城乡调查的基本方法，进行城乡实地调查，识别不同土地利用方式，结合资料，对城乡空间结构进行解释。

（7）在野外考察与实践活动中逐步形成发现问题、探索问题和解决问题的能力。

（8）运用肉眼、望远镜等天文工具对常见天文现象进行科学观察并将情况记录下来。

（9）撰写野外考察报告或观测记录并进行交流汇报。

2. 主要课程内容

主要课程内容见表2-14。

表2-14　主要课程内容

主题/单元	课时	教与学目标	内容和/或活动
观测黑子	课时1	（1）说出不同类型的天文望远镜及其原理。 （2）了解太阳黑子观测的安全注意事项。 （3）运用光学望远镜观测太阳黑子，绘制太阳黑子分布图，说出太阳活动对地球的影响	理论讲解： （1）观察图片和实物，识别不同类型的天文望远镜。结合资料，简要概述不同类型望远镜的工作原理。 （2）了解太阳黑子观测的安全注意事项。 实践活动： （1）运用学校光学望远镜观测太阳黑子（或光球层），绘制太阳黑子分布图。 （2）结合资料，说出太阳活动对地球的影响。 完成实践活动报告
认识古代计时工具——日晷	课时2	（1）运用示意图，说明日晷的计时原理。 （2）在校园中辨认方向。 （3）指出日晷的各组成部分，通过判读影子的方位和长短，说出季节和时刻。 （4）评价日晷计时的利与弊	理论讲解： 说出日晷的主要类型。运用示意图，说明日晷的计时原理。 实践活动： （1）在校园中辨认方向。 （2）识别校园中日晷的类型。 （3）说出授课当日太阳的视运动轨迹，组织学生在晷面上按顺序贴出一日中的各个时刻。 （4）判断季节，读出时间刻度。 （5）说出利用日晷判读时刻时可能产生误差的影响因素，评价日晷计时的利与弊。 制作适合在北京地区观测使用的简易日晷模型

续表

主题/单元	课时	教与学目标	内容和/或活动
认识校园中的岩石	课时3	（1）说出三大类岩石及其名称。 （2）观察并描述校园中常见岩石的基本特征	实践活动： 考察点1："光辉的历程"纪念石 观察并描述岩石的主要特征，识别岩石的类型，简要说出其形成过程。 考察点2：校友赠送石 观察并描述岩石的主要特征，依据岩石特征推断其沉积环境，识别岩石的类型，简要说出其形成过程。 考察点3：二道门岩石 观察并描述岩石的主要特征，识别岩石的类型，简要说出其形成过程，说出其蕴含的文化内涵。 考察点4：招凉榭岩石 观察并描述岩石的主要特征，通过简易实验鉴定岩石主要成分，识别岩石的类型。 布置任务： 绘制校园的岩石地图，并进行简要介绍；依据不同的岩石特征撰写咏校园岩石的三行小诗
	课时4	（1）运用岩石标本，识别常见的岩石，归纳三类岩石的主要特征。 （2）运用示意图，说明主要岩石形成过程。 （3）运用图片等资料，结合实例，说明岩石在地貌形成中的作用	实践活动： （1）展示常见岩石标本，识别常见的岩石，归纳三类岩石的主要特征。 （2）认识莫氏硬度计。 理论讲解： （1）运用岩石圈物质循环示意图，说明主要岩石形成过程。 （2）运用图片等资料，结合北京郊区地貌实例说明岩石在地貌形成中的作用

续表

主题/单元	课时	教与学目标	内容和/或活动
认识海绵校园建设与作用	课时5	（1）运用地图和相关资料说明海淀三山五园多皇家园林的原因，了解学校校园建设的地理背景。 （2）梳理学校建校以来水资源来源的变化，分析北京地区水资源短缺的现状与原因，认识水资源对人类活动的重要性。 （3）举例说明校园水环境存在的问题	理论讲解： （1）运用地图和相关资料，从气候、地形、水文等角度说明海淀三山五园多皇家园林的原因，了解学校校园建设的地理背景。 （2）结合照片、文字等史料，梳理学校建校以来水资源来源的变化，结合水循环和陆地水补给关系原理，分析北京地区水资源短缺的现状与原因。 （3）结合生活实例，举例说明校园水环境存在的问题
	课时6	（1）运用示意图说出湿地对水环境影响的基本原理。 （2）对校内湖泊水质进行检测说明湿地对校园湖泊水质改善的作用，深刻理解地理环境中要素间的相互作用	理论讲解： 运用示意图，结合水循环、植物在环境中的作用等原理，说出湿地对水环境影响的基本原理。 实践活动： 考察点：校园湿地 （1）结合校园湿地工程示意图识别校园湿地主要结构。 （2）辨认湿地中的主要植物。 （3）对校内湖泊总氮、总磷、氨氮、生物需氧量等指标进行快速检测，说明水质状况。 （4）说明湿地对校园湖泊水质的改善作用
	课时7	（1）说出透水砖与鹅卵石小径对地表径流的作用。 （2）说出坡岸景观和人工叠水建设对校园湿地的作用	实践活动： 考察点1：眼镜湖南岸小径 观察小径中使用的透水砖与鹅卵石，结合水循环原理说出其对地表径流及校园水环境的影响。 考察点2：眼镜湖坡岸 说出坡岸景观和人工叠水建设对校园湿地的作用。 对海绵校园建设提出合理化建议

续表

主题/单元	课时	教与学目标	内容和/或活动
	课时8	（1）结合图片、文字资料判读地层及其蕴含的地理信息。 （2）运用地质年代表，结合北京地史说出不同地质年代北京的地史演化特征。 （3）结合图文资料，说出门头沟区的主要自然环境特征	理论讲解： （1）结合图片、文字资料，判读地层及其蕴含的岩石相对年龄、地质事件的先后顺序、地层的沉积环境等地理信息。 （2）简要介绍北京地史，运用地质年代表，说出北京在不同地质年代中的地史演化特征。 （3）结合图文资料说出门头沟区的主要自然环境特征
走进京西古村落——爨底下村	课时9~11	（1）识别考察地主要的岩石类别，培养观察能力。 （2）观察并描述爨底下村地貌，运用课堂所学原理认识身边地质、地理现象，扩展视野。 （3）认识聚落、桥梁等人类活动产物与自然环境之间的关系，理解人类在利用自然中蕴藏的智慧。 （4）在实践活动中通过观察、记录、推断、分析训练地质考察的基本思路和方法，磨炼意志品质	实践活动： 考察点1：永定河出山口百年桥梁博物馆考察 结合地图，判断方向；观察河流不同河段水位差异；找出考察地附近的主要桥梁，结合资料，分析其主要功能。 考察点2：109国道沿线 观察沿途经过的门头沟区主要村镇，分析其与地形的关系；观察109国道与永定河走向的关系，分析其原因。 考察点3：爨底下村村口与道路 观察道路修建的岩石特征，并说明其原因。 考察点4：财主院 说出财主院与北京四合院的区别，从地域文化的角度解释其形成原因。 考察点5：关帝庙 远眺爨底下村，描述村落的特征，分析其选址的区位条件。结合资料，分析关帝庙处地形特征及其形成原因。 考察点6：一线天 观察一线天景观的特征，说明该景观的形成过程。 考察点7：花仙池 分析花仙池景观的形成原因。 完成爨底下村野外考察报告

续表

主题/单元	课时	教与学目标	内容和/或活动
走进前寒武——昌平虎峪地质考察	课时12	（1）结合图文资料，说出昌平区的主要自然环境特征。 （2）说出地质考察常用的工具及其主要作用。 （3）初步学会使用地质罗盘测量方向、岩层产状要素和坡度角。 （4）结合考察目标，设计初步的地质野外考察方案	理论讲解： （1）结合图文资料，说出昌平区的主要自然环境特征。 （2）认识地质锤、放大镜、指南针、地质罗盘等常见的地质考察工具。 实践活动： （1）学习使用地质罗盘。 （2）结合考察目标，设计初步的地质野外考察方案
	课时13~15	（1）描述、识别、比较考察地主要的岩石类别，并结合环境特征推断其形成过程，培养观察、推断能力。 （2）观察虎峪沿途构造地貌和河流地貌，运用课堂所学原理认识身边地质、地理现象，扩展视野。 （3）在真实情境中使用罗盘测量沉积岩地层产状并记录，结合环境特征推断其形成过程。 （4）在实践活动中通过观察、记录、推断、分析训练地质考察的基本思路和方法，磨炼意志品质	实践活动： 考察点1：虎峪公园入口 观察虎峪出山口处的河流地貌，说出其地貌名称及特点，推断其形成原因与过程。 考察点2：景区小路出露（地质现象名称）的沉积岩地层 观察、描述该地层特征，测量其地层产状，推断其形成原因，绘制该考察点素描图。 考察点3：景区小路出露的岩墙侵入构造 描述考察地两种岩石的特点，识别岩石类型。描述两类岩石的相互关系，推断其形成原因，绘制该考察点素描图。 考察点4：景区小路出露的褶皱构造 指出该地质构造名称，并推断其形成原因，绘制该考察点素描图。 完成虎峪野外考察报告

续表

主题/单元	课时	教与学目标	内容和/或活动
我的北京我的城——北京城市地理考察	课时16	（1）运用地图，找出北京的主要城市功能区，概括北京城市空间结构特征。 （2）运用地图等资料，描述北京的地形特征和城区水系特征，认识水在北京城市选址和发展中的作用。 （3）在地图上找出本次考察活动的主要考察点，熟悉考察线路	理论讲解： （1）运用地图，找出北京的主要城市功能区，复习商业区、居住区、工业区等城市功能区的主要特征，概括北京城市空间结构特征。 （2）运用地图等资料，描述北京的地形特征和城区水系特征。 （3）结合图文资料，讲解水在北京城市选址和发展中的作用，找出北京的主要河流和湖泊。 （4）在地图上找出本次考察活动的主要考察点，熟悉考察线路
	课时17～22	（1）观察考察沿线城市景观及重要城市建筑，运用课堂所学原理解释城市中的人文地理现象，提升观察能力、解释身边地理现象的能力，扩展视野。 （2）通过北京城市考察活动对北京城市空间结构进行整体认识；从城市历史演变中，理解北京城市建设中蕴藏的智慧	实践活动： 考察点1：北四环西路 观察、记录北四环西路沿线的科研院所，说明此路段科研院所集中的原因。 考察点2：西二环（北段）与金融街 观察、记录此路段建筑物高度、密度、车流量、车速等变化，概括商业区的主要特征。 考察点3：北京建都纪念阙 在地图上标注北京建都纪念阙的位置，结合资料，分析在北京建都的原因。 观察街心公园的湿地工程，说明其作用。 考察点4：牛街 观察、记录牛街反映回民生活的建筑与景观，说明回民在此聚居的原因。 考察点5：西单－新街口路段 观察、记录沿线的商业活动，比较线路上不同路段商业活动的差异，并说明原因。 考察点6：中轴路 观察、记录中轴路沿线的重要建筑与地名，说明其反映的该地区历

续表

主题/单元	课时	教与学目标	内容和/或活动
我的北京我的城——北京城市地理考察			史上土地利用方式的变化，及其地域文化内涵。 考察点7：北京CBD 观察、记录郎园入驻的企业类型，概括文化创意产业的主要特点；结合郎园实例，指出文化创意产业的区位因素。 比较北京CBD和金融街建筑景观和功能的差异。 结合资料说明北京CBD土地利用方式的变化并分析其原因。 考察点8：永定门公园 观察、记录永定门公园中体现出的北京地域文化印记，分析永定门选址及北京城市空间结构反映出的地域文化特色。 完成北京城市地理考察报告
百年首钢，再铸辉煌	课时23～25	（1）通过考察，认识钢铁工业的主要设备，说出钢铁工业的一般特点及主要工业流程。 （2）结合图文资料，比较、评价首钢备选地的区位条件，归纳影响工业的区位因素和区位分析的一般方法，感悟区位选择中的人地协调观。 （3）参观首钢园的发展规划方案，说明对其原厂区土地进行再规划的意义，进一步树立人地协调观	实践活动： 考察点1：首钢园东大门 在地图上找出首钢园东大门的位置，结合北京城市建设说明首钢园东大门搬迁的原因。 考察点2：群明湖 说出群明湖过去和现在的主要功能。 考察点3：冷却塔 说出冷却塔过去和现在的主要功能。 考察点4：秀池 说出秀池过去和现在的主要功能。 考察点5：三高炉 说出三高炉过去和现在的主要功能，并结合本次考察活动的主要考察点说出钢铁工业的一般流程及首钢土地利用方式的变化。 考察点6：陶馆 观看宣传视频，了解首钢园的发展规划方案，说明对其原厂区土地进行再规划的意义。 完成首钢园考察报告

续表

主题/单元	课时	教与学目标	内容和/或活动
郊野公园考察——中坞公园	课时 26	（1）说出郊野公园在城市建设中的作用。 （2）结合实例，说出植被对城市环境的影响。 （3）结合地图和文字资料，分析不同时代中坞地区的土地利用方式的变化，并分析其原因	理论讲解： （1）结合图片指出北京主要的郊野公园，归纳郊野公园在城市建设中的作用。 （2）运用图片观察郊野公园中的主要植物类型，归纳其特征，说出植被对城市环境的影响。 （3）结合图文资料，指出中坞地区的土地利用方式的变化；分析中坞地区种植京西稻的区位条件；分析中坞地区修建郊野公园的原因
	课时 27~30	（1）观察公园内水稻种植农业景观，了解水稻种植的一般过程。 （2）观察并解释植草沟等技术手段对海绵公园建设的作用，培养观察能力及运用课堂所学原理认识身边地理现象的能力，扩展视野。 （3）在活动中培养运用地图解决实际问题的能力	理论讲解： （1）运用地图描述中坞公园的地理位置。 （2）查阅地图规划从学校去中坞公园的行驶线路。 实践活动： **考察点 1：公园门口的指示牌** 阅读指示牌"中坞公园简介"，概括中坞公园土地利用方式的转变，并分析原因。 **考察点 2：水稻田** 按公园指示牌寻找并记录水稻种植的各环节，在地图上绘制行驶线路，分析古代在这里种植京西稻的有利条件。 **考察点 3：小山** 选择合适的登山线路，在 10 分钟内登顶。到达后，分组交流所选登山线路的特点。分析沿途所见植草沟对海绵公园建设的作用。 **考察点 4：山顶** 在山顶结合地图辨认香山、万寿山、玉泉山。思考这里的山地是如何影响河流的。 远眺城市天际线，辨认主要建筑。 完成中坞公园考察报告

续表

主题/单元	课时	教与学目标	内容和/或活动
灰峪－永定河河曲考察	课时 31～33	（1）描述、识别、比较考察地主要的岩石类别，并结合环境特征推断其形成过程，培养观察、推断能力。 （2）观察灰峪沿途构造地貌和永定河河流地貌，运用课堂所学原理认识身边地质、地理现象，扩展视野。 （3）在真实情境中使用罗盘测量沉积岩地层产状并记录，结合环境特征推断其形成过程。 （4）在实践活动中通过观察、记录、推断、分析训练地质考察的基本思路和方法，磨炼意志品质	实践活动： 考察点1：军庄火车站 使用放大镜等工具观察军庄火车站旁铁道的岩石特征，使用罗盘等工具测量岩层产状，描述特征，推断本地岩石形成原因。 考察点2：灰峪采石场 观察灰峪采石场的岩石特征，描述特征，推断本地岩石的形成原因。比较灰峪采石场的灰岩和军庄火车站附近的砂岩的不同点。 考察点3：永定河（下苇甸段） 指出永定河河曲的凹岸和凸岸，分析其形成原因

3. 课程实施的主要途径和方式

课程实施的主要途径和方式见表 2－15。

表 2－15　课程实施的主要途径和方式

核心素养	学科思想、方法、技能	实施过程
地理实践力	收集和处理地理信息	在课前布置任务，引导学生查阅图书、网络资料，获取、整合考察地或实践地的信息，引导学生发现、观察生活中的地理信息，逐步培养学生能够主动发现真实世界中有价值的地理信息，并形成具有研究价值的地理问题
	地理考察实践活动方案的设计与实施	以团队合作形式设计考察或实践活动方案，学习倾听、表达、交流与分享，从问题出发设计目标明确的可操作性的活动方案，使用多种地理工具辅助地理活动方案的设计。依据地理实践活动方案，运用适当的地理工具，落实实施地理考察与实践活动，对活动过程进行反思，找出活动的实施亮点与不足之处，写出改进计划

续表

核心素养	学科思想、方法、技能	实施过程
人地协调观	认识地理环境对人类的影响	在野外考察和实践过程中，认识自然环境要素（如气候、地形、水等）对人类活动（如聚落、交通、农业等）所起到的作用，认识到人类依赖自然环境生存与发展
	认识人类对地理环境的作用	在野外考察和实践过程中，通过观察不同的人类活动（如聚落的选址与建设、资源的开发与利用）等，认识到人类对自然环境的改造存在各种影响，需遵循自然规律
	认识协调人类与地理环境关系的重要性与方法	通过北京一零一中校园湿地环境建设、爨底下村选址、北京城市地理考察、首钢搬迁等考察或实践活动，运用所学原理深刻领悟人类活动中蕴含的人地协调发展的价值观念，内化树立正确的人地协调观
综合思维	认识要素综合	观察考察地的地质地貌、水文特征等地理现象，从不同要素相互作用的角度认识考察地地理环境的特点或对所观察到的地理现象进行成因分析
	认识时空综合	结合考察地的地理位置和区位特点对考察或实践过程中的自然或人文地理问题进行研究与分析，预测其可能的发展、变化
	认识地方综合	对所观察到的地理现象给予地方性解释
区域认知	具有从区域视角认识地理现象的意识和习惯	从不同尺度的空间认识对观察到的自然地理过程和现象；说明某一地理现象具有的空间差异
	正确选用认识区域的方法和工具	能够结合位置—特征—差异—联系的思路认识考察地的自然或人文地理现象，对相似的考察区域（如不同区域的湿地建设、不同类型的地质公园等）进行比较分析

4. 课程实施安排与建议

《高中地理野外考察与实践》课程开发和梳理已有的各种校内和学校周边的地理实践教育资源，系统性地建设了符合北京一零一中特色的地理实践课程体系，提高学校的地理教育能力并促进教师在专业方面的成长，最终帮助学生提高核心素养。

(1) 课程实施的基本原则。

①安全性原则。

安全是地理野外考察与实践活动的开展的底线和红线，每一单元的课程实施过程中均安排了有针对该单元活动的安全教育与安全预案。

②实践性原则。

考察与实践活动的关键在于实践。实践是本校本课程的特色。在课程实施过程中，通过多种活动的设计，引导学生在实地观察、测量，并给予观察的证据、测量的数据进行推理、解释、分析、探究，引导学生在真实的情境中开展活动，使他们在活动实践中获得知识与技能，提升核心素养。

③在地化原则。

为最大限度地节省时间和资金成本，课程考察地选择或为校内（如日晷、校园岩石、校园湿地），或为学校周边临近地区（如北京城市、中坞公园）。同时，考察这些地点后，学生可以深入认识家乡历史、了解家乡建设，增强学生的乡土之情。

④综合性原则。

为提升每次考察实践活动的活动效率，各项活动均结合实践计划与考察地特点，开发相应的课程资源。每一单元的课程中都会有一个较为明确的考察主题，且与该主题相关的考察内容，也会融入其中。例如，爨底下村的考察是以京西爨底下村地质地貌考察为主体的野外考察活动，其中也融入了地貌对聚落的影响、山地四合院地域文化、旅游规划等相关内容。

(2) 课程开设计划与课时安排。

课程面向高一、高二年级学生开设，为期2年，共计10个主题，33课时，学习成果和评价纳入学生综合素质评价中。其中单课时单元和野外考察单元的理论讲解部分，纳入国家必修课程课时中；野外考察单元则利用学期的综合实践活动周完成。

(3) 实施过程及教与学方式。

本课程开发的基本流程示意如图2-7所示。

本课程实施从理论讲解、考察实践、成果收集、评价反思四个维度进行把控，保证课程的授课效果（图2-8~图2-11）。理论讲解采用室内课与室外课相结合的方式，旨在使学生明确考察活动所必须掌握的理论基础，以及本次活动的安全注意事项，强化学生安全第一的意识。

考察实践活动采用主讲+实践活动的方式进行开展。校内实践活动设主讲教师1名，带领学生开展活动。校外考察活动设主讲教师1名，负责课程讲解部分的主讲和整个活动进程的把控、调整和协调；助教若干（一般按班额配2名助教），协助主讲教师指导学生实践活动的开展。

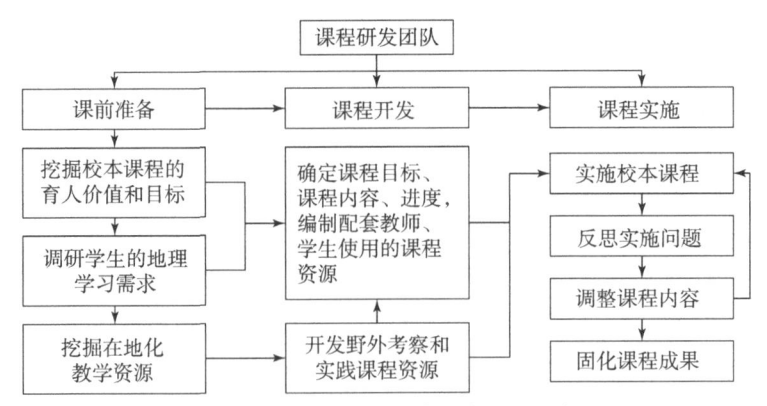

图 2-7 本课程开发的基本流程示意

学生在完成考察实践活动后需要完成相应的考察报告并固化成果。

最终，教师团队对学生成果进行相应评价，从而完成全单元的教学工作。

图 2-8 校园湿地考察理论讲解

图 2-9 北京城市地理考察实践

图 2-10　野外考察测量岩层产状　　图 2-11　学生实践活动报告

（4）教学器材建议。

天文类实践活动器材建议：天文望远镜、巴德膜。

校园水环境实践活动器材建议：取水器、总氮试剂、总磷试剂、氨氮试剂、化学需氧量试剂。

地质类考察教学器材建议：地质包、地质锤、指南针、放大镜、罗盘、GPS、考察地地图与地质地貌图、地质年代表、小刀、稀盐酸。

城市地理考察教学器材建议：考察地地图。

5. 课程评价

课程的评价对于项目式学习有深刻的意义。作为课程的一部分，课程评价使得课程的各个部分有机结合为一个整体，有利于维持学生的学习动机，关注学生的学习过程，也使得学生对自己的学习过程有清晰的认识。在《高中地理野外考察与实践》课程中，教师采用过程性评价和终结性评价相结合的形式对学生进行评价。

教师在课程实施之前，和学生共同讨论评价量规怎样使用，先商讨出一个课程评价量规的量表，确保评价量规的设计是用来帮助学生识别出自己需要进一步提高的方面，而不是用来评价学习的成败。在接下来的课程活动和学习中，学生就会有意识的向评价量规中的要求靠拢，注重提高自己相关的能力。

过程性评价关注学生学科核心素养、交流合作和情感态度价值观等情况，充分体现学生主体地位；终结性评价鼓励小组同学展示方案或作品，着重表达出想法、设计的蓝图等信息，同时也以地理概念和术语来支撑自己的解释。

通过师生互评和生生互评，过程性评价和终结性评价两种方式，综合评出一等奖、二等奖和三等奖。

全部完成课程的学生可获得 2 学分，且活动表现计入综合素质评价档案。

（1）基于学科核心素养的过程性评价量规。

①教师用表（表 2-16）。

表 2-16　教师用表

核心素养	评价指标	低于标准水平	达到标准水平	高于标准水平
地理实践力	收集处理信息	收集到与主题相关的简单信息	收集到与主题相关的信息，并进行初步的筛选与处理	收集到与主题相关的信息，在筛选和处理的基础上形成自己的观点
	设计活动方案	在教师的指导下完成实践活动方案设计	通过小组合作完成简单的实践活动方案设计，方案具有可操作性	结合收集的各种信息，通过小组合作或独立完成较为复杂的能够高效实施的实践活动方案
	实施实践活动	难以完成实践活动任务	能够根据实践方案完成实践任务，对实践成果进行如实的记录	能够根据实践方案完成实践任务，对实践成果进行科学、准确、真实的记录
	体验反思	应付完成实践活动	具有一定的体验感悟，对实践活动进行总结	具有较深刻的体验感悟，能够反思实践活动中的不足，找到弥补策略
区域认知	区域定位	大概知道考察地的位置	利用地图定位考察地	利用地图、谷歌地图等多种方式定位考察地，明确考察范围
	分析认识	不能说出考察地点的基本地理环境特征	能够依据地图等资料说出考察地的地理环境特征	能够依据地图等资料说出考察地的地理环境特征及这些特征可能对考察活动产生的影响
综合思维	要素综合	联系 1~2 个要素对地理问题给予解释	联系 2 个以上要素对探讨的地理问题给予解释	—
	时空综合	未能在特定的时空框架下对地理问题给予解释	能够在结合考察地的时间或空间背景对地理问题给予解释	能够在特定的时空框架下对地理问题予以解释，并说出自己的想法
	地方综合	难以就地理问题给出地方性解释	对地理问题给出地方性解释	对地理问题给出地方性解释，并能够比较、分析同类地理问题在其他地方的不同表现

续表

核心素养	评价指标	低于标准水平	达到标准水平	高于标准水平
综合思维	人地协调观	初步描述地理环境对人类活动的影响	能够结合考察地理环境与人类活动的相互作用	结合考察地多层次、多方面表达地理环境与人类活动的相互作用
	交流与合作	小组分工不明确,成员不清楚自己该做什么;不清楚本单元学习的任务和目的	具有小组合作的态度和意识,有明确分工,能够完成探究任务,具有较为良好的活动效果	具有小组合作的态度和意识,有明确的分工,紧密配合,能够高效完成探究任务,具有良好的活动效果
	情感态度与价值观	态度一般,不积极主动,大体能够完成要求任务	态度端正,能够积极完成任务	能够主动寻求问题的解决方法,高质量完成任务,明确任务对自己知识学习、能力发展的重要性

②学生小组合作学习互评用表(表2-17)。

表2-17 学生小组合作学习互评用表

评价指标	A等(优秀)	B等(合格)	C等(不合格)	打分
地理知识与技能	学习过程中能够为小组完成任务提出具有价值的意见和建议,科学、有理有据;能够对实践任务进行规范操作	学习过程中能够为小组完成任务提出意见和建议,较科学,有一定道理;能够对实践任务进行操作	学习过程中不能为小组完成任务提出有价值的意见和建议;对实践任务要做什么、如何做不明确	
交流与合作	能够用恰当的方式表达自己的意见;善于倾听他人意见;活动中能够与他人很好地配合;能够引领小组完成任务的方向	能够用表达自己的意见并倾听他人意见;活动中能够与他人配合	不善于或拒绝与他人沟通和交流;不参与到小组活动中	
情感态度与价值观	能够主动寻求问题的解决方法,可以高质量地完成任务	态度端正,能够积极完成任务	态度一般,不主动,大体能够完成任务	

(2)基于表现性任务的终结性评价量规。

本课程设计的表现性任务包含两类:一是通过文字表达表现性任务,如建议书、论文、考察报告等；二是学生制作的作品，如模型、诗歌、绘画等。

（3）通过文字表达的表现性任务评价量规。

①教师用表（表2-18）。

表2-18 教师用表

评价内容	建议书、论文、考察报告等		
	低于标准	达到标准	高于标准
内容	泛泛而谈；只能简单提出一些建议或观点，缺乏必要的论据和论证	针对任务主题提出论点，在一定程度上可以反映出地理思维；能够结合部分事实论据支撑自己的观点，论证过程较为完整	针对任务主题提出自己独到的论点，在一定程度上可以反映出较强的地理思维；能够通过事实和原理论据支撑自己的观点，论证过程严密、科学合理
行文	语言不流畅，缺乏条理，不符合相关文体的格式要求	语言流畅，可以运用地理术语，有条理，行文基本符合相关文体的格式要求	语言流畅，恰当运用地理术语，条理清晰，逻辑性强，行文符合相关文体的格式要求
认识	态度敷衍，缺乏积极的情感体验，对可持续发展内涵领悟不到位	态度较为积极，对可持续发展认识较为深刻	态度积极自觉，能够表达出积极的情感体验，对可持续发展认识深刻

②学生互评用表（表2-19）。

表2-19 学生互评用表

评价内容	建议书、论文、考察报告等			打分
	C等	B等	A等	
内容	泛泛而谈；不能看出该同学的观点，缺乏必要的论据和论证	可以较明确地看出该同学的观点；能够结合部分事实论据支撑自己的观点，论证过程较为完整	观点独特；能够通过事实和原理论据支撑自己的观点，论证过程严密、科学合理，有说服力	

续表

评价内容	建议书、论文、考察报告等			打分
	C 等	B 等	A 等	
行文	语言不流畅，缺乏条理，不符合相关文体的格式要求	语言流畅，可以运用地理术语，有条理，行文基本符合相关文体的格式要求	语言流畅，恰当运用地理术语，条理清晰，逻辑性强，行文符合相关文体的格式要求	
认识	态度敷衍，对可持续发展内涵领悟不到位	态度较为积极，对可持续发展认识较为深刻	态度积极自觉，能够表达出积极的情感体验，对可持续发展认识深刻	

（4）通过作品表达的表现性任务评价量规。

①教师用表（表2-20）。

表2-20 教师用表

评价内容	诗歌、模型、绘画等		
	低于标准	达到标准	高于标准
内容	作品仅与学习单元主题相关，作品中不能反映出地理思维，作品的科学性欠佳	作品能够较科学地呈现某一地理事物或地理过程，作品的表达能够反映出学生的地理思维	作品能够科学地、尽量真实地呈现某一地理事物或地理过程，基于艺术的表达不影响其科学性，能够反映出学生的地理思维
表达	不能使用恰当的形式对作品的地理内涵进行表达	能够使用恰当的形式对作品的地理内涵进行表达，基本符合表达形式（如模型、诗歌、绘画）的要求	能够使用恰当的形式表达作品的地理内涵，且符合表达形式（如模型、诗歌、绘画）的要求，具有一定的艺术性
认识	态度敷衍，缺乏积极的情感体验，对可持续发展内涵领悟不到位	态度较为积极，对可持续发展认识较为深刻	态度积极自觉，能够表达积极的情感体验，对可持续发展认识深刻

②学生互评用表（表2-21）。

表 2-21　学生互评用表

评价内容	诗歌、模型、绘画等			打分
	低于标准	达到标准	高于标准	
内容	作品仅与学习单元主题相关，作品的科学性欠佳	作品能够较科学地呈现某一地理事物或地理过程	作品能够科学地、尽量真实地呈现某一地理事物或地理过程，基于艺术的表达不影响其科学性	
表达	不能使用恰当的形式对作品的地理内涵进行表达	能够使用恰当的形式对作品的地理内涵进行表达，基本符合表达形式（如模型、诗歌、绘画）的要求	能够使用恰当的形式对作品的地理内涵进行表达，符合表达形式（如模型、诗歌、绘画）的要求，具有一定的艺术性	
认识	态度敷衍，缺乏积极的情感体验，对可持续发展内涵领悟不到位	态度较为积极，对可持续发展认识较为深刻	态度积极自觉，能够表达出积极的情感体验，对可持续发展认识深刻	

6. 保障措施

（1）经费保障。

学校积极申请财政经费，有专项经费保障高中地理野外考察与实践课程的顺利开展与实施。

（2）师资力量。

在长期的地理教育实践中，我校地理教研组成员组建了一支稳定的、能够带领学生参与实践活动的师资队伍。同时，地理教研组还聘请了北京大学、北京师范大学、首都师范大学、海淀区教师进修学校等的专家，为校本课程的开展与师资力量的培训提供支持。

（3）物质保障。

三年来，我校持续加大在课程资源方面的投入。校园实践课程主要依托天文台、日晷、校园中的各类岩石、校园湿地等设施。此外，课程还配备了大观 90/700 - EQ、小黑 + heq5 + 光轴激光准直镜 + mini 导星镜 + qhy52、裕众 70SA 二代主镜等天文观测设备，购置了地球仪、三球仪、日晷、圭表模型、月相笔等教学用具。

（4）制度保障。

学校设有校本课程管理制度，从学校层面规范管理校本课程的课程建设、课程开设、考勤、学分认定等管理工作。本课程每单元的教学均在理论讲解部分，有专门的对于单元考察或实践活动的安全教育及编制相匹配的应急预案，确保课程与活动开展的安全底线。

以上系列的保障措施，既能够保障现有的课程持续开设、不断成长的教师团队和持续的经费投入，也能够保障课程的完善和持续开发。

四、校本实施的主要成效

（1）促进学生核心素养发展，满足不同层次学生发展需求。

高中地理野外考察与实践课程以立德树人为根本任务，以地理核心素养为基本导向，以地理考察和实践活动为基本途径，提升学生观察、质疑、发现、想象、认真、严谨、实事求是等科学素养，培养互助友爱、团结合作、不怕困难的品质，开阔心胸，放宽眼界，提高审美和欣赏能力。

不同发展层次的学生在本课程中获得不同的收获；一些学生通过本课程的学习，喜欢上天文观测和摄影，其作品在市、区级的天文竞赛中获得奖项；一些对地理感兴趣的同学通过本课程的学习加深了对地理学科的认识，在"地球小博士"竞赛中屡获佳绩。一些同学通过本课程的学习对地球科学产生了兴趣，通过理论和实践的深入学习，在全国地球科学竞赛中取得良好的成绩。

（2）提升教师专业能力发展，增强教研组凝聚力。

地理教研组教师通过研究课标、分析学情、踩点考察、开发资源、打磨课程、反思教学等环节，以研促教，提升教师专业能力发展。

在课程开发的过程中，不同的教师发挥不同的作用。地质学科背景的教师着重研发偏向自然地理的野外考察和校园实践活动；天文突出的教师着重研发偏向天文方向的实践课程；北京籍的教师着重研发北京城市地理考察。教研组教师互相学习，取长补短，既提升了自身的专业水平，也增强了整个教研组的凝聚力。

第四节 跨学科课程建设——以"航天发射基地的选址"为例

一、课程总体说明

1. 课程建设背景

航天事业的发展水平是国家综合国力的重要象征。中国将发展航天事业作为增强国家经济实力、科技实力、国防实力和民族凝聚力的一项强国兴邦的战略举措，作为国家整体发展战略的重要组成部分。引导中学生认识我国航天事业的发展，有助于培养学生的科学探究精神，深入理解我国航天事业发展的意义，增强民族自豪感。

随着科技的发展，人类对太空的探索日益加强。航天科学技术是人类对于宇宙这一未知世界探索所取得的重要成就。一方面，航天科学技术包含各个学科领域的基础和前沿知识，也富有趣味性和启发性。开展航天教育，可以有效提高学生兴趣，促进各相关学科基础知识学习。另一方面，我国航天事业的发展经历了几代人的艰苦奋斗，这其中孕育的航天精神，是学科育人的直接素材。开展航天教育，有助于培养具有担当精神、创造精神的人才，也是传承中华民族精神、激发青少年科学探索精神的需要。

北京一零一中通过语文、数学、物理、化学、地理、生物、工程等各学科通力合作，构建了北京一零一中航天科普微课程，包含"航天发射基地的选址""火箭——太空的运输者""火箭推进剂的选择""卫星椭圆轨道相关计算""最优地火转移轨道计算""卫星与地面的通信""设计月球基地生态仓""设计宇航员食谱""为宇航员做'天衣'""北斗导航的心脏——原子钟""寻求火星生命之源""涉及太空健身房""'太空之眼'——人类的好帮手""'有血有肉'的卫星的诞生""航天主题诗歌创意写作"共计十五门微课程。

作为太空探索的基础，我们首先需要发射航天器，而卫星发射基地的选址对航天器的发射来说是至关重要的。本节结合地理教研组参与该课程的相关探索介绍"航天发射基地的选址"微课程。这是人类探索太空的第一步。

2. 课程情境创设

本课程采用项目式学习的方式，计划从航天技术和地理两个角度，采用原理—实际的方式将核心问题拆解为两个子问题：①航天发射基地的选址与纬度之间是什么关系？②航天发射基地的选址需要考虑哪些地理因素？

问题①涉及物理学科中的圆周运动。学生可以通过建模的方式演绎推演出建立航天发射基地选择什么样的纬度更加容易、更加经济？问题②涉及地理学科中的工业区位。学生通过从大气、地形、地质、水文、海陆位置、交通、人口、安全等角度分析航空发射基地的区位条件，认识到人类活动的决策往往是多因素共同作用、相互平衡的结果。

总挑战性任务：航天发射基地的选址需要考虑哪些条件？

二、项目实施的环境和硬件要求

专业教室：不需要准备。

教室空间分布：以小组为单位的桌椅配置（一张桌子，六把椅子），每组配备一台可上网的计算机。

教室内的硬件及工具：多媒体设备、海报纸、马克笔等。

三、学习者学情分析

本课程面向的学段是高一、高二年级学生。

1. 已有知识、经验、技能基础

学生已经学习过描述直线运动的基本原理和计算方法、地球自转和公转运动的有关知识,具有一定的中国区域地理的背景知识。

2. 学习发展需求、发展路径分析

能够结合所学的内容,归纳影响航天发射基地选址的因素;结合中国不同地区的区域特征,评价我国现有航天发射基地选址的利弊。

3. 学习过程中可能遇到的困难

对不同类型航天器的发射需求和对小尺度区域特征的把握可能会成为学生深入探讨航天发射基地选址问题的思维难点。

四、项目所涉及的知识能力结构图及学习者前序基础要求

本课程的核心挑战任务是尝试在我国为第五个航天发射基地选址提出设想。为了达成这一任务,学生需通过分析我国现有的航天发射基地选址的条件,了解航天发射基地选址需要考虑的因素,最终结合我国不同区域的特征,进行选址。

本课程的核心问题包含以下三个问题:

①航天器发射为什么多选择在低纬度地区?
②我国四大航天发射基地选址考虑哪些地理条件?
③尝试为我国第五个航天发射基地选址提出选址建议。

图2-12展示了该课程的知识框架。

图2-12 "航天发射基地选址"课程的知识框架

"航天发射基地选址"课程的能力框架见表2-22。

表 2-22 "航天发射基地选址" 课程的能力框架

认知层次	知识目标	技能目标	体验目标
水平 1	说出航天发射基地选址的因素	列出航天发射基地选址的条件	体会航天发射基地选址是一项系统、复杂的工程，感受科学家的科学研究态度和精神
水平 2	解释、比较我国航天发射基地选址的条件	绘制航天发射基地选址思维导图，查阅资料，通过计算认识航天器发射速度与纬度的关系	通过认识我国航天发射基地选址，培养对航天事业的兴趣，初步形成关心航天事业发展进展的习惯
水平 3	评价我国航天发射基地选址的利弊	灵活运用所学，总结航天发射基地选址的一般规律，并进行自主选择	领悟对航天事业发展在国防建设意义层面的认识，拥有对科学进行探究的态度

五、项目学习目标及拆解规划

项目学习目标及拆解规划见表 2-23。

表 2-23 项目学习目标及拆解规划

总挑战性任务	拆解后的子目标	子任务	阶段性成果
为我国第五个航天发射基地提出选址建议	航天器为什么能够环绕地球运行？	（1）如何描述匀速圆周运动？ （2）什么是发射速度？什么是环绕速度？什么是运行速度？	熟练计算匀速圆周运动的有关问题
	航天发射基地选址需要考虑哪些因素？	（1）为什么航天发射基地多选择在低纬度地区？ （2）为什么不是所有的航天发射基地都选择在低纬度地区？	（1）学习笔记，思维导图。 （2）讨论过程性记录，海报
	我国航天发射基地是如何选址的？	（1）我国有哪些航天发射基地？其选址考虑了哪些因素？ （2）总结影响航天发射基地选址的因素	（1）讨论过程性记录，海报。 （2）我国航天发射基地位置示意图
	开放性探究活动：如果我国再建一个航天发射基地，你认为选择在哪里最合适？	（1）列举第五个航天发射基地选址需要考虑的因素。 （2）为我国第五个航天发射基地选址并说明理由	选址方案

- 第一次课:【认识航天发射基地选址的技术因素(1课时)】

挑战性子任务1:【航天发射基地选址的因素有哪些?】

评测标准(维度):【小组活动参与度、航天发射基地选址影响因素思维导图】

认识航天发射基地选址的技术因素如表2-24所示。

表2-24 认识航天发射基地选址的技术因素

具体内容	驱动性问题链	核心知识/关键概念	核心素养
子任务1,与课时核心内容相对应的具体学习内容 (1)认识匀速圆周运动。 (2)认识影响航天发射基地选址的技术因素	(1)驱动性问题:如何描述匀速圆周运动。 (2)分解的几个核心问题。 ①什么是匀速圆周运动? ②描述匀速圆周运动的物理量有哪些? ③匀速圆周运动中向心力大小与半径、角速度、质量的关系	线速度、角速度、周期、向心力、万有引力	建立运动与相互作用、能量等物理观念
	(1)驱动性问题:我国航天发射基地分布在哪里? (2)分解的几个核心问题。 ①指出我国航天发射基地的位置。 ②运用匀速圆周运动的原理说明影响我国航天发射基地选址的技术因素	纬度、线速度、角速度、周期、向心力、万有引力	基于经验事实构建物理模型的科学思维

- 第二次课:【探究我国航天发射基地选址的地理因素(2课时)】

挑战性子任务2:【我国航天发射基地选址考虑了哪些因素?】

评测标准(维度):【小组活动参与度、我国航天发射基地选址的影响因素海报】

探究我国航天发射基地选址的地理因素如表2-25所示。

表 2-25 探究我国航天发射基地选址的地理因素

具体内容	驱动性问题链	核心知识	核心素养
子任务2，与课时核心内容相对应的具体学习内容 探究我国航天发射基地选址的地理因素	1. 驱动性问题：为什么我国航天发射基地的选址不在低纬度地区？ 2. 分解的几个核心问题： （1）从发射技术的角度评价我国四大航天发射基地的选址利弊。 （2）总结影响我国航天发射基地选址的因素	区位因素	从区域的角度分析和认识地理环境，以及区域与人类活动的关系
	1. 驱动性问题：我国航天发射基地选址的因素有哪些？ 2. 分解的几个核心问题。 （1）查阅资料，分组汇报我国航天发射基地选址的地理条件。 （2）比较我国航天发射基地选址的条件，归纳影响我国航天发射基地选址的地理因素	区位因素	—

● 第3次课：【为我国第五个航天发射基地选址（1课时）】
挑战性子任务3：【我国第五个航天发射基地可以选在哪里？】
评测标准（维度）：【小组活动参与度、航天发射基地选址设计方案】
具体内容如表 2-26 所示。

表 2-26 为我国第五个航天发射基地选址

具体内容	驱动性问题链	核心知识	核心素养
子任务3，与课时核心内容相对应的具体学习内容 为我国第五个航天发射基地选址	1. 驱动性问题：为我国第五个航天发射基地选址。 2. 分解的几个核心问题： （1）调查近年来我国航天器发射的需求。 （2）结合我国不同地区特征，为我国第五个航天发射基地选址	区位因素	从区域的角度分析和认识地理环境，以及区域与人类活动的关系

六、项目需要的课时及具体进度安排

总课时：【4课时】
课时及具体进度安排如表 2-27 所示。

表 2-27　课时及具体进度安排

主题	具体内容	课时数（每课时 40 或 45 分钟）
子任务 1. 认识航天发射基地选址的技术因素	运用匀速圆周运动原理，通过小组讨论，分析影响航天发射基地选址的技术因素	1 课时（40 分钟）
子任务 2. 探究我国航天发射基地选址的影响因素	通过小组讨论，结合我国四大航天发射基地选址的资料，归纳影响航天发射基地选址的地理因素	1 课时（40 分钟）
子任务 3. 为我国第五个航天发射基地选址	查阅资料，汇报我国第五个航天发射基地选址方案，并在讨论后做出评价	1 课时（40 分钟）

七、项目实施过程设计

1. 项目实施流程图

项目实施流程如图 2-13 所示。

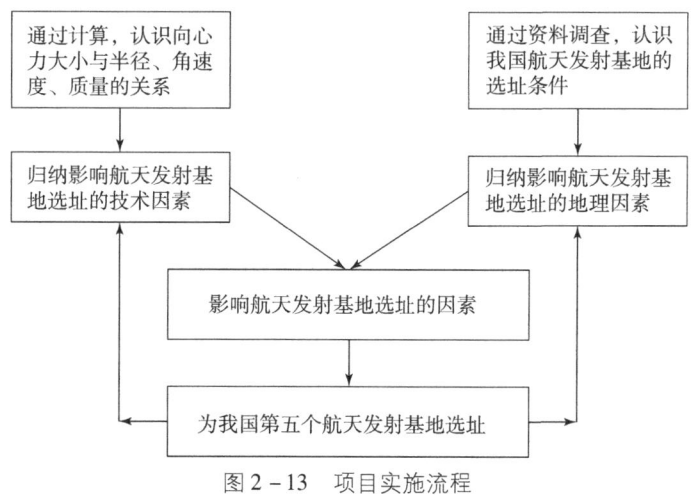

图 2-13　项目实施流程

2. 第 1 次课实施过程

第 1 次课实施过程见表 2-28。

表 2-28　主题名称——认识航天发射基地选址的技术因素

1. 学习目标
（1）运用线速度、角速度、周期等概念描述匀速圆周运动，通过探究匀速圆周运动与卫星发射的关系，理解物理模型的意义。

续表

（2）运用匀速圆周运动模型，通过探究航天发射基地的选址在什么纬度最经济，树立科学问题的解决受科学原理、问题目标、投入-产出成本等多因素共同作用的观念。

2. 评价方案【指向学习目标的评价任务、评价标准、评价方式】

评价任务：运用匀速圆周运动的原理，解释纬度因素对航天发射基地选址的影响

评价标准：结合实际情况讲明纬度对航天发射基地选址的影响

水平1	能够说出航天发射基地的选址与纬度因素有关
水平2	能够结合匀速圆周运动的原理，通过计算说明在低纬度地区建设航天发射基地的优势
水平3	结合发射目的和发射方向，评价在低纬度地区建设航天发射基地的优劣

评价方式：表现性评价

3. 重点和难点

重点：探究航天发射基地选址的技术因素

难点：通过计算，说明纬度因素与航天发射基地选址的关系

4. 学习活动设计（共40分钟）

教师活动	学生活动
环节1：认识匀速圆周运动	
教师活动1 出示过山车视频，结合学生描述，给出匀速圆周运动定义，讲授描述匀速圆周运动的物理量及其数量关系	学生活动1 观看视频，运用所学物理量描述匀速圆周运动，并进行简单计算
活动意图说明：培养基于经验事实构建物理模型的科学思维	
环节2：认识纬度因素与航天发射基地选址的关系	
教师活动2 出示空白世界地图及世界主要航天发射基地经纬度，布置绘图任务。 提出问题：为什么航天发射基地多选址在低纬度地区？	学生活动2 在地图上绘制世界主要航天发射基地位置，认识纬度因素与航天发射基地选址的关系；运用匀速圆周运动原理进行简要分析
活动意图说明：通过绘制地图形成对航天发射基地选址的空间分布认识，形成现象—规律—解释的认知过程	
环节3：归纳影响航天发射基地选址的技术因素	
教师活动3 从发射需求和发射技术条件评价学生活动成果	学生活动3 根据讨论结果归纳影响航天发射基地选址的技术因素
活动意图说明 引导学生树立科学问题的解决受科学原理、问题目标、投入-产出成本等多因素共同作用的观念	

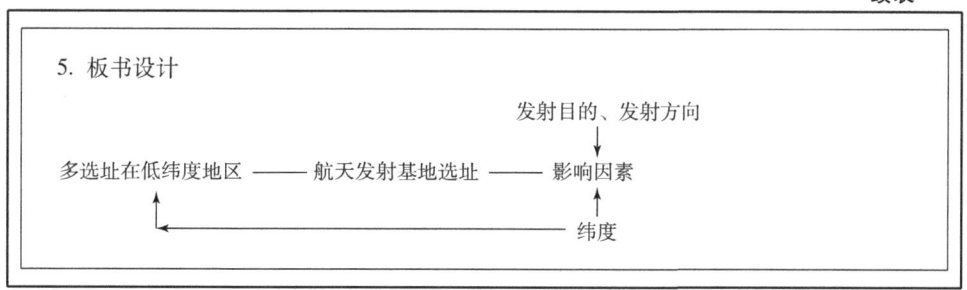

续表

```
5. 板书设计
                                    发射目的、发射方向
                                          ↓
    多选址在低纬度地区 ——— 航天发射基地选址 ——— 影响因素
           ↑                                    |
           └──────────────── 纬度 ──────────────┘
```

3. 第 2 次课实施过程

第 2 次课实施过程见表 2-29。

表 2-29　主题：探究我国航天发射基地选址的地理因素

1. 学习目标

通过探究我国四大航天发射基地、绘制海报、展示探究成果，分析自然、社会经济等地理因素对我国航天发射基地选址的影响，认识科学问题解决的系统性和复杂性。

2. 评价方案【指向学习目标的评价任务、评价标准、评价方式】

评价任务：探究我国航天发射基地选址的条件

评价标准：结合区域特征，从多角度评价我国航天发射基地选址的条件

认知层次	内容	表现形式
水平 1	能够说出影响我国航天发射基地选址的因素	罗列影响我国航天发射基地选址的因素
水平 2	结合发射目的、区域条件、技术和时代背景等内容，分析我国航天发射基地选址的条件	图文结合，解释我国航天发射基地选址的条件
水平 3	结合发射目的、区域条件、技术和时代背景，评价我国航天发射基地选址的条件，并能够区分不同条件在选址中的作用	结合不同尺度的地图，解释我国航天发射基地选址的条件

评价方式：表现性评价

3. 重点和难点

重点：探究我国航天发射基地选址的条件

难点：结合发射目的、区域条件、技术和时代背景，评价我国航天发射基地选址的条件

4. 学习活动设计（共 90 分钟，2 节连排）

续表

教师活动	学生活动
环节1：认识我国四大航天发射基地的地理位置	
教师活动1 出示我国四大航天发射基地分布图和相关资料并提出问题：指出我国四大航天发射基地的位置。 讲授区位的概念	学生活动1 结合我国行政区划地图和经纬度等资料，描述我国四大航天发射基地的地理位置
活动意图说明：从经纬度位置、海陆位置、相对位置等多个角度认识我国四大航天发射基地的地理位置，为进一步探究选址的成因做铺垫；通过认识四大航天发射基地的位置，理解区位的概念	
环节2：探究我国四大航天发射基地选址的条件	
教师活动2 倾听学生汇报，引导学生结合航天器的特征，从不同区域尺度分析我国航天发射基地选址的条件，归纳影响航天发射基地选址的因素	学生活动2 查阅我国四大航天发射基地资料，分组绘制海报并汇报
活动意图说明：通过查阅资料，了解我国四大航天发射基地的事实性知识并做出初步解释，培养学生问题解决能力。通过归纳影响航天发射基地选址的因素，认识到航天工程的选址是一项系统的工程，受多因素共同作用，认识到科学家们在航天事业中做出的贡献	
5. 板书设计 发射目的、发射方向 → 我国航天发射基地选址影响因素 ← 纬度、地形、天气 航天器大小、运输、安全 → ← 交通、人口密度、……	

4. 第3次课实施过程

第3次课实施过程见表2-30。

表2-30 主题：为我国第五个航天发射基地选址

1. 学习目标
(1) 通过了解我国航天事业的发展历程，激发学生对祖国建设的热爱。
(2) 通过"为我国第五大航天发射基地选址"活动，培养学生迁移应用能力和创新能力。
2. 评价方案【指向学习目标的评价任务、评价标准、评价方式】

续表

评价任务：为我国第五个航天发射基地选址提出方案
评价标准：结合我国航天事业发展现状、技术水平、区域特征等，为我国第五个航天发射基地选址提出规划方案

认知层次	内容	表现形式
水平1	在我国选定某一位置作为备选，从影响航天发射基地选址的因素的角度，说出理由	罗列备选理由
水平2	在我国选定某一位置作为备选，结合发射目的、技术水平、区域条件等内容分析备选理由	图文结合，解读备选方案
水平3	在我国选定某一位置作为备选，结合发射目的、技术水平、区域条件等内容，分析备选理由，能够结合我国航天事业发展现状说出该基地未来的发展方向或意义	结合不同尺度的地图，解读备选方案

评价方式：表现性评价

3. 重点和难点

重点：为我国第五个航天发射基地选址提出方案

难点：结合我国航天事业发展现状、技术水平、区域特征等，对备选方案进行论证说明

4. 学习活动设计（共40分钟）

教师活动	学生活动
环节1：认识我国航天事业发展现状	
教师活动1 结合近期新闻资料，引入课题，布置任务：分组介绍我国航天事业发展现状	学生活动1 课前查阅资料，收集并整理我国航天事业发展现状。 课上分组进行汇报
活动意图说明：通过了解我国航天事业发展现状，认识航天事业在我国国民经济中的重要作用及对国防安全的重要意义，领悟对航天事业发展在国防建设意义层面的认识	
环节2：我国第五个航天发射基地选址方案比较	
教师活动2 倾听学生汇报，组织学生互评、并进行点评	学生活动2 在课下查阅资料，分组设计我国第五个航天发射基地选址方案。 课上分组进行汇报
活动意图说明：进一步认识到航天工程的选址是一项系统工程，受多种因素的共同作用	

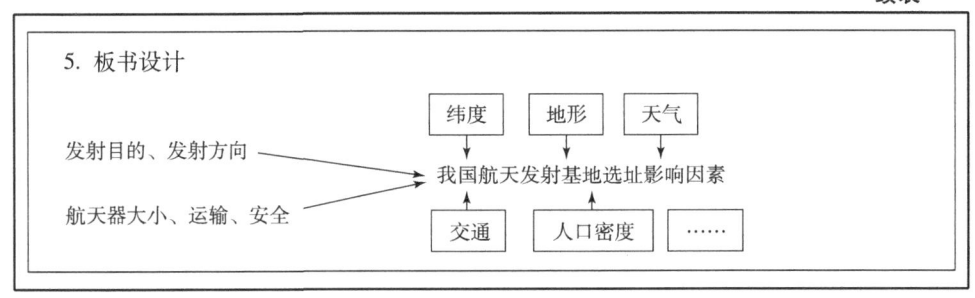

续表

```
5. 板书设计

    发射目的、发射方向 ──→  纬度   地形   天气
                         ↓    ↓    ↓
                      我国航天发射基地选址影响因素
                         ↑    ↑    ↑
    航天器大小、运输、安全 ──→  交通  人口密度  ……
```

5. 前测设计

前测设计见表 2-31。

表 2-31　前测设计

形式	访谈
目的	了解学生对航天发射基地选址的认知基础
内容	1. 你对航天感兴趣吗？说出你所知道的航天人物的名字及他们的贡献。 2. 列举近一年来你所知道的航天领域的时事。 3. 你知道我国的航天发射基地有哪些吗？它们在哪里？ 4. 你知道我国在选址航天发射基地时都考虑了哪些因素吗

6. 项目的过程性评价方案（含评价量表）

评价方案（第 1 课时）见表 2-32。

表 2-32　评价方案（第 1 课时）

认知层次	内容	表现形式
水平 1	能够说出影响我国航天发射基地选址的因素	罗列影响我国航天发射基地选址的因素
水平 2	结合发射目的、区域条件、技术和时代背景等内容，分析我国航天发射基地选址的条件	图文结合，解释我国航天发射基地选址的条件
水平 3	结合发射目的、区域条件、技术和时代背景，评价我国航天发射基地选址的条件，并能够区分不同条件在选址中的作用	结合不同尺度的地图，解释我国航天发射基地选址的条件

评价方案（第 2 课时）见表 2-33。

表 2-33　评价方案（第 2 课时）

认知层次	内容	表现形式
水平 1	能够说出影响我国航天发射基地选址的因素	罗列影响我国航天发射基地选址的因素
水平 2	结合发射目的、区域条件、技术和时代背景等内容，分析我国航天发射基地选址的条件	图文结合，解释我国航天发射基地选址的条件
水平 3	结合发射目的、区域条件、技术和时代背景，评价我国航天发射基地选址的条件，并能够区分不同条件在选址中的作用	结合不同尺度的地图，解释我国航天发射基地选址的条件

评价量表见表 2-34。

表 2-34　评价量表

评价项目		评价要求	打分
丰富的素材支撑	素材的有效性	具有较为丰富、准确的事实描述（10 分）	
	素材的展现	海报图文并茂，形式便于观看，非文字或图像堆砌（10 分）	
核心知识阐释	视角	从多角度认识航天发射基地的选址条件（10 分）	
		辩证地对航天发射基地选址做出评价（10 分）	
	科学性	给出的结论有相关论证（10 分）	
		论证过程科学、严密，例证恰当（10 分）	
科学的态度		资料来源权威（10 分）	
		能够分别讲述过程中自己的观点和别人的观点（10 分）	
良好的表达		讲述过程清晰、逻辑性强（10 分）	
		应对提问时反应快，实事求是，有充分的准备（10 分）	

附："航天发射基地选址"学生的学习手册

航天基地的选址　小组任务活动单

班级＿＿＿＿　姓名＿＿＿＿

任务一：找共性

阅读"世界十大航天中心分布表"（表 2-35），找出其共性的分布特点，并讨论其可能的原因，记录在任务单的空白处。

表2-35 世界十大航天中心分布表

航天发射中心	纬度	经度
肯尼迪航天中心	28.5°N	81°W
西部航天和导弹试验中心	31.4°N	120.4°W
拜克努尔发射地	45.6°N	63.4°E
普列谢茨克基地	62.8°N	40.1°E
酒泉卫星发射中心	41.1°N	100.3°E
西昌卫星发射中心	27.9°N	102.2°E
种子岛航天中心	30.4°N	131.0°E
库鲁发射场	5.2°N	52.8°W
圣马科发射场	2.9°S	40.3°E
斯里哈里科塔发射场	13.9°N	80.4°E

任务二：探究我国航天发射基地的选址
- 我国有哪些航天发射基地？找出它们所在的省级行政区。（图略）
- 小组合作学习：我国航天发射基地的选址

（1）绘制海报。

①5~6人组成一小组进行合作学习，选定我国某一航天发射基地作为研究对象。

②通过查阅资料，获取该航天发射基地的基本信息（如地理位置、地理环境特征、建成时间、主要功能与任务等）。

③通过分析资料，梳理该航天发射基地选址的条件。

④选择合适的线索，梳理并绘制海报，介绍、评价该发射基地。

（2）展示与汇报。

①每组选出1名基地发言人，介绍本组研究成果；选出2名航天技术专家，为发言人提供技术支持。

②各组依次汇报本组研究成果，每组不超过5分钟。听众可以对各组汇报进行提问，由基地发言人、航天技术专家进行回答。

③每组选出1名评委，为除本组外的各组汇报打分。

任务三：结合本课所学，总结、归纳影响航天发射基地选址的主要因素（略）。

任务四：探究我国第五个航天发射基地的选址

情境：随着我国航天事业的发展，我国拟建设航天发射基地。你认为新的航天发射基地会建在哪里？结合所学，提出你的看法，并查找资料，支持你的观点。

（1）绘制海报。

①5~6人组成一个小组，进行合作学习，选定某一地点作为我国第五个航天发射基地的备选。

②通过查阅资料，获取并确定该备选地的基本信息（如地理位置、地理环境特征、建成时间、主要功能与任务等）。

③通过分析资料，梳理该航天发射基地选址的条件。

④选择合适的线索，梳理并绘制海报，介绍、评价该发射基地。

（2）展示与汇报。

①每组选出1名基地发言人，介绍本组研究成果；选出2名航天技术专家，为发言人提供技术支持。

②各组依次汇报本组研究成果，每组不超过5分钟。听众可以对各组汇报进行提问，由基地发言人、航天技术专家进行回答。

③每组选出1名评委，为除本组外的各组汇报打分。

（3）完成项目的终结性评价量表。

项目的终结性评价量表见表2-36。

表2-36 项目的终结性评价量表

评价项目		评价要求	打分
丰富的素材支撑	素材的有效性	具有较为丰富、准确的事实描述（10分）	
	素材的展现	海报图文并茂，形式便于观看，非文字或图像堆砌（10分）	
核心知识阐释	视角	从多角度认识航天发射基地的选址条件（10分）	
		辩证地对航天发射基地选址做出评价（10分）	
	科学性	给出的结论有相关论证（10分）	
		论证过程科学、严密，例证恰当（10分）	
科学的态度		资料来源权威（10分）	
		能够分别讲述过程中自己的观点和别人的观点（10分）	
良好的表达		讲述过程清晰、逻辑性强（10分）	
		应对提问时反应快，实事求是，体现出充分的准备（10分）	

（4）制定项目汇报展示方案。

方案呈现方式：海报。

方案汇报方式：

①每组选出 1 名基地发言人，介绍本组研究成果；选出 2 名航天技术专家，为发言人提供技术支持。

②各组依次汇报本组研究成果，每组不超过 5 分钟。听众可以对各组汇报进行提问，由基地发言人、航天技术专家进行回答。

③每组选出 1 名评委，为除本组外的各组汇报打分。

（5）完成后测设计。

后测设计见表 2-37。

表 2-37　后测设计

形式	问卷
目的	了解学生在学习本课程后的收获与变化
内容	我国"航天发射基地选址"单元设计课后测评 请在下列关于本课学习收获的表述后面打分，1 为最不符合，5 为最符合。 （1）我可以解决简单的有关匀速圆周运动的问题。 （2）我能够说出航天发射基地选址的有利条件。 （3）我认为航天发射基地选址的这个主题挺有意思的。 （4）我认为航天发射基地选址的课堂活动挺有意思的。 （5）在小组准备汇报的过程中，我贡献了不少自己的力量。 （6）现在，我比较关注有关航天内容的新闻。 （7）我下次还愿意继续参加有关航天主题的课程活动

（6）完成项目反思与评价。

①对于项目设计的自我评价。

本节课融合了匀速圆周运动、区位选择等物理、地理学科核心概念，以我国"航天发射基地选址"为话题进行了 4 个课时的单元教学设计，引导学生解决我国航天发射基地选址的问题，体现了学科融合。教学内容起点低，对接学生课内的教学内容，通过 4 个课时的教学活动为学生搭建事实、知识、原理的支架，最终以开放式教学问题"为我国第五个航天发射基地选址"收尾，循序渐进地培养了学生的高阶思维。在教学过程中，教师应通过讲述科学家的故事、了解我国航天事业的发展，培养学生对国防安全的认识和国家自豪感，增强学生的国家认同。

②对于项目实施的自我反思。

从物理和地理两个视角分析我国航天发射基地的选址问题会导致该问题被拆分到两个课时中，具有一定的割裂感。在改进时，应考虑优化活动设计，使活动更加完整。

第三章
"生态·智慧课堂"视域下的地理教与学

本书第三章和第四章从教学的角度聚焦地理"生态·智慧课堂"的实施。其中，第三章以教学案例的方式阐述地理"生态·智慧课堂"的场域模型的基本构架，各场域的内涵及其在课堂教学中发挥的作用。第四章结合北京一零一中地理组近年来所做的一些课题研究，从特色教学的角度阐述地理"生态·智慧课堂"的落实。

第一节　地理"生态·智慧课堂"中的场域模型

课堂教与学是落实"生态·智慧"教育的主阵地，也是北京一零一中在教育综合改革的大背景下的课堂内涵追求，是学校在坚守自我教育理念的前提下提出的创新性课堂教学。"生态·智慧课堂"追求的是建构生命成长和智慧生成的场域。

在北京一零一中地理"生态·智慧课堂"的基本结构中，地理信息的输入和输出前后质和量的差异，是教学"生态""智慧"的体现。信息从输入到输出，信息流的加工过程，是通过其背后课堂中的场域来完成的。"场"的概念最先是由19世纪科学家迈克尔·法拉第创建的。法拉第设计了最早的电力和磁力实验，他将抽象的"力线"直观化，让人们了解到"力线"可以通过磁和电荷发射到四面八方并充满了所有空间。在法拉第的实验室中，由他自己设计的仪器可以测量任何一点的磁力或电荷的"力线"强度，换句话说，他可以给空间中的任何一点指定一组数字来表示这个点上的"力线"的大小和方向。由空间每一点上完全描述的在该点上的力的大小和方向的数据集合就是"场"。

格式塔心理学派引用了现代物理学中有关"场"的理论和概念，将外界环境描述为一个场，用来解释人们的心理活动和行为与周边环境的交互作用，即做什么事就需要有什么"场"。因此，所谓场域，是指在各种位置之间存在的客观关系的一个网络。其存在不像信息流那样可以通过语言、文字表达，却是客观存在的。课堂教学中，无论教师还是学生，每一个行动均被行动所发生的场域影响。

地理"生态·智慧课堂"的场域包括生活场、思维场、情感场和生命场。

生活场，注重学生在活动中的体验，在体验当中得到成长。因为成长永远是自己的事，教师不可能替代学生去成长，能够做的只能给他的成长提供一个适合的气候、环境、土壤、阳光以及养分，帮助学生更好地成长。

思维场，利于学生高智慧的形成与发展，是信息流产生的主要场所，处于基础地位。这一场域也是与具体学科关联最紧密的场域。以地理学科为例，地理课程核心素养包括人地协调观、综合思维、区域认知以及地理实践力四个方面，四个方面相互作用，共同打造相互联系的"场"，形成地理"生态·智慧课堂"。在课堂教学中，教师往往通过递进式问题链的设计构建地理思维场。

情感场，利于学生的情感世界在自由与和谐的氛围中陶冶和美化。二者共同作用于思维场，可增强思维场的强度，产生更多的信息流；同时，生活场和情感场也会受到思维场的反作用，从而形成课堂中场域的良性循环。这也是我们的课堂教学有别于人工智能教学的重要区别所在。

思维场、生活场、情感场共同作用于学生，使其生命健康成长，即生命场。课堂的缘起和归宿都是生命的健康成长，从这个角度出发实行的生态智慧教育，是学校教育基本的目标追求。可以看出，生命场的目标指向，与学生发展的核心素养的核心——培养全面发展的人是一致的。

四种场域需要教师在课堂中调控，其关系如图 3-1 所示。

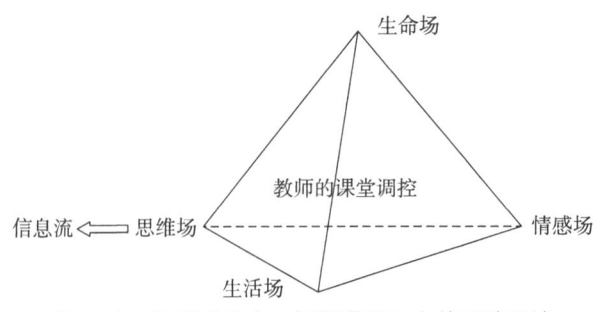

图 3-1 地理"生态·智慧课堂"中的四种场域

聚焦核心素养的地理"生态·智慧课堂"要求课堂教学关注每一个鲜活的生命个体，教中有学，学中有教，彼此依存，动态转化，促进师生的智慧与生命不断成长。下面将从构建四大场域的角度解读地理“生态·智慧课堂”的教与学。

第二节 构建地理课堂教学的生活场

一、地理经验——知识建构的基础

《现代汉语词典》中将“由实践得来的知识或技能”称为经验。这里的经验是指向实践过程中学习个体获得的知识或技能。泰勒认为，“实质上，学习是通过学习者所具有的经验而发生的。这就是说，学习是通过学习者对他所处的环境做出反应而产生的”。[①] 泰勒所定义的学习经验内容更加宽泛，不仅包括知识与技能，也包括学习者与学习环境之间产生的信息交换等内容。杜威则认为，“凡是那些没有在科学方法指导下进行的推论，都属于经验的性质”。[②] 这里的经验由于没有在科学方法指导下产生，可能是正确的，也可能是错误的。地理经验，则是与地理学习相关的经验的集合。

进入课堂后，学生原有的经验会参与地理知识的形成过程。建构主义认为，学习的过程是学生根据自身经验去建构有关知识的过程，获得知识的量取决于学生根据自身经验去建构有关知识的意义。在地理课堂教学中关注学生的经验多少、正误并予以适当的引导，有助于帮助学生建构地理相关知识，促进他们进一步形成地理核心素养。

【教学案例：大气受热过程的两次调整】

《普通高中地理课程标准》地理 1 中有一条标准是“运用示意图，说明水循环的过程及其地理意义”。这一教学内容继承自大纲版地理教材“大气的热力状况”一部分。在大纲版地理教科书中，对这个内容是从大气的热力作用和全球热量平衡两个角度去阐述的。而大气的热力作用又被分解为大气对太阳辐射的削弱作用和大气的保温作用（温室效应）。大纲版教材“大气的热力状况”一课结构如图 3－2 所示。

- 大气的热力状况
  - 大气的热力作用
    - 大气对太阳辐射的削弱作用
    - 大气的保温作用（温室效应）
  - 全球热量平衡

图 3－2 大纲版教材“大气的热力状况”一课结构

---

① ［美］拉尔夫·泰勒. 课程与教学的基本原理［M］. 施良方，译. 北京：人民教育出版社，1994.

② 杜威. 我们怎样思维 经验与教育［M］. 北京：人民教育出版社，2005.

在教学实践中，常听到有学生在复习"大气受热过程"的时候使用记忆口诀"太阳暖大地，大地暖大气，大气还大地"。一个生动而内涵丰富的自然过程，被简化成三句口诀。尽管三句口诀可能能够应付考试，但学生未必真的懂得里面的原理，未必读懂大自然的真谛。因此，第二轮讲大气的受热过程的时候，我决定在教学方式上有所突破，即改变传统的以讲授为主的教学方式，采用探究式教学，帮助学生从道理上理解大气的受热过程。首先，通过查阅相关资料，我选择"两小儿辩日"的故事作为探究的话题。学生在教师的引导下，在所学知识和已有生活经验的基础上逐步探究大气的受热过程，并最终解决两小儿的辩论。其具体流程如下：

（1）发现问题。

教师提供含有矛盾的材料"两小儿辩日"，引出准备讨论的问题。学生找到矛盾所在，即日地距离问题。（此时学生已知日地平均距离约为1.5亿千米）

（2）提出假设与寻求答案。

针对材料中两小儿的两种解释与科学事实之间的矛盾，学生提出可能的假设。教师通过设计具有层次的问题，引导学生运用已学知识或学习新的知识（大气的受热过程），对两小儿观察到的现象进行科学的解释：①教师引导学生运用近大远小的原则解释小儿甲的问题；②教师提供资料，通过具有梯度的三个核心问题引导学生学习大气的削弱作用和保温作用，并通过运用该原理解释气温的日变化，回答小儿乙的问题。这三个核心问题是：①大气的热量来自哪里？②地面的热量来自哪里？③大气吸收的热量去了哪里？

（3）提高和总结。

学生运用已掌握的原理解释生活中的地理现象。这一次的调整主要集中在教学方式方面，由以讲授式为主的教学变为以引导探究式的教学。学生通过教师引导，逐步运用已学的科学知识对两小儿的观点逐一进行反驳，通过教师设疑，在已有知识基础上逐步探索新的知识，最终达到完整解释小儿提出的问题。学生在问题的解决过程中，完成了大气的受热过程的学习。这一课在教学中有以下几个特点：

（1）在学习过程中，学生始终充满了疑问，在教师问题的引导下，积极思考。（2）所选实例均来自学生身边的自然现象，亲切、自然，利于调动学生的生活经验，激发学生的求知欲望。（3）从学生基础到最终目标的达成，教师通过设置过程性目标（图3-3），有机地将所讲解的内容组织在一起。

这节课也有值得继续探讨的地方。首先，从教学内容看，通过近大远小的原则解释小儿甲的观点这一环节偏离了这节课的主题，使整节课显得有些零散；地面积累能量的过程在探究中并没有解释得很清楚，使得本课的科学严谨性有所折

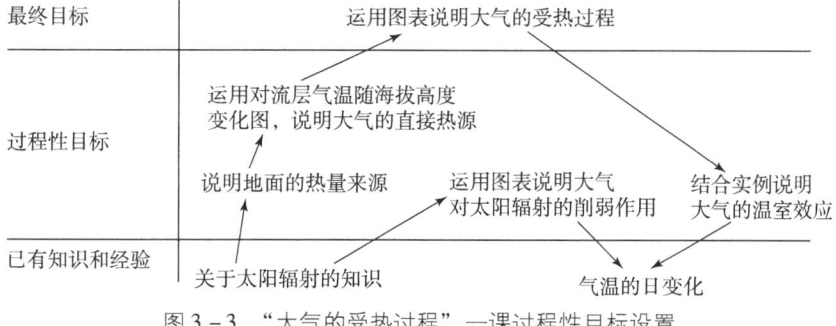

```
最终目标              运用图表说明大气的受热过程

                    运用对流层气温随海拔高度
                    变化图，说明大气的直接热源
过程性目标
          说明地面的热量来源    运用图表说明大气    结合实例说明
                             对太阳辐射的削弱作用  大气的温室效应

已有知识和经验  关于太阳辐射的知识         气温的日变化
```

图 3-3 "大气的受热过程"一课过程性目标设置

扣。其次，从教学方式看，这节课从问题的提出到材料的选取均由教师准备，学生探究的过程也有教师的引导，仅仅是最终的结论由学生自己得出。虽然本课采用了探究式教学，但是探究的水平还比较低。精选教学内容与恰当确定教学重点是可能的改进方向。

教学内容和重点的确定离不开对课程标准的研读。首先，教材中的教学内容并不能如实反映课程标准的要求。传统的教学中，这一课的授课重点通常落在大气对太阳辐射的削弱作用和大气对地面的保温作用，而非大气本身的受热过程。因此，本课将重点回归到大气受热过程本身，整节课的设计以大气为核心，着重讲授其受热过程。而削弱作用和保温作用，则作为大气受热过程中的环节处理，减少与课程标准相关度不大的细节头绪。其次，过去的地理课程多注重自然环境中的物质运动的教学，而忽视了能量交换的教学。因此，在设计本课的时候，也可从能量交换的视角看待大气受热过程的教学环节，力争为学生展现一个真实的自然世界。

内容决定形式。教学内容和教学重点的调整也必然引起教学方式的变化。总体上相比于上一轮的教学做了三点修改。第一，在过程与方法的落实上，课标要求运用图表。所谓图表，最直接能够反映大气受热过程的是"大气受热过程示意图"。但仅仅阅读该图来说明大气受热过程，不仅不能激发学生的兴趣，学生也不容易真正理解大气受热过程。因此，本课中采用来源于学生生活的气温日变化图和学生不太熟知的辐射性质比较等图表，作为分析的材料，探究大气受热过程，最终由学生自己完成绘制"大气受热过程示意图"。第二，能量的交换过程既看不见又摸不着，学生不容易把握和理解。因此，在设计本课时，可通过学生每天都能感受到的气温的日变化过程，将抽象的能量交换过程外显化，减轻了学生的认知负担。第三，为了突破教学难点（理解地面是大气的直接热源），我选取了大部分学生持有的"太阳辐射直接加热大气"的"前科学"概念和"地面是大气的直接热源"这一科学概念，编写了新"两小儿辩日"的故事。

小儿甲：太阳当然是直接加热大气了。生活经验告诉我们，距离热源越近的地方，温度越高。太阳辐射在进入大气层后，首先遇到的就是大气，于是便会直接将其加热。

小儿乙：可是生活中也能感受到，海拔越高的地方，气温越低啊。山脚距离太阳比山顶更远，应该温度更低才对啊。这又该如何解释呢？

学生通过辨析两个小儿的观点，探究大气的受热过程。这样，不仅解决了上一轮修改中出现的某些环节与教学内容无关的现象，更通过直接暴露和讨论学生自己头脑中的"前科学"概念，帮助他们形成正确的认识。

在这一教学案例中，可以看到"大气的受热过程"一课的教学，进行了若干次调整。从学生的认知基础出发，展现真实的自然世界是教学调整的出发点。在学生学习的过程中，"前科学"概念对学生理解"地面是大气的直接热源"这一概念产生了巨大的负迁移作用。在教学中，运用学生的生活经验创设具有冲突的认知情境，学生在解决"冲突"中深化对概念、原理的认识，是解决问题的路径之一。

对于课堂上可能的生活经验，直接加以引导和利用，也可以促进学生对知识的理解。

【教学案例：认识土壤】

我在普通高中地理1《认识土壤》一课的教学中尝试关注学生在课堂中表现出来的经验，以这些经验及学生原有知识为基础，引导学生分析问题，梳理知识体系，培养地理核心素养。

1. 《认识土壤》的教学背景

本课依托的课程标准是"野外观察或运用土壤标本，说明土壤的主要形成因素"。受限于我所在学校客观条件限制，本课通过课堂上使用土壤标本实验的方法，引导学生认识土壤特征并分析其形成因素。全课共2课时，第1课时通过学生实验，学习如何认识土壤样本，以培养地理实践力；第2课时对实验结果进行讨论，归纳影响土壤形成的主要因素以培养综合思维能力。

2. 课堂教学片段及分析

【课堂片段1】

教师提出问题：我们可以从哪些角度研究土壤？学生讨论后发言。

学生A：第一可以从土壤的物理形态如颜色、硬度、气味等方面进行研究。第二可以从化学成分去看，里面有些什么样的矿物质、酸性和碱性如何。

教师追问：有什么实验的想法吗？

学生A：可以从物理方面观察。在化学方面，可以将土壤放入水中，测试溶液呈酸性还是碱性。

教师追问：测试酸碱性的目的是什么？

学生A：有些植物适合酸性土壤，有些植物适合碱性土壤。通过测试，我们可以根据土质的酸碱性来种植相应的植物。

学生B：就同学A说的矿物质，可以做一些单独的化学分析。对于实地，还可以看土壤的厚度。我当时看喀斯特地貌的时候，发现那里的土壤适合浅根系的植物生长。所以土壤的厚度也应该去研究。

教师小结：我们在什么条件下研究土壤很重要，是在实验室中分析，还是到实地的环境中去看。

学生C：还可以研究世界上不同土壤类型的分布和特点，如哪些类型分布在不同的地域。

学生D：还可以研究比如气候、降水对土壤的影响。

教师提问：我们今天在教室里可以对土壤进行哪些研究？

学生在回答问题时所用到的经验包括他们在其他学科教学中获得的实践经验，如物理观察、酸碱性实验等，也包括学生在个人生活中的一些经验，如去喀斯特地貌区的旅游活动中的观察等。这些个体经验影响着教师在讲授前对土壤的认识，从理化性质、从类型分布、从土壤与其他自然地理要素的关系等不同的方面。教师在最后提出了一个问题："我们今天在教室里可以对土壤进行哪些研究？"该问题指向地理实践活动方案的设计，引导学生考虑在现有的课堂条件下，我们可以使用身边的哪些工具，设计切实可行的实验来研究土壤。

【课堂片段2】

学生分组汇报实验结果。

学生E：我们组的土壤样本编号是2。内容物包括细沙，有大颗粒，后来我们发现大颗粒一捏就可以捏成细小的小颗粒，有趣的是还发现了植物的根须。土壤颜色是棕红色的，但我们存疑，因为感觉颜色介于10号和11号之间，且手感很细，很滑，比较干燥。用湿试法测试的时候发现它柔软容易变形，比较容易吸水。表面比较粗糙，可以捏成球状、条状、环状和土片，其中在捏成环状的时候中间出现了裂痕，捏成土片的时候比较容易损坏，不容易从手里拿出来。

学生F：测试pH值的时候我们加土加多了，我们静置的时候发现没有10mL清液，液体略带黄色。所以我们把试管给了一个倾角，把试剂往里滴，呈黄绿色，经过比对，pH值大概是6.6。我们尝一下，发现就像湿沙子，没有味道。另外，我们还有一些问题，这个土壤样本为什么是略偏酸性的？这种pH值适合什么样的农作物？

本组学生汇报了他们的实验结果。从汇报中可以看出，学生较强的科学研究素养。该班学生为钱学森班的学生，在物理化学课堂中做实验的实践经验很好地迁移到了土壤实验中，如对数据的准确性的要求、对实验过程中变量的控制、对实验结果的描述等。此外，该组学生还具有一定的问题意识，在研究土壤颜色时就提到与土壤比色卡进行比对的时候，发现颜色上并不能完全对上，因此，对他们得到的实验结论存疑。另外，他们还进行一些实验之外的思考，希望得到老师的帮助。

【课堂片段3】

八组的同学汇报完之后，教师开始进行小结。

教师：在刚才的汇报过程中，我发现有两个词大家是混用的：岩石、土壤。甚至刚才第一组和第三组的同学刚刚拿到样本时还在质疑：这个样本是不是土壤。我们思考一下，岩石和土壤的区别是什么？

学生G：颗粒大小。

学生H：不对，应该是硬度不同。土壤一捏就散掉了，岩石捏不散。

学生I：应该是比较同一硬度下的颗粒大小。

学生J：我觉得土壤之所以好捏，是因为它之间的空隙比较大。土壤中间有很多空气，一捏的话，结构被破坏了，就碎掉了。

教师：提示大家一下，土壤是怎么来的？

学生K：岩石磨损出来的小颗粒。

教师：小颗粒就是土壤吗？

学生L：还有死去的植物。

教师：好的，土壤中是含有有机物的，如植物的根须，刚才有些组的同学在样本中观察到了，还有腐殖质等。

在实验汇报后的小结与讨论部分，教师没有按照事先准备好的PPT展示要讲的土壤的组成、土壤的形成等内容，而是抓住了学生在实验和汇报过程中的问题，如对颜色判断的质疑、对土壤和岩石的区别展开后续的教学活动，在解决问题的过程中，完成既定的教学任务。例如，对土壤和岩石区别的讨论，调动了学生个体的生活经验，谈到了硬度、颗粒大小的不同。教师引导学生从土壤形成的角度思考，从个体经验上升到了理论层面。

上述课例可以反映出有关地理经验的几个问题：

1. 学生经验的性质

从来源看，学生的经验主要来源于进入课堂前的实践活动以及个人生活经验。其中，实践活动经验主要源于学习过程，如与本课程相关的学科的学习。这些经验往往会对新知识的形成起到一定的促进作用。物理、化学实验课中的研究精神、研究方法被用到地理课堂的土壤实验中；地理课中使用地图研究其他地理事物分布的经验则用来研究土壤的分布。个人生活经验源于学生个体在生活中的观察，在课堂教学中，学生用它们来尝试解释地理现象、解决相关问题。如学生尝试用生活中对土壤和岩石的观察来分辨二者。当然，这些经验可能对学习产生正面影响，也可能对学习产生负面影响。因此，学生的经验可以定义为他们在进入课堂前的各类实践中获得的知识与技能，也包括他们在个人生活中所获得的一些推论。

在这些经验中，有些经验源自对身边地理现象、地理事物的观察、思考，我们称为"地理经验"。地理经验直接影响着学生对地理知识的理解与地理知识的形成，如对土壤和岩石的特点的经验，影响着学生是否能够迅速抓住二者的本质区别。在教学过程中，教师应注意加以引导。

2. 学生经验与地理核心素养的形成

地理核心素养的形成是一个过程，并非一朝一夕就能完成的，而这个过程体现在每节课的教学中。如果每节课在组织教学内容时都以核心素养为目标，经过一学期、一学年，日积月累核心素养便会沉淀下来。

地理核心素养的形成，离不开结构化的知识与地理经验。结构化的知识可以看作是学生学习新知识的认知基础，也可以看作是一段学习完成后的学习成果。地理经验则有助于结构化知识的形成，帮助学生理解所学的地理现象和原理。学习的过程就是让头脑中的知识和经验结构化的过程。只有这样，学生所学的知识才有更强的可迁移性。

那么，整合学生头脑中原有的知识经验，使之结构化，便是课堂教学的重点了。

如图3-4所示，其中有"?"的部分就是教师设计的教学活动。这一部分教学活动，学生会通过自身观念表达、成果展示等方式暴露自己原有的部分知识与经验。《认识土壤》一课是通过一个分组实验活动来帮助学生整合其原有的知识与经验，以及刚刚获得的实验数据的。学生处理数据和解释实验现象的过程调用了原有的地理知识和地理经验来解释观察到的现象。通过追问，教师可以帮助学生整合头脑中的地理知识与地理经验，使之结构化，并引导学生剖析实验过程中的一些模糊概念、错误观念。

?
学生地理知识与经验──→结构化的地理知识──→地理核心素养的形成

图3-4　学生的地理知识、经验与核心素养的关系

3. 对教师教学的挑战

与传统的课堂教学相比，基于学生经验的核心素养培养需要教师关注学生在

课堂中暴露出来的思维过程，包括知识结构、个体经验等，因此，教师需要在很短的时间内给出相应的反应，帮助学生将原有的知识与经验整合起来，为进一步形成地理核心素养奠定基础。这需要教师自身具有较为完善的学科知识体系，对地理核心素养和地理学科的本质有较为深入的理解；同时，还要有较强的应变能力，可以迅速抓住学生思维中的关键点展开讨论。

对于一些相对抽象、难以理解的教学内容，可以通过开展课堂游戏、课堂实验等活动的方式，将抽象的地理过程外显化；可视化，为学生获得间接学习经验搭建平台，降低学习难度，突破学习难点。

【教学案例：水循环游戏】

水循环关注的是水的运动过程及其在自然环境中的作用。在过去的教学评价中，学生通常可以对水循环的环节、类型、地理意义进行再现，但在运用水循环原理解决、解释诸如城市内涝、水利建设等问题时会遇到困难。此外，学生还会出现非水多即无水的想法，缺乏定量意识。针对上述问题，我尝试对水循环主题进行3课时的单元设计，在教学中融入简单的数学计算，将水循环过程外显化，利用学生体验加深对水循环过程的定量理解，并引导学生讨论有关现实问题。

体验式活动——水循环游戏（图3-5）

第1课时：

本课时以体验式游戏为主。首先介绍地球上的水以及各水体类型，厘清基本概念，明确各水体类型在空间中的位置，之后进入游戏环节。

准备材料：

①标有不同水体类型的骰子9个，6个面分别为某水体类型可转化成的水体类型，按概率进行大致分配，例如，一个骰子的4个面为海洋，2个面为云，表示海洋水更可能留存在海洋之中，有小一些的概率转化为大气水。

②9种水体类型的标牌，摆放在教室9个地方。

③盛有9种颜色珠子的盒子，分别对应9种水体类型，放在9种水体类型的标牌旁边。

④每个小组一根细线。

⑤每个小组分发一张绘有水体类型空间分布的A4纸。

游戏规则：

①各小组任选一种水体类型，作为游戏起点。如过多小组选择同一个起点，则由教师进行协调分配。

②在该起点的盒子中取一粒珠子，串到细线上。

③掷骰子，朝上的面决定水体类型的下一步转化。

④走到下一个水体类型处,取珠子并将其串到细线上。掷骰子决定水体类型的下一步转化并以此类推(图3-6)。

⑤再次回到游戏起点或游戏进行到10分钟时,宣布游戏结束。

⑥按照珠子的顺序在A4纸上标出水体类型转化的过程。

图3-5 学生在玩水循环游戏

图3-6 使用珠子记录水循环过程

第2课时：

本课时主要内容是水循环的过程和地理意义。首先，请几个小组上前展示上节课活动的成果（绘制的图像），抽象出水循环的环节。之后，引导学生就游戏中的一些现象进行讨论，如哪个颜色的珠子出现的次数最多/最少、哪个颜色的珠子连续性最好等，帮助学生从定量的角度深入理解水循环的过程，归纳水循环的地理意义。

第3课时：

经过前两课时的积累，本课时内容以成果输出为主。学生分小组运用所学原理就教师提出的城市内涝、海绵城市、水资源利用、修建水库等话题进行讨论、解释，最终站在区域的视角上对水循环原理的应用进行小结，从原理上明确水资源保护的意义。

二、学生生活——地理知识的来源和归宿

很多地理教师认为地理难教，尤其人文地理难教，学生学习兴趣不高。为了提高学生的学习兴趣，不少教师采用生活中的实例，借助歌词、诗文、谜语等，将人文地理的课堂教学与实际生活相联系。然而，与实际生活相联系，虽然在一定程度上可以提高学生学习人文地理的兴趣，但还不能达到高中地理课程标准的要求。《普通高中地理课程标准》中指出："高中地理课程与九年义务教育阶段课程相衔接是高中阶段学生学习地理知识、认识人类活动与地理环境的关系进一步掌握地理学习和地理研究方法、树立可持续发展观念的一门基础课程。"高中地理课程的目标之一要落实在学生人文素养的培养上，要达到这个目的，任何生活素材的使用都应做到"生活化、有深度"。"生活化"的地理是从学生的生活实际出发，引导学生从地理的角度认识和理解自己生存的环境，在教学中引起学生共鸣；"有深度"的地理立足于学生的终身发展，引导学生对生活环境进行理性思考，帮助学生形成地理视角并增强学习能力，最终促进学生情感、态度与价值观的形成。而让地理教学"生活化、有深度"的途径之一就是开发和利用乡土素材。乡土地理是义务教育阶段地理课程的必学内容。在高中地理课程标准中未列出乡土地理的教学内容，但将乡土地理与地理课程有机结合，是在以初中乡土地理内容为基础的深入和延续。乡土地理具有贴近学生生活即生活化的特点，在教学中更能激发学生的学习兴趣，帮助学生深入了解他们所生活的区域，唤起他们对家乡的热爱之情；乡土地理可以为高中地理教学提供丰富的教学和探究素材，学生对这些素材有切身的体验，有助于通过素材探寻地理原理，这也使地理教学具有一定的深度。

下面以高中地理"城市内部空间结构"一课为例，结合本人多年的实践探

索，讨论在人文地理教学中开发和利用好乡土素材的途径。

1. 合理组合乡土素材，形成内容丰富的乡土案例

乡土素材是指教师从乡土范围内收集到的，未经整理加工的、分散的原始材料，如一张照片、一段视频、一篇报道等。乡土素材经过选择也可单独使用，如在讲"城市功能分区"时展示一张中央商务区（CBD）的景观照片。但如果希望乡土素材的使用更有深度，可以将其组合成内容丰富的案例，从整体上认识乡土的某一面，如城市空间结构。

目前，已有不少学者从案例的编写与案例教学的组织等角度对地理案例教学进行了研究。例如，案例的编写已有研究认为课堂中使用的地理案例应当具备针对性、经典性、真实性、工具性、时效性、开放性和艺术性等特点，这些案例应当能够激发学生的兴趣、与生活紧密结合、与教学内容相吻合。案例运用中，教师要提出具有针对性和递进性的高质量问题营造开放的教学氛围，理论联系实际等。我认为，案例的编写与运用是一个不可分割的整体。在进行案例编写时，就应考虑到在教学中如何应用。在教学中应用案例，也应以案例本身的结构为基础。在"城市内部空间结构"一课中，我在编写与运用乡土案例时更关注四个方面的内容。

（1）乡土案例内容丰富且源于学生的生活。

"城市内部空间结构"是一节与现实生活（尤其对于城市学生来说）联系密切的课。在教学中，我选取了与学生生活最为贴近的多种素材组成北京城市空间的案例，使案例无论是形式上还是内容上都具有多样性，如表3-1所示。

表3-1 "城市内部空间结构"乡土案例编写素材

编号	素材内容	呈现形式	用途
1	北京城市中不同的生活场景	照片	拉近与学生生活的距离，感受生活中的地理
2	北京城市不同土地利用类型、不同功能区景观图	照片	使学生感受生活中的地理，通过观察认识不同功能区的特点
3	北京市主要商业中心、工业点、住宅区分布	分布图	阅读分布图，获取信息，提取原理
4	"大北窑"的变迁	分布图、文字资料	从图像、文字资料中获取信息，感受北京的发展变化
5	韩师傅在北京	文字资料、照片	从资料中提取信息

表3-1中的素材不仅内容、形式丰富，且均源于学生的实际生活。例如，

西单、上地、首钢等地点，有些是学生休闲娱乐的地方，有些是学校周边的地区，有些是北京知名的地方。当把这样的素材用于教学时，学生会感到十分亲切。再如，"大北窑的变迁"，学生本身对"大北窑"这个地名不是很熟悉，通过分析他们得知这里就是今天的"国贸"时，他们顿时恍然大悟，课堂气氛活跃起来。这样，学生会对"国贸"这一地点从历史的角度有一个全新的认识，进而体会到北京日新月异地变化着。

（2）设计"问题链"，对案例进行深入探索。

我所在的学校位于北京市，学生对城市的景观司空见惯。如果在课堂上仅让学生观看例证照片，未必会引起学生强烈的共鸣。学生缺乏的是仔细观察和思考我们生活的北京城为什么会发生这些变化。此外，很多学生虽然居住在大都市，但日常生活中除了家门口和学校的环境外，其他地方都不甚了解。将照片进行组合，引导学生通过观察北京城不同地点的景观，探究北京城市内部空间结构，这是一个具有一定挑战性的任务。学生需要结合自己对北京市现有认识的基础上，结合教师提供的资料，探寻新的问题。基于此，我将这些照片进行了筛选，并将它们用两条线路串联起来，设计了"逛北京"活动。活动中的"问题链"如下：

①根据图3-7判断六个考察点（上地、万柳、金融街、国贸、方庄、亦庄）分别属于哪一种功能区？商业区和工业区的占地面积有何特点？商业区和工业区的交通状况有何特点？

②依据考察线路，推测各功能区在北京城市内的分布状况。

③观察北京商业中心、工业园区和住宅区的分布并归纳各功能区在北京的分布情况，验证其与之前推测的结论是否一致。

图3-7 "逛北京"活动考察点示意

此项活动有两个目的。一是引导学生在一种轻松的氛围下，感受北京这座古老的城市。在实际教学中，我选取了一段较为安静的音乐作为背景，更好地营造"逛"的气氛。二是引导学生体验一种研究的方法："逛"的活动——从生活中观察现象；一条线路——个别案例；推测、猜想、观察——个别现象上升到一般规律；北京城市功能区分布——渗透图层叠加的思想。这样，通过设计教学环节，学生可以感受到人文地理的学习并非死记硬背，是有方法、有技巧的。不仅可以激发学生的兴趣，也培养了学生的学习方法和能力。

(3) 编写乡土案例，既要考虑学生的接受程度，又要考虑其真实性。

乡土案例的编写需要考虑到学生的接受程度，因此，在编写案例时，需要进行一定的简化处理。这种简化的目的之一是使学生容易入手；目的之二是利于学生分析结论。例如，在"逛北京"活动线路的选择上，考察地点力求多数学生比较熟悉，这样在归纳分析时，学生可以调动他们的生活背景知识。此外，考察点的选择都比较具有典型性，金融街和国贸是北京的两个中央商务区，万柳和方庄是北京较为知名的住宅区，上地和亦庄是北京较为著名的工业区。六个地点的排列顺序大体符合在经济因素影响下城市功能区的分布特征。这样的选择在一定程度上减轻了无关因素对学生思维的干扰，经过一定的图形变化，就可以较为直观地看出生活实际现象和抽象的示意图之间的对应关系，在归纳结论时就会更加容易。

但乡土案例不同于其他案例，其素材取自学生身边，过于简化的案例也会使学生感受到其与实际生活的差异，从而造成学生对案例真实性乃至人文地理科学性的质疑，也不利于学生多角度地看待地理事物能力的培养。因此，案例的编写还需要具有真实性。我通过补充素材、深入探讨、拓展案例等方式，使"北京的城市内部空间结构"这一案例趋于真实。例如，在"逛北京"活动之后，又安排了"故宫""大北窑的变迁""韩师傅在北京"等素材，学生可以体会到影响北京城市内部空间结构的因素并不唯一，且随时间变化而变化；归纳住宅区分布时，由于所选住宅区的点位有限，所得结果与书中结论并不完全一致，教师应引导学生探索其原因，培养学生拥有严谨的科学研究态度；在完成以乡土案例为主的教学之后，教师补充了成都、南京等城市的例子，在培养学生迁移能力的同时，也期望学生能够体会到不同城市内部空间结构的共性和特性。

(4) 在乡土案例的运用中，要充分引起教师和学生对家乡的重视，引起他们的共鸣。

乡土案例不同于一般案例，其素材源于学生的生活。无论是学生还是授课教师，对身边的地理事物总会有切身的体会和感受。在运用乡土案例教学时，如果能将这种体会和感受调动起来，则可以引起师生的共鸣，有助于调节课堂气氛，加深学生对人文地理原理的理解。例如，分析北京市商业区、住宅区、工业区分布时，商业区和工业区是通过阅读分布图获取信息和结论，而住宅区域分布与特点离学生生活非常近，教师请学生自己说出家庭住址即可。而作为教师，我也充分利用了自己对北京的了解，在手绘的简易北京地图上标出学生所说的住宅区点位。当然，仅靠一个班级学生的居住地是无法反映北京市住宅区域分布规律的，后续还要引导学生对上述活动所得结论进行深入探讨。

2. 开发系列的乡土案例

乡土案例的应用并非随机的，而应在整体上与人文地理教学有机配合。我在近几年的教学实践中，逐步形成了以人文地理为主线，以乡土案例为载体，引领学生从不同侧面感悟家乡，运用不同人文地理原理思考家乡，并最终内化成为热爱家乡的情感的教学思路。在这个过程中，逐渐形成了与地理学习能力培养和情感、态度、价值观教育配套的乡土地理系列案例，如表3-2所示。

表3-2 人文地理教学与乡土案例的整体设计

主题	乡土案例	乡土案例运用的目的
人口迁移	案例一：走进唐家岭 案例二：周蓉的故事	（1）初步体会案例教学的步骤。 （2）练习从资料中获取信息。 （3）关注身边的地理事物，辩证地看待人口迁移对北京城市发展的影响
环境承载力与人口合理容量	案例一：北京市的水资源 案例二：京津冀都市圈的发展	（1）关注家乡的发展。 （2）在实践中运用所学的人文地理原理
城市化	北京的城市化	（1）对比今昔北京，感受北京的发展变化。 （2）学会描述地理事物的时间变化
城市空间结构	"逛北京"	（1）感受北京的不同地方，增进学生对家乡的了解。 （2）体会"观察-归纳-验证"的研究方法
不同等级城市的服务功能	"京津冀"都市圈的发展	（1）关注家乡的发展。 （2）在实践中运用所学的人文地理原理
地域文化对城市的影响	人文北京	（1）认识家乡的文化特色。 （2）运用"对比法"学习地理
农业区位	案例一：四季青的变迁 案例二：北京菜源基地的变迁	（1）了解北京的农业发展。 （2）体会粮食、蔬菜的来之不易。 （3）学会结合区域特征分析区位
工业区位	案例一：首钢的变迁 案例二：中关村的变迁	（1）了解北京不同时期、不同类型的工业。 （2）学会结合区域特征和工业类型分析区位

从内容上看，表3-2中的乡土案例涉及北京人口、城市文化产业活动、与

周边地域联系等方面的内容，帮助学生从各个方面认识自己的家乡——北京；从研究的视角看，有些案例着眼于从空间视角研究北京，有些案例着眼于从时间视角研究北京，有些案例着眼于从人地关系视角研究北京；从应用目的看，有些案例旨在让学生了解北京是什么样的，有些案例旨在让学生探究为什么北京是这个样子，有些案例旨在让学生思考我能为北京的发展做什么。这样，每个乡土案例均有特定的内容、视角和目的，经过精心的编排便能成为人文地理教学重要的组成部分。经过一个学期的学习，学生对家乡的认识是多方位的、多角度的、多层次的，而对家乡的兴趣、认识和热爱会逐步融入心中，为他们今后的学习打下基础。

在高中地理教学中，恰当地使用乡土案例构建教学的生活场可以使地理课堂更富有生命力。

第三节 构筑地理课堂教学的思维场

地理思维场，具有鲜明的地理学科属性。地理学是地理课程最重要的学科支撑之一。没有了地理学的支撑，思维场便失去了其学科特色。因此，研究地理学科的本质和基本思想、方法，是认识地理思维场的前提之一，也是从学科的视角出发，对地理课程结构和主要内容进行的系统梳理。

一、地理学科的本质

（一）地理学概述

地理学科是一门什么样的学科？对于这一问题的回答，可以找到诸多答案。所谓"地""理"，讲述的是关于"地"之"理"。"地"是自然界的一种客观存在，可以被理解为是地理学的研究对象。尽管各家对地理学的研究对象是什么的看法各异，但不外乎都包含了以下几个要素：地理环境、人类活动与地理环境的关系、尺度、空间等。目前比较公认的地理学研究对象是地理环境，它是一个综合的整体，自然环境、经济环境和社会文化环境等地理环境的各子要素间相互重叠、相互联系。

"理"是关于"地"的道理，是"地"的运行规律、作用机制。有关地理环境的运行规律和作用机制，不仅仅是一种客观存在，也必须由人通过研究去发现。因此，地理学的研究，就有了研究的思想和方法。《重新发现地理学》中提道："正如所有现象都在时间中存在而有其历史一样，所有现象都在空间中存在而有其地理。"这是传统的地理学看法，阐述了地理学的空间属性。地理学科不仅关注地球表面自然和人文现象的空间格局和变化过程，也关注不同尺度空间区域的结构、特征、发展和变化，即地理学的时间属性。

地理学的目的在于通过认识"地""理"来解释过去、服务现在。以及预测未来。在地理学科的发展过程中，不同的发展阶段和背景赋予了地理学科不同的研究方法及价值体现。地理学科的本质应当是地理学科价值及其思想、方法的体现。

（二）地理学科的基本思想、方法

有关地理学科是一门怎样的学科的研究，在地理学的发展过程中有过一些研究和争论。

1964年，帕蒂森阐述了地理学的四个传统：空间传统、地域研究传统、人－地关系传统和地球科学传统。

1. 空间传统

空间传统，一方面指对地理位置的详尽记录；另一方面指地理事物与地理现象的地图再现，也就是说，地理学就是地图以及与地图相关的事物。学习任何地区或要素的地理特征时，都首先要分析它的地理位置。对地理位置的研究，通常从绝对位置和相对位置两方面来进行。绝对位置是指其经纬度位置；相对位置包括海陆位置、交通位置等不同的方面。根据系统理论，任何地区都可视为一个系统，同时，它也必然作为子系统存在于更大范围的地区系统之中，这个地区子系统与地区系统之间是部分与整体的关系。空间中的地理位置，是这种关系的一种反映。一个地方处于什么样的地理位置，决定了其与周边地区的空间关系和相互作用，进而影响该地方的自然地理环境特征。因此，研究某地区地理位置时，按照从经纬度位置到海陆位置的方式逐条分析，地理位置的描述则会陷入僵化。从系统理论的角度分析，我们应当抓住影响一个地方地理环境特征的空间关系，从这一角度认识一个地方的地理位置。这种空间关系可能是并列关系，也可能是从属关系。

地图是地理学的第二语言。运用地图将上述空间关系表达出来或从地图中解读有关地理事物的空间信息是重要的地理思想和方法。

2. 地域研究传统

地域研究传统包括三个内容，第一是关于地域性质、地域特征和地域差异的研究传统；第二是关于地域历史，即地域及地域特征的变化的时间过程的研究传统；第三是关于地域各种混杂信息的接受与合理解释的传统。帕蒂森所说的地域与中学地理课程中的区域可视为同义语。帕蒂森的地域研究传统有助于我们了解区域的属性。区域是各种自然和人文地理信息在一定地理空间中的反映。这些信息之间具有联系，在不同的区域表现也不相同，从而形成了区域地理特征（以下简称"区域特征"）和不同区域之间的差异。所谓区域特征，实质上就是区域在地理方面所表现出的功能，是由一个区域的地理结构所决定的。而不同的区域内部地理结构不同所表现出来的区域特征不同，则是地理差异。

区域并非固定不变的，而是处于发展变化之中。因此，在分析区域特征时，需要考虑区域所处的时间背景。区域发展的不同阶段，区域特征也会存在差异。

3. 人－地关系传统

人－地关系论是人文地理学的核心理论，其发展经历了天命论、地理环境决定论、或然论、人地和谐论等不同的阶段。对人－地关系的探讨，最早可以追溯到公元前5世纪由希腊医生希波克拉底提出的外部自然环境对人类健康的影响，其也成为后来地理环境决定论的萌芽思想。20世纪20年代至50年代，美国一些学者提出："在人－地关系中，'人'是一个独立的因素，而'地'则是人类行为的承受者。"这一观点反映了人－地关系的另一个侧面——人类活动对自然环境的影响。自然环境对人类活动的影响和人类活动对自然环境的影响，成为探讨人－地关系的两个基本的侧面。

在20世纪最后的25年中，对地理学的主流认识在于，地理学是一门研究空间－分布的学科。进入21世纪后，许多地理学者开始把人类－环境作为重要的研究主题。我们这里不去探讨两种认识孰轻孰重，至少人－地关系传统在今天的地理学研究中依然具有生命力。21世纪的地理学研究，更加关注人与自然的相互作用及所应采取的对策，人文地理学界对环境要素越来越关注，自然要素研究也逐渐出现了人文倾向。与过去相比，人类活动与自然环境之间的关系更加趋向融合。

4. 地球科学传统

地球科学传统更偏重于研究地球表面自然要素及地球与太阳之间的关系。虽然这与今天地理学中自然地理和人文地理并重的理念不太相符，但其思想我们依然可以借鉴。地球科学传统偏重于自然要素之间的关系的研究，而地理学也偏重于要素关系的研究，只不过这些要素不仅是属于自然地理要素，也包括人文地理要素，即地理学的综合性思想。

地理学的四大传统将此前已有的地理学知识串联起来，形成了一个结构化的、科学的知识体系，并作为基本的思想和方法贯穿地理学研究的过程。

（三）地理学的视角

美国国家研究院等单位联合编写的《重新发现地理学——与科学和社会的新关联》一书提出了地理学看世界的视角，即地理学的思想和方法，地理学视角矩阵如图3-8所示。

这一模型从综合的领域、动态观察世界的方法和空间表述三个维度概括了地理学的基本视角。

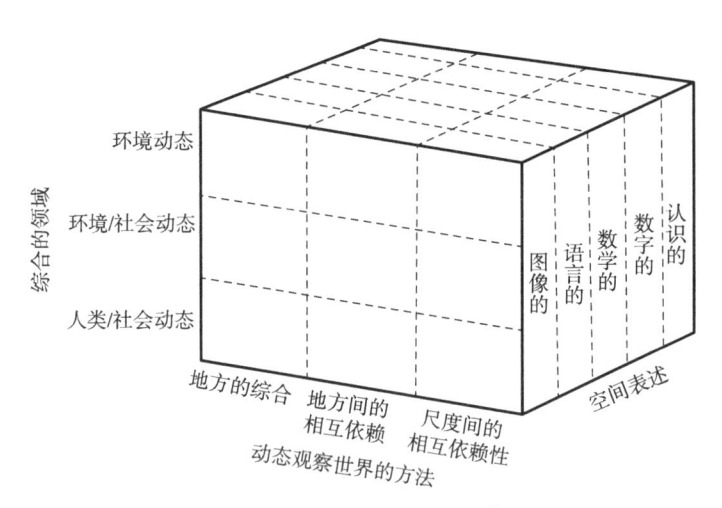

图 3-8 地理学视角矩阵①

综合领域中的三个分支分别为环境动态、环境/社会动态和人类/社会动态，分别表达了地理学对自然地理领域内的要素关系、人文社会领域内的要素关系、人类活动与地理环境三组"关系"的研究。自然地理环境各要素通过物质运动和能量交换相互作用、相互影响、相互制约，产生了生产功能和稳定功能；要素间"牵一发而动全身"，保证了自然环境的同步变化与协调。人文领域中经济、社会、政治、文化等各种人文现象的分布与发展变化，其本质是人类基于多要素综合和动态考虑后的一种决策，即区位的选择。人类活动的区位选择，需要考虑该项活动与其他人文环境的关系、与自然环境的关系，即人–地关系。因此，从"关系"的视角综合认识现实世界是地理学科认识世界的有力的思维工具，也是地理学科综合性特征的表现。

动态观察世界的方法包括地方的综合、地方间的相互依赖和尺度间的相互依赖性。地方，是不同空间的地理现象存在的空间基础。由于不同的地方自然环境的物质运动方式、强度不同，使地方具有了特征上的差异性。这种差异性导致了物质和能量在空间中的流动，以帮助地方朝向更利于其自身发展的方向发展，这就是地方之间的相互依赖。这种相互依赖还体现在空间的尺度上。尺度是划分地理区域的重要依据之一，不同的尺度决定了两个地方特征的相似性或者差异性。动态观察世界的方法要求我们考察、解释一个地理现象，既要带着综合的视角去分析，又要带着区域特征、区域差异、区际联系的视角进行分析。这一分析过

---

① 美国国家研究院地学，环境与资源委员会，地球科学与资源局重新发现地理学委员会. 重新发现地理学 [M]. 黄润华，译. 北京：学苑出版社，2002.

程，也带有不同尺度空间之间的"关系"的含义。

地理学通过图像、语言、数学、数字、认识等多种手段实现地理信息的空间表述。这种空间表述它可以直观地反映地理学研究的各种自然现象与规律。

地理学的三大视角将地理学的各类研究对象，如大气、水文、地貌、生物、土壤等自然要素，以及人口、聚落、产业、文化等人文要素凝聚起来，使这些要素在研究思想和方法上具有了内在一致性，而非一种知识块间的"拼盘式"组合。

二、构建地理思维场的主要途径

我们探讨了地理学科的本质、基本思想和方法以及地理学看待问题的基本视角，它们是地理课堂中思维场的重要体现。在课堂教学中，紧扣地理学科本质、运用地理学科基本思想和方法，解决真实的问题，从而培养学生地理核心素养，彰显地理学科应用价值，是构建地理课堂思维场的基本途径。

1. 通过分析真实问题深入理解地理核心素养

地理学科从诞生之初就植根于真实的世界，是在解决真实世界中的问题的过程中发展起来的学科。因此，地理学科的本质、基本思想和方法以及看待问题的基本视角也都植根于真实的世界中。无论是义务教育，还是高中和地理教学，均以地理核心素养的培养为根本目标，围绕地理核心素养进行教学设计并开展教学活动，基于地理核心素养展开教学评价。核心素养的落实，离不开真实世界中的真实问题。

（1）创设真实情境，对接核心素养。

【教学案例：时事热点专题——海南】

学习目标：

（1）了解海南全面深化改革开放这一重大时事热点问题，通过资料分析海南开发的地理背景，讨论三大产业的空间布局及具体的开发方向和措施，归纳区域开发问题的一般思路及方法。

（2）在分析讨论的过程中体会因地制宜，树立正确的人地协调观并加深对党中央科学决策的理解。

重点难点：

运用资料分析讨论海南开发的具体问题，树立正确的人地协调观并加深对党中央科学决策的理解。

教学过程：

教学过程设计见表3-3。

表 3-3　教学过程设计

环节一：导入	
教师活动 1 给学生展示 2018 年高考考试说明中的参考样题，引出本节课的时事热点专题——海南	学生活动 1 阅读 2018 年高考考试说明中关于参考样题的说明，理解关注时事热点的原因
活动意图说明：让学生理解紧张备考期间关注时事热点问题的重要性，导入热点区域，从而激发他们的学习兴趣	
环节二：分析海南开发的地理背景	
教师活动 2 出示海南和香港的位置图以及相关资料，提出问题：参考香港自由贸易港发展的地理背景和现状，说出海南全岛开放的地理条件	学生活动 2 阅读、分析资料并回答问题
活动意图说明：通过本环节的活动，理解党中央选择海南进行深化改革开放的原因。通过分析海南开发的地理背景，锻炼学生获取和解读信息的能力、调动运用知识的能力以及描述和阐述事物的能力，提升区域认知的地理核心素养	
环节三：分组讨论海南三大产业的发展	
教师活动 3 给出海南三大产业发展的相关资料，请学生分组讨论三大产业的空间布局、发展方向及具体发展措施	学生活动 3 阅读、分析资料并分组讨论，回答问题
活动意图说明：通过本环节的活动，理解党中央提出的开发海南的具体措施。通过对材料的分析探讨，进一步锻炼学生的获取和解读信息、调动和运用知识、描述和阐述事物以及论证和探讨问题的能力，体会因地制宜的地理理念，提升综合思维的地理核心素养	
环节四：总结提升	
教师活动 4 总结三大产业的协调发展，明确海南未来的发展目标	学生活动 4 总结思考，理解海南的可持续发展
活动意图说明：理解党中央的科学决策，树立正确的人地协调观	

　　这是一节高三复习课，是时事热点专题单元中的一课时。时事热点专题取材于国内外重大现实问题，通过对问题的解读、分析，引导学生正确认识现实社会的重大现实问题，帮助学生树立正确的世界观、人生观、价值观。这既符合普通高中学业水平等级性考试"立德树人、服务选才、引导教学"的核心功能，更彰显了地理学科在国家决策中的应用价值。本节课选取党中央决定支持海南全岛建设自由贸易试验区，支持海南逐步探索、稳步推进中国特色自由贸易港建设这

一重大热点问题为案例，引导学生运用所学分析开发海南的地理背景、具体的开发方向及措施，为学生创设真实的、结构不良的学习情境，通过对海南岛的开发建设和对三大产业协调发展的探讨，提升区域认知、综合思维等地理核心素养，锻炼学生应对解决陌生复杂开放的真实问题的能力。

（2）借助三维目标，落实核心素养。

地理核心素养作为地理课程的基本理念，其提出经历了一个漫长的探索过程。"从'双基'到三维目标，再到核心素养，通常被表述为发展与超越的进程。""双基"中的基础知识和基本能力，即三维目标中的"知识与技能"，是地理课程的基本目标。"过程与方法"对于地理知识的掌握和地理技能的形成，以及情感态度价值观的培养都具有促进作用。"情感、态度与价值观"则聚焦情意领域，是地理课程的终极目标。从"双基"到"三维目标"，地理课程基本理念的内涵更加丰富了，达成地理课程目标的路径也更加明晰了。

地理核心素养的内涵包含三个维度。人地协调观是地理学科课程内容所蕴含的核心价值观念；综合思维和区域认知凸显了地理学科综合性和区域性的两大特征，也是地理学科分析问题的基本思想和方法；在实践活动中运用综合思维和区域认知，感悟、体现地理环境及其与人类活动的关系中所体现的人地关系，即地理实践力，是地理学科学习的基本活动经验。上述思想核心素养分别从价值观念、思想和方法、活动经验三个维度展示了高中地理课程的本质属性，与"三维目标"是辩证统一的。"三维目标"是地理核心素养的外显化体现；地理核心素养是"三维目标"在学生头脑中内化后的状态，核心素养的水平则是这种状态的表现。

因此，深入理解"三维目标"框架，是准确理解地理核心素养内涵和表现的重要途径，有助于地理核心素养的落地。

【教学案例：开展实践活动　认识海洋国情】

"运用资料说明南海诸岛是中国领土的组成部分，钓鱼岛及其附属岛屿是中国的固有领土，中国对其拥有无可争辩的主权"一条课程标准是对学生进行国家主权意识教育的重要内容。课程标准要求用史料说明南海诸岛、钓鱼岛及其附属岛屿自古以来就是中国固有领土。某校教师在教学中设计了如下的教学目标：

查阅并分析相关资料，了解南海诸岛和钓鱼岛及其附属岛屿的空间位置、区域范围及其地理意义，分析我国对于这些岛屿所拥有的无可争辩的主权的历史、地理、法律等原因，学习了解我国政府为捍卫领土主权和海洋权益所采取的措施，增强国家主权意识，激发爱国情感。

在教学过程中，该教师采用问题式教学的方式，通过由3个问题构成的问题链引导学生开展调查、汇报展示等教学活动。

问题1：如何准确表述南海诸岛和钓鱼岛及其附属岛屿的位置和范围，并说明其为何具有重要意义？

问题2：为什么说南海诸岛是中国领土的组成部分、钓鱼岛及其附属岛屿是中国固有领土？

问题3：我国应如何捍卫南海诸岛和钓鱼岛及其附属岛屿的领土主权和海洋权益？我国政府是如何做的？

这节课聚焦情感、态度、价值观领域，是对学生进行国家主权意识教育的重要一课。如何在这一课的教学中体现地理学科核心素养，避免空洞的说教，是这一课教学的难点。授课教师通过将这节课要落实的核心素养目标拆解的方式，使核心素养目标落实到任务上，更加具体；教学过程中的每一项任务、每一个小目标，都指向核心素养的总目标。"查阅和分析相关资料"是本课的学习过程与方法目标，学生可通过查阅和分析相关资料，获取、解读、整合信息，认识南海诸岛、钓鱼岛及其附属岛屿的地理概况及与之相关的问题，提升地理实践力。"分析我国对于这些岛屿所拥有的无可争辩的主权的历史、地理、法律等原因，"一条目标，从历史、地理、法律等不同的角度阐释了我国对于南海诸岛、钓鱼岛及其附属岛屿拥有无可争辩的主权，其论证过程体现了教学对学生综合思维和区域认知素养的培养。通过上述的学习活动，学生自然能够理解我国政府捍卫领土主权和海洋权益的目的和意义，增强国家主权意识，从而升华成为爱国情感，核心价值观的实现水到渠成。

本课的"三维目标"的设置既与地理核心素养具有高度的统一性，又对教学内容具有很强的指导意义。通过"三维目标"的设置，地理核心素养内涵的理解准确而不空洞，具有可操作性。

2. 通过构建学习单元使地理知识结构化

单元教学是比利时教育家得可乐利于19世纪末提出的一种多课时的教学组织方式。相比于单课时教学，单元教学主题更加突出，教学内容更具整体性和结构性，利于促进学生进入深度学习的状态。指向地理学科核心素养的教学方式倡导单元教学。

（1）基于地理知识主线构建学习单元。

基于地理知识主线的学习单元设计是指"以拟教授知识的自身逻辑为主导展开教学设计过程"[①]。该种教学方式可依托教材章节及其内容逻辑组织单元教学，教师操作起来比较容易；学生也更易把握教学内容与教材间的对应关系，利于学

---

① 林培英. 指向地理核心素养的单元教学试论单元教学设计的整体性表现 [J]. 中学地理教学参考，2020（19）.

习。基于地理知识主线开展单元教学设计具有以下特征。

①可优化性。

可优化性是基于知识主线的学习单元的前提。由于地理教材教学内容单元本身就存在学科知识上的逻辑关联，相比于教材内容单元的教学顺序，重构的学习单元或在知识结构上更为合理，或更符合学生的认知规律，或更符合本校、本班教学实际，才能达到更优的教学效果。在这一前提下，基于知识主线的学习单元设计才是有意义的。

②整体性。

整体性是基于知识主线的学习单元的本质特征。与教材内容单元相比，是否具有一个聚焦的学习主题，单元内各课时间是否形成清晰的逻辑脉络，构成了学习单元形式上的整体性；是否具有指向学生核心素养发展的教学目标，教学活动是否围绕该教学目标开展，教学评价是否基于单元教学目标，是否能够准确检测学生的学习效果，构成了学习单元教学过程上的整体性；是否具有结构化的单元知识，是否具有贯穿始终的学科核心概念，是否彰显了学科的应用价值，构成了学习单元内容上的整体性。

③进阶性。

学习进阶是基于知识主线的学习单元组织的基本路径。在学习进阶中，"进"是指明确学生思维行进的方向是前进、向上，"阶"表征出了思维行进路途中的关键点。可见，进阶这一概念刻画了学生认知和思维模式变化这一主旨。通过单元学习，学生的学科知识、学科能力、与学科相关的情感、态度、价值观的在原有基础上不断提高，进入深度学习的状态，是学科核心素养提升必经之路。

【教学案例：地球的历史】

人教版教材"地球的历史"一课依托的课标是"运用地质年代表等资料简要描述地球的演化过程"，是普通高中新课程必修1模块新增的教学内容。教学内容偏重地理事实，且内容相对繁杂，有关地质年代表的专业名词多，学生兴趣不大。挖掘该教学内容的育人价值，梳理其内容逻辑，构建基于知识主线的学习单元，建立其与学生生活的联系，是解决上述问题的基本路径。

1. 挖掘单元育人价值，确定单元核心问题

"地球的历史"反映了"地球从诞生之后，地球系统由简单到复杂，包括地貌的变迁、生命现象和活动的发展的历史过程"[①]，具有丰富的学科育人价值。

---

① 韦志榕，朱翔. 普通高中地理课程标准（2017年版2020年修订）解读[M]. 北京：高等教育出版社，2020.

首先，这一教学内容具有很强的科普性质，学生学习过本课后能够看懂有关地球历史的科普展览或科普读物，有助于培养社会公民的基本科学素养，这是中学地理教育责无旁贷的责任；其次，地球的演化历程是处于时间轴上地球各要素在宏观尺度综合作用的结果，体现了地球在不同的地质年代动态发展和年代间转变的过程。对该过程的描述，有助于学生获得对地球演化整体上的认识，利于学生综合思维的发展；最后，对于将来有打算选考地理或从事与地理相关专业的同学来说，认识地球演化的过程蕴含了丰富的地理学的研究思想与方法。

学习"地球的历史"不仅有利于学生从自然地理环境要素相互作用的角度在时间轴上认识地球的演化过程对今天自然环境的影响，也有利于学生从人－地关系的角度认识地球的演化过程给人类留下的丰富的资源，如矿产、旅游资源等。从这两个角度出发确定单元核心问题是"地球的演化过程给我们的生活带来了怎样的影响"，该核心问题可从要素相互作用和人－地关系两个角度统摄单元内的知识内容，同时凸显了地理学科的应用价值。

2. 重组学习内容逻辑，确立单元知识主线

本条课标的核心要求是学生能够描述地球的演化过程，包括距今的年份、地球的基本面貌、地壳运动的情况、古生物演化等情况。演化过程一词突出了各地质年代的特征与衔接变化。因此，地质年代的划分和呈现方式应是描述地球演化过程的知识铺垫。地质年代、地层、化石等内容则作为学习地质年代的重要概念。因此，基于单元核心问题和教学内容的内在逻辑联系，本单元可通过4个问题组成的问题链构成一条知识主线，并形成相应学习单元的课时分配（表3-4）。

表3-4 "地球的历史"单元整体设计

单元教学目标	结合实物、图片等资料，通过地层、化石等演化证据，初步了解地质年代表的划分方法；运用地质年代表及相关图文资料，描述地球的演化历程，举例说出地球的演化对自然环境及人类活动的影响		
课时	第1课时	第2~3课时	第4课时
课时问题链	如何了解地球的演化历史	使用什么工具进行研究 | 地球的演化过程是什么样的	北京的演化历史是什么样的
课时教学目标	运用实物、图片等资料，观察地层与化石的特点，初步推断地层的形成顺序	初步了解地质年代表的划分依据和方法；运用地质年代表，从距今的年份、地球的基本面貌、地壳运动的情况、古生物演化等角度描述地球演化不同阶段的基本特征，并以文字、图表等形式表现出来，建立相应地质年代与地球表面自然图景的关系	查阅资料，概括家乡的地史简史，举例说明其对当地人们生产、生活的影响

3. 设计活动任务引领，促进学生深度学习

课标要求学生能够"描述"地球的演化过程，教师应在教学中提供学生"描述"的机会。在互联网时代的今天，学生能够获取信息的途径是多元的。面对大量的"地球的历史"的素材，如何筛选出科学、有效的信息，如何组织成有逻辑的文本，如何创新地使用素材，应当是学生未来学习、工作应当具备的基本素养。在活动任务中描述地球的演化历程，学生需要查阅、筛选、分类、组织、编辑相关的信息资料，并以恰当的形式予以展示。这一过程有助于培养学生收集和处理地理信息的能力和对信息进行价值判断、分类组织的信息意识。因此，第2~4课时的单元设计采用了活动任务驱动的方式，促使学生在实践中认识地球的演化过程。

本年级学生班额较大，层次差异显著。基于学情，本学习单元共设计了3类不同能力层次的教学任务活动。其中，活动一和活动二为全体学生必做活动，活动三供学生自主选择完成（表3-5）。

表3-5 "地球的历史"单元活动任务设计

活动名称	活动内容描述	活动层级	价值分析
活动一 绘制"地质时间钟"	将地球的演化历程浓缩到24小时，绘制一张"地质时间钟"	获取与整合	用学生熟知的时间长度比对地质年代表，增强学生对地球演化的大尺度时间感知
活动二 绘制"地球的演化"故事绘本	分组绘制不同地质历史时期的地球自然环境图景，并配以必要的文字说明，形成关于"地球的演化"的故事绘本	扩展与提炼	通过绘制图表等方式，引导学生直观、感性地认识地质年代的时间尺度，降低认知难度；通过绘制、文字表达，对地球的演化过程进行描述，达成课程标准的要求，培养学生的综合思维；故事绘本的形式，有助于学生在已经掌握的地理事实的基础上，进行创新性表达，使学生进入一种深度学习的状态
活动三 设计"北京的地史"科普海报	家乡的地史为我们今天的生活留下了丰富的资源。查阅资料，设计一份科普海报，向全校同学介绍北京的地史	迁移与应用	通过活动引导学生关注、认识家乡地理事物，拉近了教学内容与学生生活的距离，丰富了对北京的感性和理性认识，有助于进一步理解自然环境对人类活动的影响及人类对自然环境的利用，渗透了人地协调观

三个活动任务指向三种不同的技能层次，共同形成了能力层面的进阶。学生

在单元学习的过程中，可随着单元的进程由浅入深完成活动一和活动二。活动三内容源于教材原理，但又在教材内容的基础上有一定的拓展，针对感兴趣及学有余力的学生根据自身的情况选择完成，体现了学生的自主选择性。

4. 开发活动评价量规，实现教学评一体化

单元学习活动任务采用表现性评价的方式，通过评价量规与课堂展示后的教师点评相结合的方式，对学生的活动成果进行过程性评价，以期学生对自我的学习状态有一个较为准确的认知，也便于教师基于学生的基础开展进一步的教学。接下来，我们以"绘制'地球的演化'故事绘本"为例，探讨该活动的评价量规（表3-6）。

表3-6 "绘制'地球的演化'故事绘本"的评价量规

指标/等级		A	B	C
A 内容	A1 自然要素特征	涵盖地球演化过程中各自然要素的基本演化特征，资料经过筛选，表达科学、准确	涵盖部分地球演化过程中的各自然要素的演化特征，表达较为科学、准确	从某些侧面描述地球演化过程中的一些特点，存在复制、粘贴的痕迹
	A2 自然要素相互作用	能够通过绘图或文字科学表达出自然要素的相互作用，体现地球阶段演化特征的整体性	能够通过绘图或文字从某些方面表达自然要素的相互作用	各自然要素特征相互独立，难以看出其内在联系
B 形式	B1 清晰性	故事绘本逻辑线索清晰，各阶段特征表达形式恰当，重点突出	故事绘本逻辑线索较为清晰，能够表达出各阶段特征	地球演化各阶段相对独立，逻辑关联性不强，各阶段特征不突出
	B2 美观性	图文并茂，图文相互匹配	图文并茂，图像文字存在割裂感	只有图像或文字，绘图不清晰

评价量规的设计扣住核心任务"描述"，从描述什么和如何描述两个维度设计不同层级的评价指标。其中，A1和B1两项指标是本活动的基础性指标，指向单元目标的达成；A2和B2两项指标是发展性指标，引导学生思维和技能向深度发展。

学生作品展示如图3-9和图3-10所示。

"地球的历史（石炭纪）"点评：该作业图文并茂，通过绘图反映了石炭纪的地球环境特征。文字部分从地壳运动、气候变化、动植物演化等角度介绍了石

第三章 "生态·智慧课堂"视域下的地理教与学 ■ 137

炭纪的地球环境特征。值得肯定的是，该作业中的石炭纪自然环境特征部分各自然要素间并非独立存在的，作业尝试发掘要素之间的联系，如"随着海洋面积进一步缩小，到了中期，一些鱼类逐渐进化成能适应陆地环境的两栖类"。

图3-9 学生绘制的"地球的历史（石炭纪）"海报

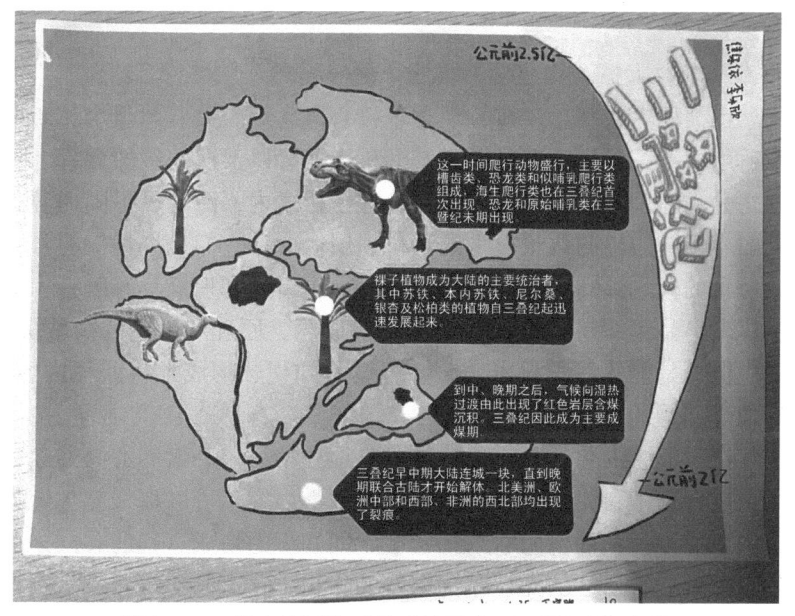

图3-10 学生绘制的"地球的历史（三叠纪）"海报

"地球的历史（三叠纪）"点评：该作业采用图文并茂的方式，展现了三叠纪时期地球场景的画卷。四段文字分别从动植物、气候变化和海陆变迁等角度描述该时期地球的主要特征。在图像的选择上，这份作业选择的底图为手绘的三叠纪海陆分布图，更能够与文字表述进行匹配，使读者可以直观地看到海陆变迁的情况。

基于知识主线的学习单元设计的难点在于如何与教材内容单元的教学进行区别，使得整合后的学习单元不流于单元这种形式，而促进学生核心素养的发展。结合上述教学案例可以梳理出以下操作要点。

第一，挖掘单元育人价值，围绕学科核心概念或要解决的核心问题展开单元设计，统摄单元下各课时的教学目标与教学内容，使整个单元设计具有整体性。

第二，明确知识内在联系，通过调整教学顺序、补充背景性或过渡性知识、拓展或延伸教学内容，整合教材现有学习内容，优化单元学习过程，提升单元学习效率。例如，上述教学案例以对地球的演化过程的描述为核心内容，向前补充了认识地球演化过程的方法，向后拓展了家乡的地史，形成了一个完整的认知链条。相比于单课时的教学设计，学生对"地球的历史"这一教学内容的把握更为深刻，更具整体感。

第三，对单元进程中的学生活动任务进行持续的表现性评价，了解学生的学习水平与层次，随时调整教学的深广度，为学生的思维难点、思维断点提供相应的支架，使得单元教学过程中教师的教、学生的学在不断的反馈中保持步调相对一致。

（2）基于学科大概念构建学习单元。

大概念也被称为大观念、核心观念、核心概念等。大概念是个相对概念，通常依据所适用的范围不同，有跨学科、学科大概念以及次一级的课程、单元、课时大概念之分。地理学科大概念是指在地理学科之内，跨越了不同内容领域并模糊了不同内容领域边界的数量很少的学科顶层概念。它们是经过检验且位于地理学科中心位置的概念性知识，对广泛的具体地理事物和现象具有解释力，具有很高的概括程度，是组织整合本学科许多一般概念、原理和理论的少数关键概念。地理学科大概念是能解释学科本质，整合学科知识、构成学科课程内容的骨架，更是分析地理问题的思想方法。

基于学科大概念的单元教学设计是落实地理学科核心素养的必然途径。在地理教学中，以地理学科大概念来统摄和组织教学内容，可以更为充分地揭示知识间的纵横关系。知识间的横向联系揭示了不同知识的形成过程的共同之处，使先前所学的知识对后继所学的知识起到启发的作用，这有利于培养学生利用已有知识解决问题，进而生成新知识的能力；对具体的事实、概念进行抽象概括、一般化等思维加工活动，可以形成知识间纵向向上的联系，能够从中获得更有普遍意义的大概念，实现知识的拓展和知识结构的改造；将抽象概括获得的大概念用来指导或运用于解决具体问题，是知识纵向向下联系的过程，也是促进学生将知识转化为能力的重要途径。由于大概念具有系统化统摄知识与思维的作用，也有利于促进学生在结构化的知识系统中提升学科思维品质及分析处理复杂问题的素养水平，更适合采用由若干课时整合而成的单元教学的方式开展大概念教学。

用地理学科大概念可以整合大量地理事实性材料或众多具体地理概念、规律与原理，能很好地帮助学生构建系统的地理认知结构，形成良好的地理思维，提升学生对具体知识的理解力，以及面对新情境时知识的迁移应用能力、分析解决能力，进而提升学生的地理核心素养水平。

例如，选择性必修2的模块名称"区域发展"本身就是一个地理学科重要的学科大概念。从内容上，该模块包含区域的概念和类型、区域发展、区域协调三部分内容，区域的概念和类型是区域发展和区域协调的认识基础。在现实区域的分析中，区域发展可以分为单一区域的发展与多个区域的协调两种类型，对应本模块的后两部分内容。由此，"区域与区域发展"和"区域关联与协同发展"可以成为"区域发展"的两个次一级学科大概念。

"区域与区域发展"大概念所对应的课程标准主要是区域的概念和类型、区域发展两部分，也即选择性必修2的2.1至2.6条课标。其中2.1和2.2条课标是认识区域发展问题的基础，2.3至2.6条课标分别针对某大都市、某产业结构发生变化的地区、某资源枯竭区、某生态脆弱区四类不同的典型区域的区域发展来具体学习。基于该学科大概念构架单元教学，其整体教学设计通常遵循以下框架思路展开（图3-11）。

- ●区域具有整体性特征。
- ●区域的资源和环境是区域发展的重要基础。
- ●区域发展需要综合考虑区域的人口、城市、产业发展条件。
- ●区域发展的目的是实现全面、协调、可持续发展。

图3-11 "区域与区域发展"大概念统摄下的单元教学框架

图3-11中的四句话之间大致为递进关系：从区域整体性特征出发，进而基于区域发展的资源环境与社会经济基础，探寻因地制宜实现区域可持续发展的途径，由此构成了对"区域与区域发展"这一大概念认识的层层深入。将该框架

对应至某种典型区域的单元教学之中,就形成基于这一大概念的学习与认识思路。下面以"生态脆弱区的综合治理"这一单元教学主题为例,具体阐述如何通过进一步分解教学目标来构建整体教学思路。

【教学案例:生态脆弱区的综合治理】

生态脆弱区的综合治理一课依托的课程标准为"以某生态脆弱区为例,说明该类地区存在的环境与发展问题,以及综合治理措施"。该单元可以拆分为三个子主题:

子主题一:生态脆弱区具有多样的表现和成因。

通过收集真实案例,结合生态脆弱区的定义,概括生态脆弱区的共性特征,根据资料指出我国生态脆弱区的类型与总体分布特征,并认识到生态脆弱区的形成是多种自然和人为因素作用的共同结果,具有多样的生态环境问题和表现。

子主题二:生态脆弱区具有较为突出的人地矛盾。

运用区域认知与综合思维的思维方法并通过小组合作学习等方式对具体案例中生态脆弱区问题产生的原因和表现进行分析,明确其独特的地域性特点,找出其中人类活动与地理环境之间的矛盾,以及由此产生的危害。

子主题三:通过综合治理措施实现生态脆弱区的协调发展。

结合具体生态脆弱区的区域案例,根据其环境问题与人地矛盾的产生原因,提出该地区因地制宜改善环境和促进区域发展的综合治理措施。

以上案例中的三个子主题实际上是以生态脆弱区作为典型区域,按照前述"区域与区域发展"学科大概念的一般思路,对整个单元教学进行了分解细化。三个子主题之间既构成了对一个生态脆弱区整体分析的逻辑思路,从而支撑整个基于学科大概念的单元教学,也各自独立成为一个小型单元。一个子主题可以根据学习内容对应一节或多节课时,而且这种单元学习的教学思路也需要打破课标甚至课本现有顺序,重新对教学内容进行梳理和整合,最终目的是落实学科大概念,强化学生对于学科的深入理解并提高他们的核心素养。

与"区域和区域发展"强调单一典型区域的思路不同,"区域关联与协同发展"更强调多个区域,尤其是相互之间具有差异的区域的整体协同发展。其所针对的课程标准主要是2.1和2.2条,以及2.7至2.9条。同样,2.1和2.2条课标是认识区域协调发展的基础,而2.7至2.9条课标则分别针对产业转移、河流流域、"一带一路"这三类涉及两个或多个区域的协同发展问题来学习。

基于该学科大概念构架单元教学,其整体的教学设计可以遵循以下框架思路展开(图3-12)。

图3-12中的四句话呈现出了思维认识的递进关系:首先,承认区域差异是

```
●区域差异是普通存在的。

●区域差异是区域关联的基础，区域关联主要通过自
  然与人文要素在区间流动实现。

●区域之间流动的要素种类及其方向、强度的变化，
  可以影响区域的发展方向。

●因地制宜加强区域联系，有利于促进区域协同发展。
```

图 3 – 12 "区域关联与协同发展"大概念统摄下的单元教学框架

普遍存在的，这既是地理学科区域性特点的体现，又是因地制宜进行区域发展的现实基础；其次，由于客观存在的区域差异产生了区域之间要素的流动，而这种流动的特点会影响区域发展的方向与程度，因此需要因地制宜地强化区域之间的联系，从而促进各区域协同发展。下面以"河流流域开发与保护"这一单元教学主题为例，阐释如何通过进一步分解教学目标来构建整体教学思路。

【教学案例：河流流域开发与保护】

子主题一：不同河段的河流流域具有明显的区域差异。

以某具体河流的全流域为案例，结合相关资料，说出河流上、下游等不同河段在各自然与人文地理要素方面的基本特征，理解通过水资源等要素的流动联系整个流域的含义，进而比较不同河段的区域差异。

子主题二：不同河段的河流流域存在资源开发与环境保护的冲突矛盾。

以某具体河流流域为例，分析不同河段在开发利用水资源等自然资源方面的冲突和保护生态环境方面的矛盾，并通过小组合作学习等方式，探讨这些冲突矛盾产生的原因，加深对于全流域不同河段人地关系的理解。

子主题三：河流流域应因地制宜统筹资源开发与环境保护。

根据河流流域内不同河段在资源开发与环境保护方面的所产生矛盾冲突的原因，进一步探讨解决措施，并提出流域内实现不同河段之间协同发展，全流域可持续发展的具体措施。

以上案例中的三个子主题就是以某河流流域为例，基于"区域关联与协同发展"的学科大概念的一般思路，对教学单元进行的分解细化。同样，三个子主题之间存在极强的内在联系，并形成对河流流域开发与保护这一主题的整体学习逻辑，而且三个子主题各自也相对独立构成一个小型单元。

基于大概念的单元教学设计通常被认为是一种"自上而下"的教学设计思路。此处的"上"是指从地理学科整体特征和思维方法出发构建的学科大概念，

它是基于大概念的单元教学设计的总体统领,既明确了单元教学设计的逻辑展开路径,又突出了单元教学设计的逻辑起点。此外,经过学习,学生对于该学科大概念有了深入理解,由此提升了学科核心素养,这也是单元教学设计的目的所在。

但是,基于学科大概念的教学设计只是单元教学设计的思路之一,在实际操作中,也存在一定不足。比如,基于学科大概念的教学设计需要教师对于该大概念有深刻并准确的理解,尤其是对于学科底层思想方法的理解。这种深刻并准确的理解,需要教师在学科领域具有较为长期且深入的积累。而通常情况下,不同教师对同一概念的理解都会存在一定差异,加之任何人通过语言、文字等形式表达出来的对于学科大概念的理解都可能在传播和解读时产生误差,从而造成了对于学科大概念的理解差异,进而影响教学设计,这也是基于学科大概念开展教学的主要难点。

当然,这并不代表基于学科大概念的教学设计,是尝试追求教学模式的完全统一。相反,它更追求在学科大概念的统摄下,通过差异化的情境构建、教学方法、学习途径等实现培养学科核心素养的共同目标。从这个角度来说,基于学科大概念的教学设计也需要从不同的途径,实现教师与学生在对学科大概念深入理解上的共同学习与进步。

第四节 构建地理课堂教学的情感场

情感是一种由外界刺激引起的心理反应过程,其外在表现是情绪。虽然情绪和情感由客观事物引起,但事物本身并不决定人的情绪和情感。情绪和情感的本质是反映客观事物和个体的需要之间的关系。当事物满足个体需要或者符合个体愿望的时候,人就会产生愉快、满意、欣赏、喜爱等积极体验;反之人则会产生郁闷、痛苦、焦虑、厌恶等消极的体验。因此,个体对客观事物产生怎样的情绪和情感,取决于个体对于情境的认知。由于个体对一定的情境的认知和评价不同,产生的情绪和情感也不相同。

从个体与社会需要相联系的角度,可以将情感划分为不同的种类,如道德感、理智感、美感等。

道德感是个体根据一定的道德标准在评价自己或他人的思想、意图或行为时产生的情感体验,如自豪、欣慰、羞愧、内疚等。此外,爱国主义、集体主义、责任感、义务感等也都属于道德感的范畴。

理智感是个体在智力活动中产生的情感体验,如好奇心、求知欲、怀疑等。

美感是根据一定的审美标准评价事物时所产生的情感体验,包括赏析自然美、社会美、艺术美等。

一、情感场在课堂教学中的作用

在地理课堂中，情感场的状态会影响教师的教学和学生的学习效果。想象这样一个情境：课堂上，教师提出一个问题，下面的学生能够答出来的寥寥无几，教师十分生气，学生因为教师生气，可能更不敢回答后续的问题。此时，教室中的氛围是偏压抑的，无论是对教师的教还是学生的学，都存在负面的影响。同时，我们也关注到，情感场的影响，不仅是学生，还有教师，以及教学内容。

1. 教师与情感场

教师作为课堂教学的主导角色，需要营造课堂中有利于教师教与学生学的情感场。通常这样的情感场是偏积极的情感场。学生的情感状态可以通过教师的观察得以实现，如身体动作变化、手势表情变化、语调表情变化等，进而随时调控课堂的情感场。

2. 学生与情感场

从学习的角度来看，学生是课堂中情感场的主要研究对象。一方面，这是因为学生在课堂中居主体地位，情感场直接作用于学生；另一方面，基于自身认知理论，情感场会影响学生的认知过程，即情绪的表达、感知、加工、理解等与身体有密切联系，体验情绪、感知情绪刺激或者提取情绪记忆，都会唤醒高度重合的心理加工过程。

3. 学习对象与情感场

课堂教学内容即学习对象，是学生产生情绪和情感的外界刺激之一。同样的教学内容，可能由于对学生个体的意义不同，从而产生不同的情绪或情感状态。例如，学生去过某个地方，当课堂上教师提到该地名时，与之相关联的回忆连带着当时的情绪和情感则会映入学生的脑海。

尽管我们分析了课堂中的教师、学生、学习对象等因素与课堂情感场间的关系，但事实上，每个要素与情感场之间的联系都不是单一的。在通常情况下，教师、学生、学习对象需要两两作用才能够产生教师或学生的情感，且这种情感状态会对学生或教师产生作用。因此，教师、学生、学习对象与情感场的关系可以通过图3-13表示。

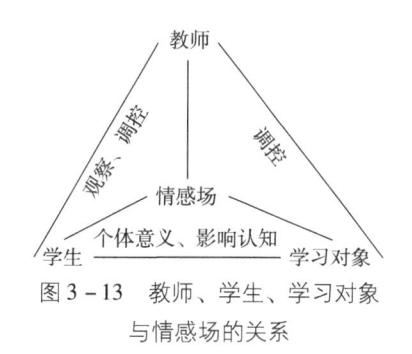

图3-13 教师、学生、学习对象与情感场的关系

二、构建地理情感场的主要途径

1. 设计参与式活动提高学生的学习兴奋度

有研究表明,社交沟通可以激发人们的兴奋感,进而能够获得更好的学习效果。在地理课堂中,设计参与式的学习活动,有助于学生与学生之间的交流和沟通,营造民主、平等的课堂氛围,激发学生的情感体验。

【教学案例:校园挖宝活动】

活动目的:

在活动中学会使用地图,复习关于地图的基础知识。

通过竞赛的方式激发学生学习地理的兴趣并培养学生使用地图的习惯。

活动流程:

本节课可以放在地图之后,作为地图部分的复习课,也可以作为独立的一节综合实践活动课。

1. 室内活动

在教室内,可以先做1个或者2个游戏,进行热身。

● 室内游戏方案一:龙卷风游戏和抢答游戏

全班分成几个小组。利用约5分钟的时间做一个龙卷风游戏。首先宣布游戏规则。

在黑板上画一张表格,分出9个格子(表3-7)。其中的7个格子对应7道难易程度与分值不同的7道题目(题目设计与教学目的中想要复习的内容相关);另2个格子为龙卷风,对应2道题目。各小组依次抽题,7道题目都答对的同学,可以获得相应的分数。如果抽到龙卷风的小组能答对相应问题,可以将任一其他小组的成绩清零。

表3-7 有9个格子的表格

1	2	3
4	5	6
7	8	9

抢答游戏(约3分钟):

教师准备抢答题让学生抢答,为本组争分。

按照2个游戏获得的总成绩从高到低为各小组排序。分数高的小组可以先获得藏宝图。此后每隔1分钟,发一张藏宝图,直至发完。

- 室内游戏方案二：文字谜（复习地理概念时用较好）

将重要的地理概念编成文字谜发给学生，先填完全部文字谜且正确的小组可以先获得藏宝图，直至发完为止。

2. 室外活动

（1）教学准备。

①1张藏宝图：标有藏宝线索的校园地图。

②宝藏方便贴若干：宝藏内容写在方便贴上，易于隐藏。我们学校自然小组是6个，因此一般设定12个宝藏。宝藏按照难易程度由教师自定。可以是实物奖品，也可以是精神奖励。例如，获得1号宝藏的小组成员可以免交一次地理作业，获得2号宝藏的小组成员可以帮助老师判其他同学的地理作业，获得3号宝藏的同学可以领取一支铅笔等。寻到宝藏的小组需将宝藏方便贴带回，在其背面写好小组成员的名字后交给老师。

③线索方便贴：线索写在方便贴上，易于隐藏，且线索第一步需对应藏宝图。线索的多与少可以根据学生情况而定。一般6个小组会设计6条线路，每条线路上有4条线索。线索方便贴学生不能拿走，看完后需放回原处，避免选择同样线路的同学丢失该线路线索。

线索规划示例：

线索一（表3-8）。

表3-8 线索一

性质	线索	线索	线索	线索	宝藏
地点	招凉榭附近的岩石中（标在藏宝图上）	喷泉广场东侧自南向北第3棵树下	学校东面上山的两条小路中缓坡的小路旁的树坑里	天文台瞻星阁牌匾后面（全校最高处）	光辉的历程
方便贴内容	恭喜你找到了这张纸条，你的任务还没有完成，你将在喷泉广场东侧自南向北第3棵树下找到你想要的东西	恭喜你找到了这张纸条，你的任务还没有完成，你将在学校东面上山的两条小路中缓坡的小路沿途有新的发现	你离宝藏越来越近了。它在哪？去全校最高点找找看	恭喜你！宝藏就在"光辉的历程"下面的草丛中	恭喜你们找到我，将你们的名字写在我背后，带给地理老师，你们可以免交一次地理作业

准备说明：教师可以利用学生上课时间藏宝，以避免学生发现宝藏的位置。

如果班级较多，此项活动不宜集中开展，否则准备的工作量太大。

（2）室外活动。

拿到藏宝图的学生可以外出挖宝（注意不要影响其他年级同学上课），在下课前5分钟回到教室，未回到教室的小组宝藏作废，未回到教室的同学按早退记录出勤。

这一教学活动是学生上初中后最初接触地理的一堂课，相关教学内容为地图。培养学生的学习兴趣是重中之重。教学活动从学生感兴趣的地理游戏和"藏宝图"入手，将地图知识的学习引入学生游戏之中，营造轻松、活泼的教学氛围。课堂的第一部分通过竞赛的方式使学生进入一种紧张的情感状态；第二部分通过游戏活动使学生进入快乐、兴奋的情感状态，学生在玩中学、在实践中学。"寻找宝物"是本节课的挑战性任务，学生在完成任务的过程中，产生对地图技能练习的需求，激发了学生学习的欲望和浓厚的兴趣。

2. 巧用时事热点素材，激发学生学习欲望

人们的生活离不开地理环境，每个人都能体验到人类赖以生存的地理环境与自己的密切关系，从而产生相应的情感体验。在地理课堂教学中，适时引入热点新闻，激发出学生与时事热点相关的情感体验，更能够在课堂教学中提高学生的注意力，进而通过问题链的引导，激发学生的探究兴趣。

【教学案例：《透视冬奥——以时事热点为载体的二轮专题复习》教学设计】

- 指导思想和理论依据：

本课是二轮专题复习课。相比于一轮以知识为线索的复习，二轮复习多以专题为载体，综合性更强。冬季奥运会属于具有较强影响力的时政问题。以此热点为线索组织专题复习，有助于学生关注、了解时事，对相关的学科知识进行强化和充实，提高阅读图文资料、获取解读信息、准确理解题意，运用相关知识、正确表述结论的能力，从而提升地理学科素养。

- 学情分析：

聚焦学生真实问题，是教学内容确定的另一个因素。在近期作业中，发现学生存在如下问题：①对局部地区气候特征与气候成因的描述与分析，多从个别因素出发，缺乏内在的逻辑分析；②套用世界气候类型的特点、成因、分布等基础知识，忽略在特定季节、特定地点下的气候特点描述与成因分析。归纳起来，即基础知识差，迁移能力弱。

- 教学方法：启发式讲授。
- 教学手段：多媒体辅助教学。

- 教学资源：考试说明、学案、作业。
- 教学目标：

(1) 运用图文资料，提升准确从资料中获取、解读信息的能力。

(2) 以冬奥会为主题，梳理气候描述与成因分析的思维路径，提升迁移能力。

- 教学重点：

通过分析冬奥会的，提升准确从资料中获取、解读信息能力和迁移能力。

- 教学难点：

本课的教学难点是迁移能力的培养，成因有三：一是现实问题与地理模型之间存在认知冲突；二是地理成因问题往往是多因素共同作用的结果，对综合思维要求较高；三是学生的知识基础并不牢固。

因此，解决措施有二：一是给予学生此类问题分析的思维路径，形成系统的思考方式；二是强化学生的基础知识。

- 教学过程（表3-9）。

表3-9 教学过程设计

教学阶段	教师活动	学生活动	设计意图
环节一	【小结】太阳辐射是气候形成的基础	【思考、回答】描述近年来冬奥会举办城市的地理位置的共同特征，并说出冬奥会选择较高纬度城市举行的原因	突出太阳辐射是气候形成的基础。此外，借此题复习辨析高纬度和纬度较高这一易混淆的概念
环节二	【引导分析】分析学生典型答案，指出问题，归纳思路。 【小结】审题中的注意要点	【思考、回答】评价索契建设滑雪场的条件	本题组聚焦索契，结合图文资料从气候、地形角度评价索契建设滑雪场的自然条件并分析其成因，突出并梳理下垫面因素对气候的影响
	【引导分析】分析学生典型答案，指出问题，归纳思路。 【小结】气候成因问题分析的思维路径	【思考、回答】为何索契冬季气温比同纬度地区高？ 与索契相比，分析北京-张家口举办冬奥会的优势条件	

续表

教学阶段	教师活动	学生活动	设计意图
环节三	【引导分析】分析学生典型答案,指出问题,归纳思路	【思考、回答】与索契相比,分析北京-张家口举办冬奥会的优势条件	学生在气候成因分析中容易出现的问题是调动知识比较零散,缺乏逻辑性及分析思路。本题组题目关注北京-张家口举办冬奥会的地理条件与成因,通过从北京-张家口与索契的比较到北京-张家口内部的比较,迁移运用有关原理有逻辑地分析小尺度区域问题
	【引导分析】分析学生典型答案,指出问题,归纳思路	【思考、回答】概述崇礼作为雪上项目的主赛场的气候条件。运用地理环境整体性的原理,分析崇礼积雪日数多、年平均风速小的原因	
环节四	【小结】解主观题的基本流程及审题中的注意事项;气候成因问题分析的基本思路	倾听	对本课教学线索进行小结,明确思维路径,提升能力

- 板书设计:

板书设计如图3-14所示。

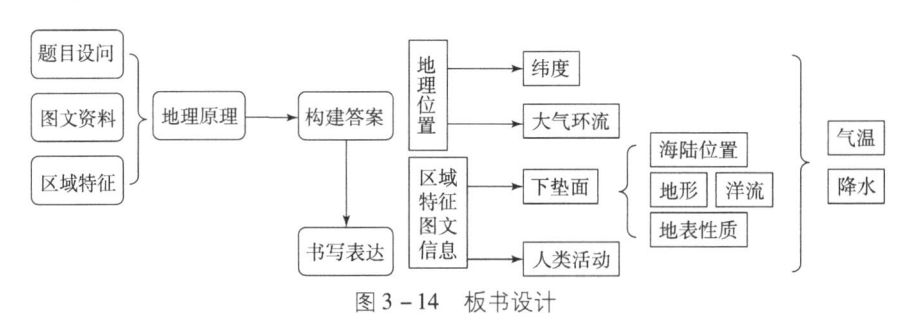

图3-14 板书设计

- 学习效果及评价设计:

(1) 课堂观察评价(表3-10)。

表3-10 课堂观察评价

评价等级	等级描述
A	准确、全面地获取解读信息,准确地调动并运用所学知识,全面、准确的描述和阐释地理事物,运用所学地理原理与方法有逻辑地论证和探讨问题
B	获取有效信息并能够理解命题意图,调动运用所学知识,较为准确描述和阐释地理事物,运用所学地理原理与方法简要论证和探讨问题

评价等级	等级描述
C	不能提取有效信息，调动运用知识不全或不准确，部分地描述和阐释地理事物，运用所学的一两条原理说明问题，但不全面

（2）反馈练习：对学生学习效果的定量评价，采用作业练习的方式进行，检验学生知识掌握情况。

这是一节面向高考的二轮复习课。高考目标强调在所学原理的应用性。在二轮专题复习中，创设情境培养学生迁移能力是有效途径之一。本课教学紧扣时事热点，以北京-张家口举办冬奥会为载体，通过对比、分析、评价其地理条件，引领学生认识冬奥会选址的气候条件。教学素材源自学生身边的时事，易于激发学生的探究兴趣，同时，作为国家大事，本课学习也可增强学生对我国重大国家战略的认同感，落实立德树人的根本任务。

3. 设置表现性学习任务，为学生情感表达搭建平台

表现性学习任务是通过学生表现展示他们的知识能力水平的学习和评价活动，能够产生实实在在的学习作品或者学生表现作为学习的证据。表现性学习任务有两个特征：第一，真实性。表现性任务与学生现实生活要密切关联；第二，吸引力。表现性学习任务通常是教师创设的学生感兴趣的问题或者情境，有助于使学生将头脑中内隐的思维外显出来，将自己内心世界的感受或想法等，通过肢体语言、行为、绘画、口头或文字语言等媒介向外界表露出来。因此，表现性学习任务除了可以展现学生的思维水平外，也是学生情感外露表达的途径。将学生表现性学习任务作品用于课堂教学，素材亲切而真实，容易引起学生的情感共鸣，创设课堂情感场，推进师生教学活动。

【教学案例："岩石会说话"表现性学习任务】

高二地理"塑造地表形态的内、外力作用"一课，要求学生能够了解地球上主要的岩石类别及其特征。本课教学采用实践课的方式，带领学生进入北京一零一中校园，辨认学校的主要岩石以及一些与校园建设、校史有关的特殊的岩石。该课的教学不仅是完成岩石特征的辨认等知识层面的内容，更是依托学校资源的一节爱校教育课。

课后，教师留给学生的选作作业中的一项是撰写一首小诗咏一零一中的岩石。下面是一组学生的作品。

咏一零一中的岩石
在这里生活了如此久的时间，

我们早已熟知岩石的美丽，
但又有多少人，
知道它的来源呢？

每一块岩石，
都是经过上亿年的积淀，
最终由无数大小矿物组成，
成为独一无二的自己。

那洁白无瑕的日暑，
在太阳的映射下，
散出夺人的光芒，
美得没有瑕疵，让人艳羡。
可它本是一块石灰岩，
很普通，
很平凡，
让人不屑于去看哪怕一眼。

在这背后，
是它曾在上千度的高温，
上万帕的高压下，
铸就了新的自己——大理岩啊！

那侧面看去层次分明的纪念石，
是那样的精致，
无论是沉积的层理，
还是那质朴的感触。

可在这背后，
却是上亿年无数小颗粒的沉积，
和一次次压平，
固结成岩石的苦痛。

>我们，
>又何尝不是一块岩石呢？
>需要经历不为人知的磨砺，
>而成就最好的自己！

赋诗咏岩石这一作业是一项跨学科的作业，学生需要结合地理知识和语文诗歌赏析的有关知识，独立创作一首既具科学性，又具文学性的诗歌。我们的学生做到了！《咏一零一中的岩石》选取了学校两类典型的岩石：一是制造日晷的大理岩；二是校园门口的花岗片麻岩。寻求其共性的形成过程，提炼出长时间、高温高压、美丽等特征，并将其拟人化，将"岩石历经苦难最终成就最好的自己"作为诗歌的点睛之笔，激励自己在高中阶段的潜行。爱校之情、不畏艰难的意志品质充满在诗的字里行间中，情感饱满。

第五节 地理"生态·智慧课堂"助力学生成长

校园对人的一生来讲非常重要，人的一生，约有1/4是在校园中度过的。课堂的缘起和归宿都是生命的健康成长。生命成长是指现实生命（即自然生命、精神生命和社会生命的完整统一）在不断展开、丰富、提升、生成、成熟的过程，生命主体积极、主动的促进整个生命的全面、健康、均衡发展，提高生命质量的过程。从每位学生的生命成长需要出发，以人的全面、自由发展为方向，力求实现自我价值，北京一零一中"生态·智慧"教育的核心。这一教育核心需要学校通过学校各类课程、各科教师和学生共同参与完成。

北京一零一中地理课堂，基于地理学科自身具备的丰富的育人价值，通过构建生活场、思维场、情感场，打造课堂生命场，助力学生成长。基于学生生命成长的地理课堂为学生营造一种平等、开放、友好的课堂环境，让每位学生的生命成长和能力都得到有效关注；通过符合教育规律和心理规律的教学设计，增强课堂教学内容的有效输出和学生在地理课的有效获得；学生在教师悉心教导下内化教学内容、活化思维过程、提升情感体验，对地理课更加热爱了。

为提升地理"生态·智慧课堂"的教学效果，北京一零一中以常态课为抓手，制定了《地理学科常态课有效教学质量标准（试行稿）》，将其作为地理常态课的教学规范。

附：北京一零一中地理学科常态课有效教学质量标准（试行稿）

一、基本标准

（一）扎实备课

（1）备课组长要在学期初填好教学进度表，确保每位备课组成员教学进度一致。教学进度依据国家课程标准，适当考虑本校、本年级学情，不超纲，不超前。备课组长及时整理记录集体备课情况，组内分工制定学案、作业、统练及其答案，确保科学性、规范性。

（2）教师必须按照地理课程标准和教材要求，认真备课。备课要深刻理解课程标准的教学内容及学业水平要求，结合教材内容和学生实际，确定素养导向的学习目标，设计恰当的学习任务，准备好教学资源，合理安排教学过程，设计分层的学习评价，从而保证教学任务的顺利进行。

（3）教师备课必须写出授课教案，即教案要规范，内容包括学习目标、教学重点和难点、教学方法、教学资源、教学过程（包括主要的教学环节和各环节设计意图）、板书设计、课后分析或教学反思等。

（二）有效上课

（1）教师注意仪表端庄，提前候课，准时上下课。教师必须严格按照课程表上课，不得私自调课，应至少提前一天到教学处申报和批准，凭调课通知单，由教学处进行调课。

（2）每节课必须做到学习目标明确，容量难度适当，条理清楚，不出现科学性错误。教学过程中，要以学生素养培养为核心，通过精心设计学习任务引导学生投入学习过程，调动学生学习地理的积极性，促进学生课堂思维活动。教学资源的使用要适时高效。教学中加强对学生的学法指导。

（3）教学过程中应精心设计板书、板图，书写、绘图规范，充分发挥板书、板图在课堂教学中的作用。课堂用语准确、清晰，有较强的课堂应变能力，并努力形成自己的教学风格。

（4）教师应自始至终组织好课堂教学，杜绝上课学生睡觉、吃东西等不良行为，以保证教学过程的有效实施，教师有责任对课堂上出现的意外情况进行处理，并及时把处理情况向有关领导汇报。不能用侮辱性语言讽刺或侮骂学生，不得随意离开课堂或终止上课，不准把学生赶出教室。另外，还要维护好课堂纪律并做好学生考核登记工作。

（5）教师必须根据地理课程标准和学生实际情况，经过精选，向学生布置适当的作业。作业设计应指向学科核心素养，保质控量，切实减轻学生过重的学习负担。鼓励教师探索多样化、分层次的作业。教师对所布置的作业，要认真及时地检查、批改，从而更好地了解学生学习和教师教学情况，做好登记，并及时讲评。

（6）加强个性化辅导。教师要积极主动基础比较薄弱的学生进行辅导，还要多鼓励他们。

（三）课后反思和提升

（1）养成每节课后记录教学后记的好习惯，促使教师不断进步。

（2）主动参加各级教学培训项目和课题研究，以科研引领教学，提升教学质量。

二、课型标准

（一）新授课基本要求

（1）整体思路：教学立意符合课程标准要求，体现核心价值观教育和学科核心素养的培养，体现学科学习的衔接与进阶，凸显学科课程育人的功能与价值。

（2）目标设计：目标设计指向学生学科核心素养发展，具体、可检测。

（3）学习活动特色：课堂每个步骤（环节）的情境、资源、任务的设计意图明确，突出学科核心知识学习和关键问题解决，突破重点难点，凸显关键能力的提升。

（4）作业设计：无科学性错误，表述规范，数量和度适当，完成时间合理；作业内容与单元学习内容相匹配，能够达成教学内容所对应的学业检测目标。

【新授课教学设计示例】

百年首钢　再铸辉煌

1. 指导思想和理论依据

地理考察是地理实践活动的重要形式之一。在地理实践活动的实施过程中，学生通过探究实际问题，观察、描述地理环境，分析、评判人—地关系，提升实践操作能力，加深对实践活动的感悟与反思。

工业产品与学生生活息息相关，但工业生产活动却远离学生生活。这就给教学中进行工业区位分析带来一定的思维障碍。在地理实践活动中，学生可以通过实地走访、观察、听解说等活动直接获得有关工业特点、工业生产流程的感性认识，为进一步展开区位分析奠定基础。

因此，本单元教学设计选择北京西部曾经重要的工业区——首钢作为考察对象，整合必修2"结合实例，说明工业的区位因素""结合实例，说明合理利用城乡空间的意义""说明协调人-地关系和可持续发展的主要途径及其缘由"这几条课程标准，带领学生通过地理考察活动，观察、了解首钢；通过课堂教学活动分析首钢及首钢（石景山及曹妃甸工业区）选址的区位因素、首钢园的转型等问题，引导学生了解影响工业的区位因素及其发展变化，结合实例进行简单的区位分析，体会区位选择背后蕴含的人地协调观，并结合首钢园区的变化与转型，感受北京合理规划城乡空间的意义，了解家乡的发展，培养学生热爱家乡的情感。

本单元教学内容共分为三部分，由一个地理实践活动和两个课内教学课时组成。本节课是课内教学的第1课时，主要学习首钢早期选择在石景山建厂的区位因素，以及首钢园工业遗址再利用的意义。钢铁工业选址第2课时学习曹妃甸的选址的区位因素，以及以曹妃甸的循环经济为例了解工业的可持续发展。

2. 课程标准分析

工业区位因素是指影响工业分布的因素，包括经济因素、社会因素、环境因素、自然因素等。上述因素可能对生产活动的成本或收益产生影响。在特定的工业活动中，区位因素会因工业性质的不同、区域位置的不同而有优劣之分。在区位分析的基础上进行区位决策，有助于培养学生的综合思维并让他们领悟在决策过程中体现的人地协调观。

城乡空间是按照土地利用功能进行的一种划分。合理利用城乡空间，本质上也是一种对功能区空间位置的一种区位分析。其意义在于可为人们生活提供便利的条件，利于社会公正，利于增强文化活力，利于建立和谐的人地关系。

因此，基于综合思维的区位分析和其背后所体现的人地协调观，是这两条课程标准（"结合实例，说明工业的区位因素""结合实例，说明合理利用城乡空间的意义"）对核心素养共同的要求，是贯穿高中人文地理和区域可持续发展教学的主线思想，也可成为本单元本课时教学的主线思想。

3. 教学背景分析

（1）教材分析。

本课主题内容对应人教版教材第三章第二节"工业区位因素及其变化"中的工业区位因素分析部分。教材给出了"工业生产的一般流程图"和核心原理概念图"工业主要区位因素"，从经济效益、环境因素、社会因素三个方面介绍了工业的区位因素及其怎样影响人们进行区位选择，再利用案例进行分析。其中，"以首钢搬迁为例，说明工业区位因素的变化"案例侧重分析工业区位的发展变化。由于该案例本身发生的空间为学生的家乡，其发展变化与北京今日的发展变化具有时间上的延续，将其拓展为一个完整的案例并进行单元教学，通过拉长时间轴线帮助学生完整认识一个工业发展的来龙去脉，更利于学生从特定的时空背景的视角认识工业区位因素及其发展变化，领悟"决策"背后人地协调的价值意义。

（2）学情分析。

本节课授课对象为北京市重点中学高一年级学生，并且中考均选考地理。

学生基础：

学生已经通过学习农业区位因素，理解了区位的概念，能够说出影响农业的区位因素，并能结合实例对农业区位进行初步选择，具有初步的区位分析思路和方法。

思维发展点：

高中学生感性材料的信息提取能力明显增强。高中学生的创造性思维得到迅速发展，并形成自己对事物的独立见解和看法。在学习中，能够完成从具体上升到理论，再用理论指导去获取具体知识的完整过程。高中学生开始学会用全面、动态、统一的眼光认识问题、分析问题和解决问题。

学生认知及思维障碍：

学生对工业生产（如钢铁工业等）的流程比较陌生，缺少直观认识；本单元对工业区位因素的介绍，既包含对不同工业类型特点的区分，也包括对不同时期、不同区域某一工业区位因素的分析；学生目前对不同工业类型特点能够进行合理定位，但是对特定时期、给定区域内产业选择的分析能力还较弱。

学生通过组织以首钢园参观为主题的人文地理实践活动，观察钢铁工业生产的设备、认识钢铁工业生产的流程、感受钢铁工业及其布局的特点，为工业区位因素分析奠定知识储备的基础。

4. 教学目标

（1）通过观看视频，回顾"首钢园地理考察活动"，说出钢铁工业的一般特点及主要工作流程。

（2）结合图文资料，比较、评价首钢三个备选地的区位条件，归纳影响工业的区位因素和区位分析的一般方法，感悟区位选择中的人地协调观。

（3）观看首钢工业遗存的再利用和首钢园的发展规划方案，说明对其原厂区进行土地再规划的意义，进一步树立人地协调观。

5. 教学重难点分析

教学重点：说明工业区位因素。

区位原理是人文地理的核心原理之一，在特定的时空背景下进行区位分析并决策，是培养学生综合思维和树立人地协调观的有效途径。

教学难点：结合实例，说明工业选址的区位因素。

学生对工业生产（如钢铁工业等）的流程比较陌生、缺少直观认识；并且学生对特定工业类型的特点、特定时期、给定区域内产业选择的综合分析能力较弱，是导致"结合实例进行工业区位因素选择"成为教学难点的原因。

6. 问题框架

问题框架如图3-15所示。

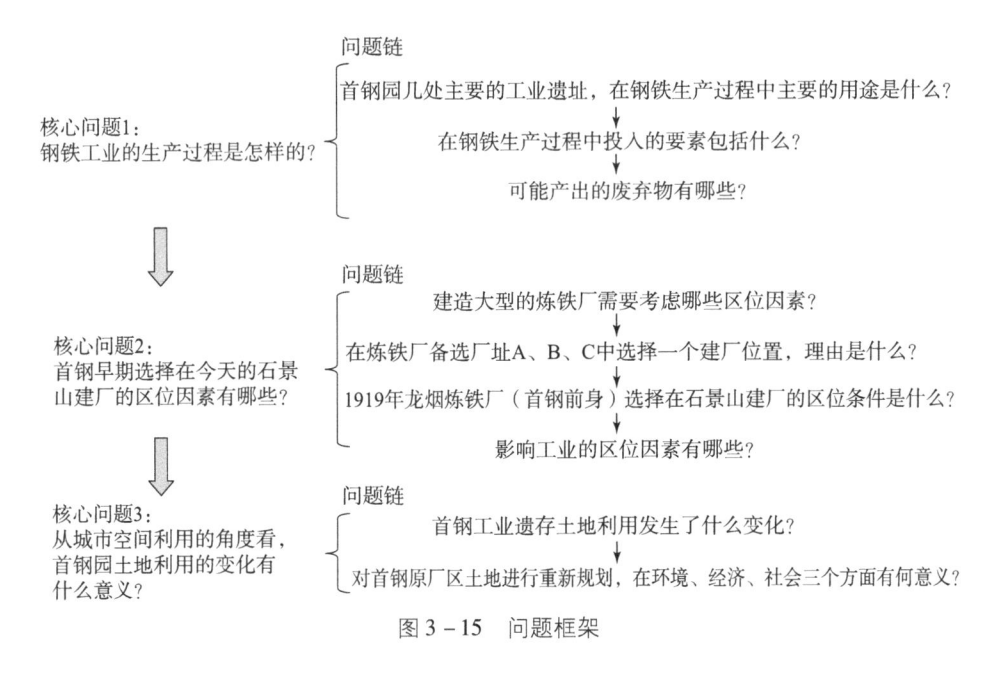

核心问题1： 钢铁工业的生产过程是怎样的？

问题链
- 首钢园几处主要的工业遗址，在钢铁生产过程中主要的用途是什么？
- 在钢铁生产过程中投入的要素包括什么？
- 可能产出的废弃物有哪些？

核心问题2： 首钢早期选择在今天的石景山建厂的区位因素有哪些？

问题链
- 建造大型的炼铁厂需要考虑哪些区位因素？
- 在炼铁厂备选厂址A、B、C中选择一个建厂位置，理由是什么？
- 1919年龙烟炼铁厂（首钢前身）选择在石景山建厂的区位条件是什么？
- 影响工业的区位因素有哪些？

核心问题3： 从城市空间利用的角度看，首钢园土地利用的变化有什么意义？

问题链
- 首钢工业遗存土地利用发生了什么变化？
- 对首钢原厂区土地进行重新规划，在环境、经济、社会三个方面有何意义？

图3-15 问题框架

7. 教学方法选择

（1）通过地理考察活动铺垫关于工业生产的间接经验基础。

（2）采用案例教学的方式并通过分析真实典型的工业区位帮助学生建立工业区位分析的思维路径。

（3）采用发现教学法，引导学生比较不同区位因素在不同区域中的作用，在权衡中选择最佳区位，感悟区位选择中的价值判断。

教学方法的选择如图3-16所示。

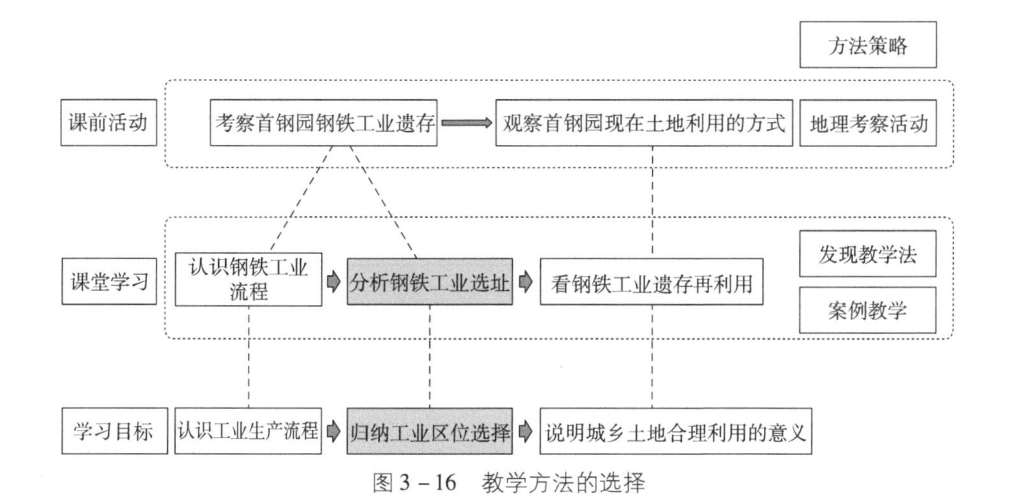

第三章 "生态·智慧课堂"视域下的地理教与学　　157

```
课前活动  考察首钢园钢铁工业遗存 → 观察首钢园现在土地利用的方式     方法策略
                                                              地理考察活动

课堂学习  认识钢铁工业流程 ⇒ 分析钢铁工业选址 ⇒ 看钢铁工业遗存再利用    发现教学法
                                                              案例教学

学习目标  认识工业生产流程 ⇒ 归纳工业区位选择 ⇒ 说明城乡土地合理利用的意义
```

图 3-16　教学方法的选择

8. 教学过程

教学过程设计见表 3-11。

表 3-11　教学过程设计

课前活动：考察首钢园
活动目标： 1. 辨认钢铁工业的主要设备，说出其在钢铁工业中的作用，了解钢铁工业的流程。 2. 以钢铁工业为例，概括工业的一般生产流程。 3. 观察并查阅资料说明首钢园土地利用及其变化
活动支持材料： "首钢园"地理实践活动手册
活动安排
1. 上网查阅首钢的地理位置及园区主要参观点，选择适合的考察路线和交通方式。 2. 考察陶楼、厂东门、筒仓、料仓、群明湖、冷却塔、秀池、焦化厂、三高炉等主要考察点，在地图上标注其地理位置，观察其曾经和现在的功能。 3. 制作介绍钢铁工业流程的视频。 4. 收集资料并制作介绍首钢搬迁原因的视频
活动结果分析： 1. 介绍钢铁工业的生产流程； 2. 运用地图，说出首钢园的土地利用变化
课堂教学活动
活动1：回顾实践活动　识钢铁工业流程
活动目标：观看"首钢工业遗址的参观"视频，回顾"首钢园地理考察活动"，说出钢铁工业的一般特点及其主要生产过程

续表

活动支持材料: 1. "首钢工业遗址的参观"视频。 2. 首钢工业遗存考察地图。 3. "工业生产的一般过程"图片	
活动步骤	
学生活动	教师活动
观看视频，回顾首钢园秀池、群明湖、冷却塔、三高炉、焦化厂等几处主要工业遗存在曾经钢铁生产过程的作用	播放"首钢工业遗址的参观"视频
结合考察地图和主要工业遗址图片，回答问题，并认识钢铁生产过程。 1. 五处考察点的名称： ＿＿、＿＿、＿＿、＿＿、＿＿。 将考察点标注在考察地图中相应的位置。 2. 简述主要工业遗址在钢铁生产过程的作用	出示"首钢工业遗址考察地图"和几处主要工业遗址图片，引导学生分析出钢铁生产过程
结合视频及图片，说出钢铁工业生产活动投入的要素及可能产的废弃物	出示"工业生产的一般过程图"，引导学生结合钢铁工业的案例，说出工业生产的一般过程
活动2：选择最优厂址分析钢铁工业区位	
活动目标： 1. 结合图文资料，比较、评价钢铁厂备选厂址A、B、C的区位条件优劣。 2. 从真实的案例中提升归纳影响工业的区位因素和区位分析的一般方法，工业区位选择时能够综合分析不断权衡各种因素，体会"没有全好、只有更好、追求最好"工业区位选择原则，感悟区位选择中的人地协调观	
活动支持材料： 学案活动二"选择最优厂址分析钢铁工业区位"部分	
活动步骤	
学生活动	教师活动
结合文字材料，列举建造大型钢铁厂需要考虑的区位因素	出示文字资料，创设"20世纪初建大型钢铁厂"的地理情境。 假设20世纪初，相关部门建造一个大型钢铁厂，现有A、B、C三个备选的厂址。请在A、B、C中选择一个最优厂址，并阐述理由

续表

学生活动	教师活动
结合文字材料以及"炼铁工厂选址图""选址点A、B、C影像图",分组讨论交流,说出自己选择的建厂位置及理由;列举各个位置的有利和不利区位条件,进行比较分析和选择	出示文字材料以及"炼铁工厂选址图""选址点A、B、C影像图"
结合出示的"炼钢工厂选址图",概括1919年(首钢前身)选择在石景山建厂的原因,归纳工业区位因素	揭晓钢铁厂选址的真实案例,引导学生体会工业区位选择时,综合权衡各个要素以确定最优区位
观看同学整理的"首钢搬迁原因"视频资料,初步认识钢铁工业选址的改变	引导学生思考首钢钢铁工业搬出北京的原因
活动3:读功能分区图看工业遗存再利用	
活动目标:通过回顾参观首钢园钢铁工业遗存的再利用,列举原厂址的土地合理利用在环境、经济、社会三个方面的意义,进一步树立人地协调观	
活动支持材料: 学生参观首钢园拍摄的照片 首钢北区总体规划功能区图	
学生活动	教师活动
结合图片,说出首钢园几处钢铁工业遗存的再利用方式	出示学生参观首钢园拍摄的工业遗存的照片
结合规划图以及各功能区的名称,说明其在环境、经济、社会三个方面的意义	出示首钢园北区总体规划功能区图,介绍首钢园北区的规划方案,引导学生体会城乡合理利用的意义

9. 板书设计

板书设计如图3-17所示。

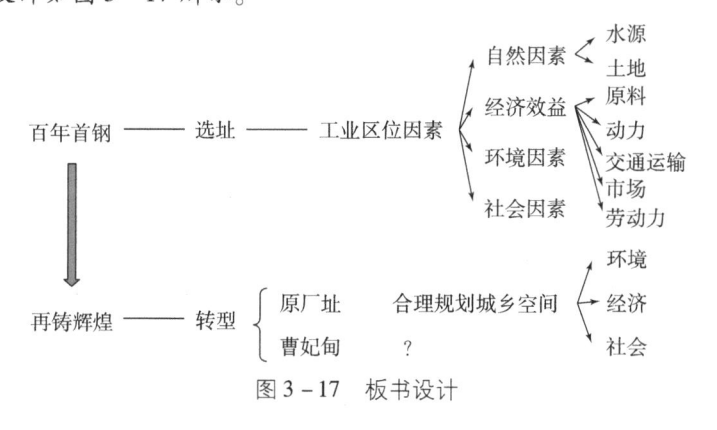

图3-17 板书设计

10. 学习评价设计

(1) 运用资料,通过"发现教学法"比较不同地区的区位优劣,列举"首钢钢铁厂"选址的区位条件,进一步归纳影响工业的区位因素和区位分析的一般方法,感悟区位选择中的人地协调观。

对学习目标的表现评价及样例可参考表3-12。

表3-12 对学习目标的表现评价及样例

水平	表现	样例
水平1	选择出一个钢铁厂的选址,能说出影响该厂址选择的部分区位因素	选择位置B;因为水源、地形、交通便利的因素
水平2	选择出一个钢铁厂的选址,较完整的说出该厂址选择的有利区位条件	选择位置B;靠近河流,水资源丰富,地形平坦开阔,临近铁路线,交通便利,周围有丰富的炼铁熔剂石灰石
水平3	能够分别对三个备选厂址的有利区位条件和不利区位条件进行综合的分析、权衡,并作出自己的选择	选择位置B;A虽然靠近原料,交通条件也便利,但位于山区,不利于建立大型的钢铁厂;B靠近河流,水源丰富、地形平坦开阔;临近铁路线,交通便利;周围有丰富的炼铁熔剂和石灰石;但是离原料和燃料较远;C靠近河流,水源丰富、地形平坦开阔、临近铁路线,交通便利、离燃料产地较近;但是离原料和石灰石较远。综合考虑选择B

(2) 观看首钢工业遗存的再利用和首钢园的发展规划方案,说明其原厂区土地再规划的意义,进一步树立人地协调观。

对学习目标的表现评价及样例可参考表3-13。

表3-13 对学习目标的表现评价及样例

水平	表现	样例
水平1	能从环境、社会、经济某一个角度,说出合理城市土地规划的意义	保留一定绿地的面积,有利于改善环境
水平2	能从环境、社会、经济三个角度,用规范的语言说出城市土地合理规划的意义	环境:保留绿地、河湖生态涵养空间;改善环境;经济:产业优化升级;社会:保护工业文化遗产,使人类历史和文化遗产永续相传

11. 课后学习活动

活动目标：

运用资料，说出影响曹妃甸选址的区位因素，为下一课时的学习奠定基础。

活动支持材料：

课本中的活动资料及图片"首钢搬迁示意"。

活动安排：

结合活动资料和"首钢搬迁示意图"简述在曹妃甸建造钢铁厂的优势条件是什么呢？

（二）复习课基本要求

（1）整体思路：教学立意符合课程标准要求，符合学生认知规律，具有明确的复习主题，注重对基础知识、主干知识的落实，关注知识间的横纵联系，注重关键能力的培养，能够让学生在已有的基础上温故而知新。

（2）目标设计：以地理课程标准和学业水平考试要求为导向，基于学生实际情况，目标达成可检测、可操作。

（3）学习活动特色：课堂每个步骤（环节）的情境、资源、任务的设计意图明确，凸出学科核心知识学习和关键问题解决，突破重点难点，凸显关键能力的提升。

（4）作业设计：无科学性错误，表述规范，数量和度适当，完成时间合理；作业内容与复习内容相匹配，既注重基础知识、基本技能的落实，又注重学科思维的训练。

【复习课教学设计示例】

热点情境为载体的二轮专题复习——以冬奥会为例

1. 教学目标

（1）运用图文资料，提升准确从资料中获取、解读信息的能力。

（2）以冬奥会为主题，梳理气候描述与成因分析的思维路径，提升迁移能力。

2. 教学重点

通过对冬奥会的分析，提升准确从资料中获取、解读信息能力和迁移能力。

3. 教学难点

本课的教学难点是迁移能力的培养，成因有三：一是现实问题与地理模型之间存在认知冲突；二是地理成因问题往往是多因素共同作用的结果，对综合思维要求较高；三是学生的知识基础并不牢固。

因此，解决措施有二：一是给予学生此类问题分析的思维路径，形成系统的思考方式；二是强化学生的基础知识。

4. 教学过程

教学过程设计见表3-14。

表3-14 教学过程设计

教学阶段	教师活动	学生活动	设计意图
环节一	【小结】太阳辐射是气候形成的基础	【思考、回答】描述近年来冬奥会举办城市地理位置的共同特征并说出冬奥会选择较高纬度城市举办的原因	突出太阳辐射是气候形成的基础。此外，借此题复习辨析高纬度和纬度较高这一易混淆概念
环节二	【引导分析】分析学生典型答案，指出问题，归纳思路。 【小结】审题中的注意要点	【思考、回答】评价索契建设滑雪场的条件	本题组聚焦索契，结合图文资料从气候、地形角度评价索契建设滑雪场的自然条件并分析其成因，突出并梳理下垫面因素对气候的影响
	【引导分析】分析学生典型答案，指出问题，归纳思路。 【小结】气候成因问题分析的思维路径	【思考、回答】为何索契冬季气温比同纬度地区高？ 与索契相比，分析北京-张家口举办冬奥会的优势条件	
环节三	【引导分析】分析学生典型答案，指出问题，归纳思路	【思考、回答】与索契相比，分析北京-张家口举办冬奥会的优势条件	学生在气候成因分析中容易出现的问题是调动知识比较零散，缺乏逻辑性及分析思路。本题组题目关注北京-张家口举办冬奥会的地理条件与成因，通过从北京-张家口与索契的比较到北京-张家口内部的比较，迁移运用有关原理有逻辑地分析小尺度区域问题
	【引导分析】分析学生的典型答案，指出其中的问题并归纳、总结	【思考、回答】概述崇礼作为雪上项目的主赛场的气候条件。 运用地理环境整体性的原理，分析崇礼积雪日数多、年平均风速小的原因	
环节四	【小结】解主观题的基本流程及审题中的注意事项；气候成因问题分析的基本思路	倾听	对本课教学线索进行小结，明确思维路径，提高水平

5. 板书设计

板书设计如图 3-18 所示。

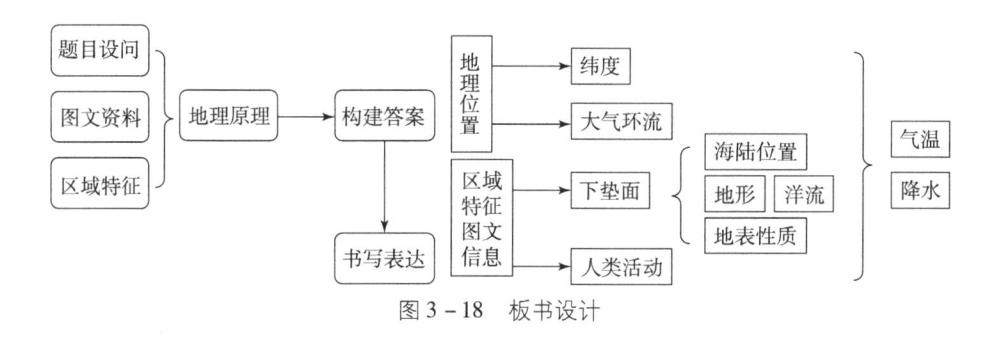

图 3-18 板书设计

6. 学习效果评价

（1）课堂观察评价（表 3-15）。

表 3-15 课堂观察评价

评价等级	等级描述
A	准确全面获取解读信息，准确调动运用所学知识，全面、准确地描述和阐释地理事物，运用所学地理原理与方法有逻辑地论证和探讨问题
B	获取有效信息并能够理解命题意图，调动运用所学知识，较为准确地描述和阐释地理事物，运用所学地理原理与方法简要论证和探讨问题

（2）反馈练习：对学生学习效果的定量评价，采用作业练习的方式进行，检验学生知识掌握情况。

（三）**试卷讲评课基本要求**

（1）整体思路：基于学生考试评价数据，结合命题蓝图，准确诊断学生存在问题，设计恰当的教学活动，夯实主干知识，培训关键能力，突破认知难点，充分发挥测试评价对教学的导向作用。

（2）目标设计：以地理课程标准和学业水平考试要求为导向，基于学生实际情况，目标达成可检测、可操作。

（3）学习活动特色：课堂每个步骤（环节）的情境、资源、任务的设计意图明确，突出学科核心知识学习和关键问题解决，突破重点难点，凸显关键能力的提升。

（4）作业设计：针对学生薄弱环节，分层、分类设计作业，满足不同层次学生学科能力提升需要。

【试卷讲评课教学设计示例】

2020—2023学年度高三第一学期期中考试试卷讲评

1. 学习目标

（1）以植被、土壤要素为例，分析自然地理要素间的相互作用，明确地理原理表述的答题要求。

（2）以嘉陵江河曲变化及庐山垂直地带性为例，通过归纳要素特征、分析特征成因，构建自然地理要素"特征-成因"的分析思路，认识分布特征对自然地理环境差异性的作用。

（3）通过对期中考试试卷中自然地理环境整体性和差异性部分的题目和答题失误进行分析，调动所学知识，主动构建问题分析思路，认识构建问题分析思路的重要性。

2. 教学重点

（1）结合区域特征分析自然地理要素间的相互作用。

（2）运用资料，归纳从要素、分布、区域等角度归纳地理特征。

3. 教学难点

（1）运用资料，归纳从要素、分布、区域等角度归纳地理特征。

（2）调动所学知识，主动构建问题分析思路，认识构建问题分析思路的重要性。

4. 教学过程

教学过程设计见表3-16。

表3-16 教学过程设计

教学环节一：了解考试情况	
教师活动	学生活动
出示自然地理环境整体性和差异性部分题组得分情况，讲解本部分内容命题意图	阅读题组得分情况和考试要求
设计意图：明确考试要求与命题意图	
教学环节二：准确表达地理原理	
教师活动	学生活动
出示20（3）题与典型学生答案，布置活动任务：评价学生答案并赋分	阅读19（3）题与典型学生答案，讨论、评价学生答案，为答案赋分
设计意图：针对学生答题泛化、无理论依据等问题布置评价赋分任务，自我认识并反思答题中存在的问题及改进措施，帮助学生明确地理原理表述的基本要求	

续表

教学环节三：准确把握区域特征	
出示19（3）题，布置任务： ①画出你认为的题目设问的关键词。 ②哪个自然地理要素发生了变化？ ③可能对哪些自然地理要素产生影响？绘制联系图，表达这些影响间的联系	找出设问中的关键词，小组讨论并合作完成嘉陵江裁弯取直对自然地理环境带来的影响联系图，并探讨答题中出现的典型错误
设计意图：以嘉陵江裁弯取直事项为例，运用自然地理环境整体性原理分析自然要素变化的影响，学习如何结合区域和情境材料构建答题思路	
教学环节四：灵活运用地理原理	
教师活动	学生活动
出示20（1）和（2）题和答案，布置活动任务：评价学生答案并赋分	阅读19（3）题与典型学生答案，讨论、评价学生答案并赋分
设计意图：针对学生审题失误、答题因果不对应等问题布置评价赋分任务，自我认识并反思答题中存在的问题及改进措施，初步建立结合地理特征灵活运用地理原理的意识	
教学环节五：课堂教学小结	
教师活动	学生活动
回顾四道例题，小结区域特征与地理原理在答题中的作用，布置作业	倾听、反思
设计意图：通过小结，强化分析思路，引领答题思路	

（四）地理实践课基本要求

（1）整体思路：教学立意要符合课程标准要求，处理好地理实践活动与课堂教学内容的关系，形成完整的单元教学设计，突出地理实践力的培养，突显学科课程育人的功能与价值。

（2）目标设计：目标设计指向学生学科核心素养发展，具体、可检测。

（3）学习活动特色：每个实践活动（环节）的资源、任务的设计意图明确，突出学科核心知识学习和关键问题解决，突破重点难点，凸显关键能力的提升。

（4）作业设计：以表现性评价作业为主，能够反映学生在地理实践活动中的收获。

（5）安全要求：课前踩点，教学过程中坚守安全底线，备有应急预案。

【地理实践课教学设计示例】

认识日晷

1. 教学目标

（1）运用示意图，结合观察记录，说出太阳视运动规律。

（2）通过实地观察日影的方位和长短，说明日晷的设计原理和使用方法，了解人类传统文化的优秀成果。

（3）制作日晷模型，加深对地球运动地理意义的直观认识。

2. 教学重点与难点

说出太阳视运动规律，通过实地观察日影的方位和长短，说明日晷的设计原理和使用方法。

3. 教学过程

教学过程设计见表3-17。

表3-17 教学过程设计

教学环节	教师活动	学生活动	设计意图
室内教学部分			
导入	回顾地球运动的基本规律，引入太阳视运动	观察示意图，理解太阳视运动的含义	温故知新，点明"新概念"太阳视运动与已经学的地球自转及公转的关系
认识太阳的视运动规律	出示两张日出的照片和两张霞光的照片。提问：照片是日出还是日落？朝霞还是晚霞	根据照片拍摄的位置，判断照片拍摄的是日出还是日落；照片中的是晚霞还是朝霞	引导学生观察日出日落与校园方位的关系，突破"日出东方、日落西方"与校园方位相结合的难点
	出示一张早晨上学时的照片（影长）和一张正午时分的照片（影短），引导学生回顾概念与绘图	绘制太阳高度角示意图，明确太阳的日变化与影长的关系	落实基本概念，培养绘图能力
	出示两张冬至日校园的照片，提问：在日常生活中，哪些现象与太阳高度的年变化有关	思考，回答。明确太阳高度的年变化规律与教室内被阳光照亮的面积及影长的关系	与日常生活中的现象结合，巩固所学知识

续表

教学环节	教师活动	学生活动	设计意图
了解日晷的结构与原理	展示日晷模型，讲解日晷的原理	结合日晷模型，认识日晷的原理	认识日晷的基本原理，理解传统文化的内涵
室外实践部分			
辨认日晷类型	引导学生观察	判断北京一零一中的日晷类型，观察日晷的晷针与地面的夹角	北京一零一中的日晷只有夏半年使用的朝北的晷面上标有表示时辰的文字，冬半年使用的朝南的晷面空白。这是日晷的缺陷，但是也为学生探究不同季节日晷使用方法的差异提供了可能性
认识日晷的结构	引导学生观察	观察日晷的结构，完成学案填图	
阅读日晷	引导学生观察日影，布置活动任务：将表达日晷时间信息的12张字条贴在晷面正确的位置上	根据有文字的晷面上的文字内容，在学案上填写用于指示时刻的文字内容。分析日出方位的季节变化，将12时辰贴在没有文字的晷面上相应的位置上	
		观察影子的朝向；影子指示的时刻；与手表指示的北京时间比较并分析产生差异的原因	

4. 学习效果评价

制作一个适用于北京地区的日晷模型。

学习效果评价见表3-18。

表3-18 学习效果评价

评价等级	等级描述
A	准确表示晷针、晷面、地面三者的位置关系；晷面标注刻度准确；造型有一定的设计，美观
B	准确表示晷针、晷面位置关系，晷针、晷面与地面有夹角；晷面标注刻度较为准确；造型美观
C	不能准确表示晷针、晷面与地面的位置关系；晷面标注刻度存在显著错误

第四章

探索地理"生态·智慧课堂"的特色教学方式

第一节 在阅读中学习地理

北京一零一中地理教研组在地理课堂教学中渗透学科阅读的做法由来已久。其经验的积累也大致经历了三个阶段。最初，我们在课堂上指导学生阅读课本，阅读地图册，落实图像、文本、表格的阅读方法，指导学生将图文结合，提取有用的地理信息。第一阶段，我们依托课本，重在阅读方法的训练。随着多媒体走进我们的生活，我们获取阅读素材的途径大大扩展了。书籍、地理、互联网等适合的文章，都成为地理课堂阅读活动素材选取的媒介。第二阶段，我们在教学中广泛积累地理学科阅读的素材，广泛积累运用学科阅读素材教学的经验，为日后的研究奠定了基础。随着基础教育改革的深化，我们开始反思之前教学经验的积累，从地理学科阅读资源库的建设、学科阅读的育人价值、学科阅读的教学策略等方面总结、提炼我们已有的经验，形成了一定的研究方法。同时，我们将学科阅读活动纳入地理"生态·智慧课堂"的实践体系中，通过开展学科阅读，提升地理课堂教育质量。第三阶段，我们的主要任务是经验的凝练与提升。

一、开展学科阅读活动的原因

（一）新时代对人才素质的需求

在21世纪的今天，阅读已成为人们获取知识和信息的一条重要途径，是在终身学习社会中生存的基本能力。阅读为学生的学科学习乃至更广泛意义上信息的获取，提供了思维的基础，人类社会中的各种经验和信息有相当一部分是以书面语言作为载体的。就中学生习得人类历史上的优秀经验和文化传统而言，自然科学方面的天文、地理、生物、数学、物理、化学等；社会科学方面的文学、历史、经济等学习，都有赖于阅读。当前，国际上通用的阅读素养是指个体为了实现个人发展目标，增长知识、发展潜力，以及为了参与社会生活而有效寻求信息、理解使用和反思书面文本的能力。可以看出，国际上对阅读素养的认识已超出了拼写、识字以及对书面文本的字面理解和诠释等语文教学中的基本要求，它更注重学生运用相关知识和阅读能力去完成某些应用型的阅读任务。

（二）地理阅读是现代人生活的需要

在现代社会，阅读不仅仅是人才素质提升的途径之一，更是人民群众基本的文化需求。随着改革开放以来我国经济水平的大幅增长，人民群众在精神层面也开始有了更高的追求。阅读，作为信息、思想交流的手段之一，是人民群众基本的文化需求。

在广泛的可阅读的资料中，有不少阅读资料与地理相关。《中国国家地理》可以帮助我们了解祖国各地的风土人情；在旅途中，一本《旅伴》让我们的旅途增添了几分趣味……地理阅读就像一扇窗，通过文字、图片等方式帮助我们认识自然现象、理解多元文化、了解今日中国和世界。可以说，地理阅读是现代人生活的需要。

（三）助力中学生核心素养发展

党的十八大首次提出把立德树人作为教育的根本任务，其内涵是指以培养全面发展的人为核心，以增强学生的社会责任感、创新精神和实践能力为重点。中学生发展核心素养是党的教育方针的具体化、细化。核心素养作为学生在接受相应学段的教育过程中，逐步形成的适应个人终身发展和社会发展需要的必备品格和关键能力，是立德树人的重要途径。21世纪人的七大素养沟通与合作、创造性与问题解决、信息素养、自我认识与自我调控、批判性思维、学会学习与终身学习、公民责任与社会参与中，信息素养、批判性思维、终身学习等素养的形成，都离不开阅读。阅读，作为获取和理解外界信息、交流与沟通信息的重要途径，是实现人的全面发展的重要方面。

因此，作为中学生，缺乏基本的"阅读素养"，不仅会增加学业上的困难，更会严重影响其长远的人生发展。

（四）落实课程标准要求的重要途径

中学阶段是培养学生阅读能力和阅读素养的关键时期。从教育部最新修订的《普通高中课程标准（2017年版2020年修订）》中可以发现，所有学科都对"阅读"提出了一定的要求和建议，数学、物理、化学、生物、地理学科的"课程标准"都有关于科学史教育的具体要求。可见，学科阅读是落实高中课程标准和学科核心素养的必然要求。

《普通高中地理课程标准（2017版）》在"内容标准"中强调案例、实例的重要性。"阅读理解是一个主动而复杂的过程，包括理解文本内容，阐释文本意义以及能利用文本意义来实现一定的目的及满足特定的情景需要。"目前，中学地理教材中的内容多为结论性的表述，而学生学习和理解地理知识需要一个习得的过程，从感性到理性从具象到抽象，学科阅读提供了这个过渡性。

学生在阅读地理文本时可以通过对文本中地理信息的提取，建立获取的地理信息与头脑中原有的地理图式之间的联系，进而产生对地理文本的理解。随着阅读文本量和文本难度的增加，头脑中更高层次的图式被激活，学生对地理学科的理解也会愈加深入。因此，在地理课堂教学中，教学案例、教学实例的阅读活动，是学生理解地理现象、地理原理，积累地理知识与提升地理技能的重要途径之一。地理学科的学习需要学生地理学科阅读的支撑，在地理课堂教学中的阅读活动也可促进学生阅读能力的提升。

（五）考试评价对阅读的要求

《普通高中地理课程标准（2017年版）》在学业质量评价中也提到了将地理情境的复杂程度作为区分学生的学业质量水平的维度之一。在当前以纸笔测试为主要途径的教学评价中，文本是呈现地理情境的重要方式之一。在纸笔测试所提供的不同复杂程度的情境中，阅读是理解情境的前提，在情境中运用各种重要概念、思维、方法和观念解决问题，是学生阅读素养的体现。能够在不同情境中提取地理信息，解决有关地理的问题，是学生地理学科阅读素养的体现。

在目前地理学科高考/学业水平等级性考试的评价体系中，学科阅读也占有十分重要的地位。以延续了十余年的文科综合测试为例，对"获取和解读信息""调动和运用知识""描述和阐释事物""论证和探讨问题"四项基本能力的考查，指向的便是地理学科阅读。其中"获取和解读信息"指向通过阅读输入信息；"调动和运用知识"指向通过阅读加工信息；"描述和阐释事物""论证和探讨问题"指向通过阅读输出信息。以近三年来北京卷文科综合考试地理部分为例，试卷中的素材和情境的呈现方式多样，包括文本、地图、示意图、表格等。

地理学科阅读的教学，也有助于学生应对新的考试评价体系。

（六）地理"生态·智慧课堂"的特色教学方式

在课堂中开展学科阅读活动，有助于构建地理"生态·智慧课堂"的场域。对事物感兴趣，是构建课堂情感场的基础。阅读兴趣是学生从事阅读活动的心理偏好，也是阅读行为发生和维持的重要原因，能够得到身心愉悦的阅读活动才具有可持续性。地理学科阅读的内容丰富多彩，涉及美丽的自然环境、多样的风土人情、奇妙的自然原理和人文规律……给了学生极大的选择空间，可以满足学生的各种阅读需求，可以帮助学生发展学科学习兴趣，并激发学习动力。类似《中国国家地理》等阅读素材，杂志图片精美，文字优美流畅，可读性很强。通过阅读与地理有关的真实记录，能有效帮助学生进入地理世界，感受人们真实的生活，体会在长期的生活中积累的生活智慧，激起他们对人与环境关系探究的动力。

阅读素材自身是学科思维的外在表现，开展学科阅读活动，利于构建课堂的思维场。地理学科阅读素材包罗万象，赏析我们生活的世界、探求大自然的奥秘、揭示人类生活的智慧，是永恒的主题。在阅读与地理学科相关的素材时，要求在阅读过程中用地理思维透视区域要素间的关联；同时还要用地理学科思想和方法实现对地理本质的理解。在呈现方式上，地图是地理学科的第二语言，具有很强的学科性，其内容的抽象性、概括性和数字化，需要有特殊的阅读思路和方法。而读什么、怎么读等技巧层面的内容又与地图背后所呈现的地理内容息息相关。地理学科阅读素材是构建地理课堂思维场的载体。

此外，地理学科阅读中还包括不少人文与社会的阅读素材，在获得人文知识的同时，也能够提升人文素养和人文情怀，它影响着人的精神发展和生命感受。

二、开发地理学科阅读文本

1. 地理学科阅读文本的类型

在 PISA、PIRLS、NAEP 等一些当前影响力较大的测试中，阅读部分测试"广泛运用了以文本类型确定阅读部分内容指标的做法。"地理学科阅读文本，其本质仍是阅读文本。地理教学中的阅读文本可以分为连续文本和非连续文本。所谓连续文本，是指由句、段构成的独立文本，以句子作为其最小单位。地理教学中的连续文本，则是指以地理素材为话题的段落、篇章。非连续文本，是相对于连续文本而言的，是指由表格、图示、清单、目录、索引等构成的文本。在地理学科的阅读材料中，非连续文本通常体现为表格、各类地理图像，如地图、示意图、景观图、统计图表等。

在当前的地理考试评价中，存在"重视非连续文本的考查而忽视连续文本的考查"的现象。相比于连续文本，非连续文本信息更为明显、直观，在训练学生知识运用和迁移能力上针对性更强、效率更高。连续文本则可能包含更多的背景信息，学生可以认识地理事物的复杂性，感受其背后的情感、态度、价值观，更有助于学生获取、分析、评价、综合、表达信息及提升个人的思考能力，从而提升阅读素养。因此，连续性文本和非连续性文本都是地理阅读文本的表现形式，它们有各自的知识、能力承载功能和育人功能，在地理教学过程中一样重要。

2. 地理阅读文本的来源

教学中或课外自读使用的地理学科阅读文本来源十分广泛，如地理专业的书籍、杂志或论文、地理公众号、地理科普文章、与地理相关的时政新闻等。

这些素材来源各具特色。从科学性来看，地理专业书籍、杂志或论文的科学性最强，地理公众号的文章科学性通常也比较强；从可读性来看，地理科普文章的可读性通常比较强；从时效性来看，与地理相关的时政新闻时效性最强，地理杂志和论文通常也是学科前沿的体现；从编辑的难易来看，公众号等网络文本较易编辑，而纸质书籍、杂志等文本则需在录入之后才可进行进一步编辑和加工。

这些书籍、杂志、公众号、网站等构成了地理学科阅读文本的素材库。但阅读文本，则是教师、学生与文本之间的交流。为了更好地让这些素材发挥其在地理教学中的作用，我们需要对地理阅读文本的属性进行探讨，为进一步的阅读素材加工与开发工作奠定基础。

3. 地理阅读文本的属性

在教学中，地理阅读文本是地理教师、学生与地理知识沟通的桥梁。地理阅读文本是地理知识的载体；地理教师是地理阅读文本的开发者、使用者；学生在阅读过程中思考、解读，是地理阅读文本的二次开发者和使用者。其关系如图 4-1 所示。

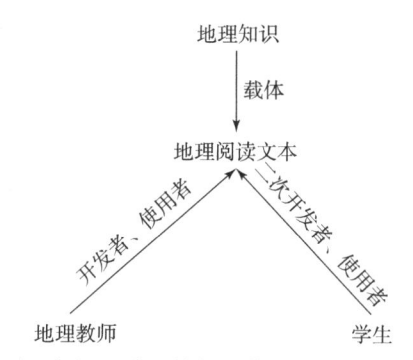

图 4-1 地理知识、地理教师、学生与地理阅读文本的关系

因此，基于地理阅读文本与地理教学中教师、学生及地理知识的关系，地理阅读文本的可以从开发、使用和功能三个维度进行属性设置。从开发的角度看，地理阅读文本可以是一次文本，可以是经教师开发后的二次文本；从使用的角度看，地理阅读文本可以供课内教学使用，也可以供课外学生自读；从功能的角度看，地理阅读文本可以帮助学生拓展知识、学习地理知识、培养地理技能、形成情感态度价值观等。这三个维度可以构成一个关于地理阅读文本属性的三维结构，如图 4-2 所示。这一个三维结构示意，可以帮助教师明确所选地理阅读文本的目的和方向。这样，教师可以根据这一个三维结构，将原始素材加工成地理

阅读文本并补入资源库，也使得地理阅读文本资源库的建设呈现开放性和动态性的特征。

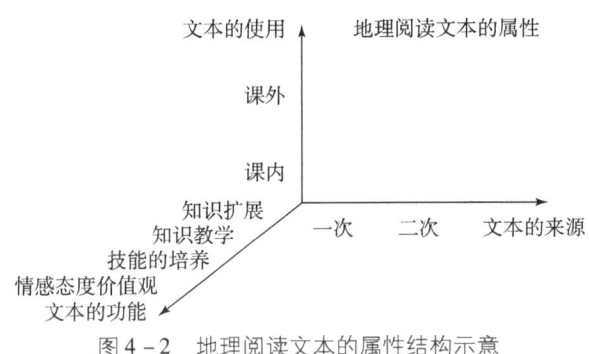

图 4-2 地理阅读文本的属性结构示意

4. 地理阅读文本的选材与编辑

（1）选材。

地理阅读文本的选材首先应有明确的目标，即选取某素材是为了做什么。它可以是配合教材中某章节学习、分析的案例，可以是教学中重难点的补充阅读，可以是课外知识的拓展阅读等。

在素材选取中，我们设立了五个原则：科学性、典型性、真实性、可读性、时效性。科学性是指选取的素材不能出现科学性错误，这是学科阅读质量的基本保障；典型性是指文本选材与课程目标契合度高，能够较好地完成课程目标；真实性是指阅读材料取材于真实的案例或地理现象、地理事件，有助于学生认识所学地理原理在真实的情境中是如何发挥作用的。从学生身心成长的特点来看，可读性强的素材有助于吸引学生，激发学生的学习兴趣，引发学生的思考；时效性是指所选取的素材源自近几年的文章，贴近学生生活，也能够体现学科的发展和前沿问题。

我们选取了各类文章，分为"走近地理学和地理学家""多彩的自然""智慧的生活""家在北京"四个部分。考虑到中学地理课堂教学的实际状况，在素材的选取上偏重于"多彩的自然"和"智慧的生活"，两部分内容分别偏重于自然地理阅读和人文地理阅读。"走近地理学和地理学家"部分文章通常作为起始课和结束课使用"家在北京"中收入的文章偏重乡土地理。

（2）编辑。

由于一次文本与教学目标不一定十分匹配，多数情况下选取素材后需要根据上课需求对原始素材进行编辑，形成二次文本，以供课堂教学使用。

地理阅读文本的编辑依然可以从教师、学生和地理知识与技能三个方面进行考虑，可以从原始素材的立意和文章架构、课程教学目标、学生的接受程度及兴趣点等方面对原始素材进行编辑。具体包括如下步骤：①寻找原文本与课程标准的契合点；②提取文章主干，筛选编入文本的段落，形成较完整的阅读文本；③调整筛选后的行文逻辑；④更换图像或地图，增补图像或地图。

【教学案例：节制的平衡（文本）】

资料一：

内蒙古巴彦淖尔市乌拉特后旗靠近中蒙边境的地带，这里生活着大量被当地俗称为"戈壁红驼"的红骆驼。它们和养驼人相互依存，成为当地荒漠草原生态的一部分。

位于巴彦淖尔市北部的乌拉特后旗被阴山山脉横贯。这道呈东西走向的山脉位于中国400 mm等降水量线上，平均海拔1 500 m，巍然如屏，北拒寒流，南阻暖气，隔开了气候迥异的农耕区和游牧区。自战国起，这里就是匈奴游牧之地。此地的戈壁高原和戈壁沙地占了全旗总面积的近七成，人畜生存殊为不易。

在祁成堂家近两万亩的牧场中，黄昏5点，一峰母驼领着两峰小驼回到驼圈饮水，它们从几十米以外赶回。作为"草原五畜"（骆驼、马、牛、绵羊和山羊）之一，蒙古族驯养双峰驼至少已有800年历史。

乌拉特后旗与蒙古国之间有长达195 km的边境线，沿线是大片的荒漠草原。放眼望去，只有遍地丛生的梭梭草和白刺。牧民说，骆驼是最适合这里饲养的畜种。这种似马非马的生物，头小而体大。颈曲而粗长，因胃内附生有水俘，能储水，可3周不喝水，背上的驼峰储存脂肪，可整月不进食。骆驼喜欢吃咸草，即便在水草丰美的草场，也需要进食盐碱地上的微量元素。梭梭草是盐碱地上的强旱性植物。作为骆驼的主要食物来源之一，梭梭草总和骆驼相互依存。荒漠化的草场引来红驼，红驼又与这里的生态形成一种节制的平衡。牧民们说，它是"草原五畜"中最能涵养生态的一种。在这里，红驼不是环境的破坏者，而是守护者。红驼不破坏草木，是最适合戈壁生态的生物。骆驼食性广而杂，尤其爱啃食荒漠中的梭梭草、骆驼刺等沙生植物的嫩枝，这正好符合沙生植物三年平一次茬、剪一次枝的需要，否则沙生植物会枯萎死掉。骆驼又是游走型生物，吃的是"走马草"，这里一口那里一口，吃饱一顿要走几十千米，给植物留出再生的充分时间。它的粪便散落在荒漠中，能起到改善土壤、促进沙生植物生长的作用。可以说，骆驼与草原生态互促共生、良性循环。此外，"草原之灾"老鼠最喜欢在梭梭草下打洞做窝，严重威胁了梭梭草根系的生长。牧民们说，每当红驼前来吃梭梭叶，总会顺便踩塌老鼠的沙窝，让老鼠四散而逃。

思考问题：乌拉特后旗自然地理环境各要素之间是如何相互作用的？为什么

说红驼是草原五畜中最能涵养生态的一种？

资料二：

20世纪末，乌拉特后旗有过一段严重的生态恶化期，草场沙化，沙尘暴遮天蔽日，导致耐旱的红驼也自然死亡。草场的盐碱化程度加大，引起骆驼的一些鲜有疾病。另外，草原上狼、狐狸等对骆驼也存在侵害。连续多年的干旱和放牧方式的变化使得可供红驼采食的草场面积日益减少，牧民们需要采取补饲方式供给骆驼的饲养，使得饲养成本大幅提升。

有人提出在草原上饲养山羊更加经济，理由是山羊喜欢吃草根（草根的干物质含量比叶茎部分多，营养更丰富，较受山羊的欢迎），饲养1峰骆驼的饲料消耗量等同于饲养6只山羊，而饲养每峰骆驼年收入仅有100元左右，每只山羊年收入就可达80元。然而，草场的雨水情况影响着牧草的生长发育情况和山羊的饮水情况。相对于骆驼，山羊对当地环境的适应能力偏弱。

思考问题：如果牧民在草原上改养山羊，会对草原上生态环境带来怎样的影响？如果你是乌拉特后旗农业部门的决策者，你会建议牧民饲养那种牲畜？还有那些跟进的措施弥补饲养该种牲畜的不利影响？

《节制的平衡》取材自《中国国家地理》杂志《戈壁红驼与荒漠草原共生》一文。该文是一篇反映内蒙古草原人与自然关系的文章，蕴含着丰富的地理教育思想和地理教育素材。该文所反映出人地关系思想是地理核心素养中的基本价值观。生活在乌拉特后旗的牧民在经济发展与生态发展之间的选择，有助于学生深入思考人与地理关系。文中对草原生态环境的介绍，既可以帮助学生增加对内蒙古自然环境特征的地理表象的积累，又可以从中提炼自然地理要素间的联系，从自然地理环境的整体性角度解读。因此，该文章具有十分丰富的地理内涵。文章行文具有很强的故事性和文学性。

但是由于文章较长，拿到地理课堂中阅读会花费较多时间，且文章中有大量的关于牧民生活的非学科教学内容方面的描写。此外，精美的图像很难印到学生的学习资料上，图像的缺失使得学生在进行阅读时，可能存在定位上的障碍。

基于上述特点，该文章可以进行如下改造：

第一，留。保留文章人地关系的主线，确定文章的主体思想。保留文章部分对生活场景的描写，凸显文章原汁原味的风土人情，学生在阅读过程中增强其代入感，去感受另一种人生，构建阅读教学的生活场、情感场和生命场。

第二，缩。基于人地关系主线，将原文章缩减为三部分：乌拉特后旗地理位置及草原生态系统介绍、当地的人地矛盾、艰难的抉择——养羊还是养驼。每一部分对应可探讨的问题，构建阅读教学的思维场。

第三，补。通过教师补充阅读《蒙古族传统游牧智慧的价值启示——以"五畜和谐共生思想"为例》《草原"五畜"与游牧文化》等文章，在《节制的平衡》一文中补充部分关于草原牲畜习性的背景知识，以及乌拉特后旗地图，辅助学生阅读。

5. 北京一零一中地理阅读资源库的建设

北京一零一中的地理课堂具有重视学生学科阅读的传统。我们资源库的建设也经历了起步、扩展和系统化三个阶段。

(1) 起步阶段。

在日常的地理教学中，我们积累了大量供学生课内、课外阅读的文章和文段，并根据文章或文段的内容、属性及教学目标、教学内容特点安排教师指导下的阅读和学生自读等不同的阅读活动。在日常教学实践的基础上，我们初步形成了一个源自《中国国家地理》等杂志和网络文章的阅读的资源库。

(2) 扩展阶段。

近年来，伴随着微信公众号的发展，在微信中涌现大批与地理相关的公众号。各类公众号中一些文章源自一线教师旅游的经历，一些文章是对区域风土人情、产业活动的介绍，一些文章则具有一定的科普性质。我们会将其中的部分文章推送给学生，作为课外阅读材料。遇到值得深挖的文章，则通过文本编辑和问题编辑，开发为阅读材料供课上使用。相比于第一阶段，此阶段我们能够提供给学生的阅读素材数量大大增加。但是，如此多的素材，如何能够更有效地进行使用和管理呢？

(3) 系统化阶段。

我们按照地理学、地理学家、自然地理基础、人文和区域地理、乡土地理的主题顺序重新编排了我们课上使用较好的文章，并将暂未使用的原始素材也进行了主题归类，作为地理阅读资源库建设的基础。由于地理学科本身的综合性特征，在各主题下我们没有再设置节。但是文章的内容选择上还是倾向于突出某一自然地理或人文地理要素，以便和初、高中地理课程有关内容相对应。

时代在不断发展，资源库中积累的文章也在逐渐在增多，一些老旧的文章需要根据时代的发展进行再编辑，或更新不再使用。我们在实践中摸索出一套地理阅读资源库建设的动态机制，如图4-3所示。

地理组教师可将地理杂志、地理网文、地理公众号、地理书籍等各类阅读素材源的文本推荐、分享到阅读素材备用库中。资料库中的阅读素材多与地理学相关，可以作为阅读资源库建设的资料源，也可作为组内教师专业发展的文本资料。其中部分内容与现行初、高中教学内容一致。暂未列入现行初、高中教学内容的一些素材，也可能会随着课程标准的变化、课程的发展，变为与未来初、高

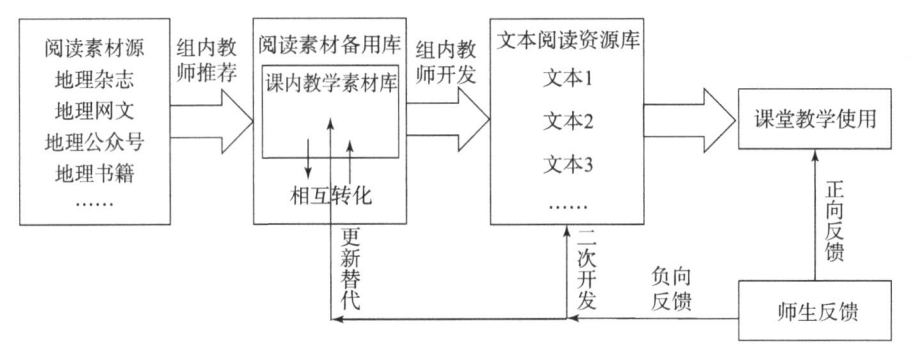

图 4-3　地理阅读资源库建设的动态机制

中地理教学内容配套的素材，二者之间是可以动态转化的。教师可以结合实际教学需要对阅读素材备用库中与现行初、高中教学内容配套的素材进行开发。开发后的阅读文本便成为可供一届又一届学生在课堂教学中使用的阅读文本。在使用过程中，结合教师和学生的反馈，如果阅读文本教学效果好，则可以留给下届继续使用；如果效果不好，则需要教师进行二次开发，甚至由新的文本来替代。

从图 4-3 中可以看出，这个资源库应该是动态的、开放的。具有时代感的新素材，经过教师的加工和实践，不断补充到资源库中，资源库中文章的分类方式、文章的篇目也会随着时代的发展而变化。教师可以根据资源库中文本的属性、教学中学生的特点选择适合的篇目，或者对已有篇目进行开发。我们希望，这一地理阅读资源库不仅是一个篇目的集合，更是一线地理教师智慧的结晶。

三、设置优质问题链，实施阅读课堂教学

实施地理学科阅读教学，问题是关键。首先，问题能够引领学生的阅读思路，把握阅读的重点、线索和脉络，聚焦学科思维；其次，问题可以作为学生阅读成果的检测，评估学生对阅读素材的理解程度；最后，问题可以作为学生思考后思维输出的展示平台。

问题的提出依托于情境，因此，运用阅读素材创设情境是教学的关键环节。情境的创设植根于真实的地理素材。地理素材，可以是学生身边的生产、生活场景，也可以是一个地理故事或地理事件，还可以是一次地理实践活动……真实的地理素材中蕴含着真实的地理问题。选取真实的地理素材并将其转化为可阅读的教学素材，是设置问题的起点。

优质的核心问题能够引领教学，也是地理素材向教学案例转换的关键点。威金斯和麦克泰格认为，"能够促进对某一主题单元内容的理解，激发知识间的联

系和迁移的问题就是核心问题"。首先，这一问题应当与实际情境有关系；其次，应与学生生活相关联；最后，应当能为学生提供思维发展的空间。因此，有用性、统摄性和开放性，是一个优质的核心问题需具备的三个特征。问题的有用性可以帮助学生建立要解决的问题与其生活经验间的联系，吸引学生；统摄性能够"由点及面"，触发学生调取不同学科或不同地理模块内容间的联系，把零散的信息聚拢到一个逻辑网络中来，建立知识间的内在联系，逐步形成地理思维；开放性则指向结构不良的问题，更适合学生深入探究，利于地理综合思维的培养。

教学案例的价值可以通过问题链呈现出来。精心设计的问题链有助于学生梳理案例线索，思考案例中的地理原理、问题，或对其情感、态度、价值观有所影响。

首先，问题链的设计应当在核心问题的统摄下进行问题分解，以达到通过解决子问题来解决核心问题的目的。从核心问题到子问题，可以通过多种逻辑关系展开。例如，时间线索较强的地理素材，以时间为线索展开子问题设计；具有区域差异的地理素材，则从区域特征、区域差异、区域发展的角度展开子问题的设计；现象描述较多的地理素材，可以从现象到本质和从事实到原理的角度展开设计子问题……

其次，问题链的设计可以遵循封闭式、半封闭式、开放式问题相结合的原则。封闭式问题一般具备清晰的目标、明确的答案。学生可通过思考子问题获取到最佳或唯一答案。如"从图中，你可以看出哪些自然地理要素？""这些自然地理要素在该区域有哪些特征？"此类问题可以在教学中有效地培养学生获取信息、筛选信息、描述信息的能力。半封闭式问题需要学生运用学过的知识及原理，结合案例情境分析区域基本要素间的关系、变化及影响。开放性问题则没有标准答案或正确答案，该类问题的设计着眼于培养学生综合思维及树立人地协调观念。

应当注意的是，问题链的设计不应仅是为了在课堂教学中按部就班地完成教学活动，而应是围绕问题的解决促进学生核心素养的发展，因此其设计应是教师在课前对教学过程的预设。在实际教学活动开展时，更应重视学生在学习过程中生成的问题，并将其与预设的问题链结合，共同服务于核心问题。

【教学案例：节制的平衡——自然地理环境的整体性（教学设计）】

1. 指导思想和理论依据

"问题解决"教学以问题为线索，以创设问题情境为开端，围绕问题的解决促进学生核心素养的发展。《普通高中地理课程标准（2017版）》提出要重视问题解决式教学。

本单元的课标要求是"运用图表并结合实例，分析自然地理环境的整体性和地域分异规律"。自然地理环境的整体性是自然地理部分学习的总结和提高，原理抽象、概括性强。采用问题解决式教学可以以案例为依托，使抽象的原理具体化、形象化，帮助学生在真实、具体、开放的区域发展情境中，分析、评价区域内自然地理要素间的相互作用及其与人类活动的相互关系，建立尊重自然规律、科学适应和利用自然的意识，以培养学生的核心素养。

2. 教学背景分析

（1）教学内容分析：

《自然地理环境的整体性》的内容具有较强的综合性，与《自然地理基础》模块内部、其他模块以及其他学段的知识有较多的联系。

学生在初中、高中必修课中先后学习了自然地理要素之间的相互作用、自然地理环境中的物质运动和能量交换以及可持续发展的相关内容，是进一步认识自然地理环境整体性的基础。

认识自然地理环境的整体性，有助于解释区域内要素间的相互联系与影响，形成区域自然环境特征，并预测受人类活动影响的自然环境的发展变化趋势，是学习选择性必修课程的原理基础。

本单元教学以乌拉特后旗的牧业为案例背景，围绕"自然地理环境某一要素的变化，会对环境带来的影响及人们如何应对"这一探究问题展开。按照不同的学习层次，将探究问题分解为5个小问题，形成具有关联的问题链，引导学生从描述自然地理环境特征入手，逐步分析自然地理要素及其变化对生态环境的影响，最终能够对这里的人地关系系统进行简要评价。本单元的教学分为两课时，第1课时学习自然地理环境的构成要素，并在案例中描述其表现和相互作用；第2课时重在运用自然地理环境的整体性原理解决区域发展中的问题。

（2）学生情况分析：

学生已经学习过气候、水文、地形等自然地理要素的基本原理和规律，能够在典型区域、简单、熟悉的情境中找出部分自然地理要素。

但在小尺度区域、较为复杂的情境中说明这些要素之间的相互作用、初步认识区域自然环境特征存在一定的困难。采用问题解决式教学，有助于帮助学生从整体上把握教学内容，在复杂的情境中提取、整合、分析地理信息，形成分析思路，突破思维难点。

（3）教学方式：案例教学法。

（4）教学手段：教师演示文稿、真实案例的阅读材料、学习任务单等学具。

（5）技术准备：多媒体电脑。

3. 教学目标

（1）说出自然地理环境的构成要素，结合区域描述要素的特征。

（2）通过分析乌拉特后旗发展的实例，绘制该区域自然地理要素联系的示意图，理解自然环境整体性的原理及生物因素在自然地理环境中的作用。

（3）以生物（红驼、山羊）要素的变化为例，说明自然地理环境牵一发而动全身。

（4）结合实例，运用自然地理环境整体性原理，评价"羊－驼混合牧业"生产方式对区域的影响，深化认识人类活动应遵地之规的理念。

4. 教学重点

通过分析乌拉特后旗发展的实例，绘制该区域自然地理要素联系的示意图，理解自然环境整体性的原理。

5. 教学难点

结合实例，运用自然地理环境整体性原理，评价人类活动（牧业结构的变化）对区域发展的影响，深化认识人类活动应遵地之规的理念。

6. 问题框架

探究问题：自然地理环境某一要素的变化，会对环境带来什么影响？人类如何应对？

探究问题分解：

（1）自然地理环境要素有哪些？

（2）通过分析案例，说出乌拉特后旗的自然地理环境有什么特征。

（3）为什么说红驼可以涵养乌拉特后旗的生态环境？

（4）乌拉特后旗红驼与山羊的数量和该区域的生态环境是如何相互影响的？

（5）结合养羊、养驼对草原生态环境和牧民的影响，评价"羊－驼混合牧业"。

7. 教学流程（图4－4）

8. 教学过程（表4－1）

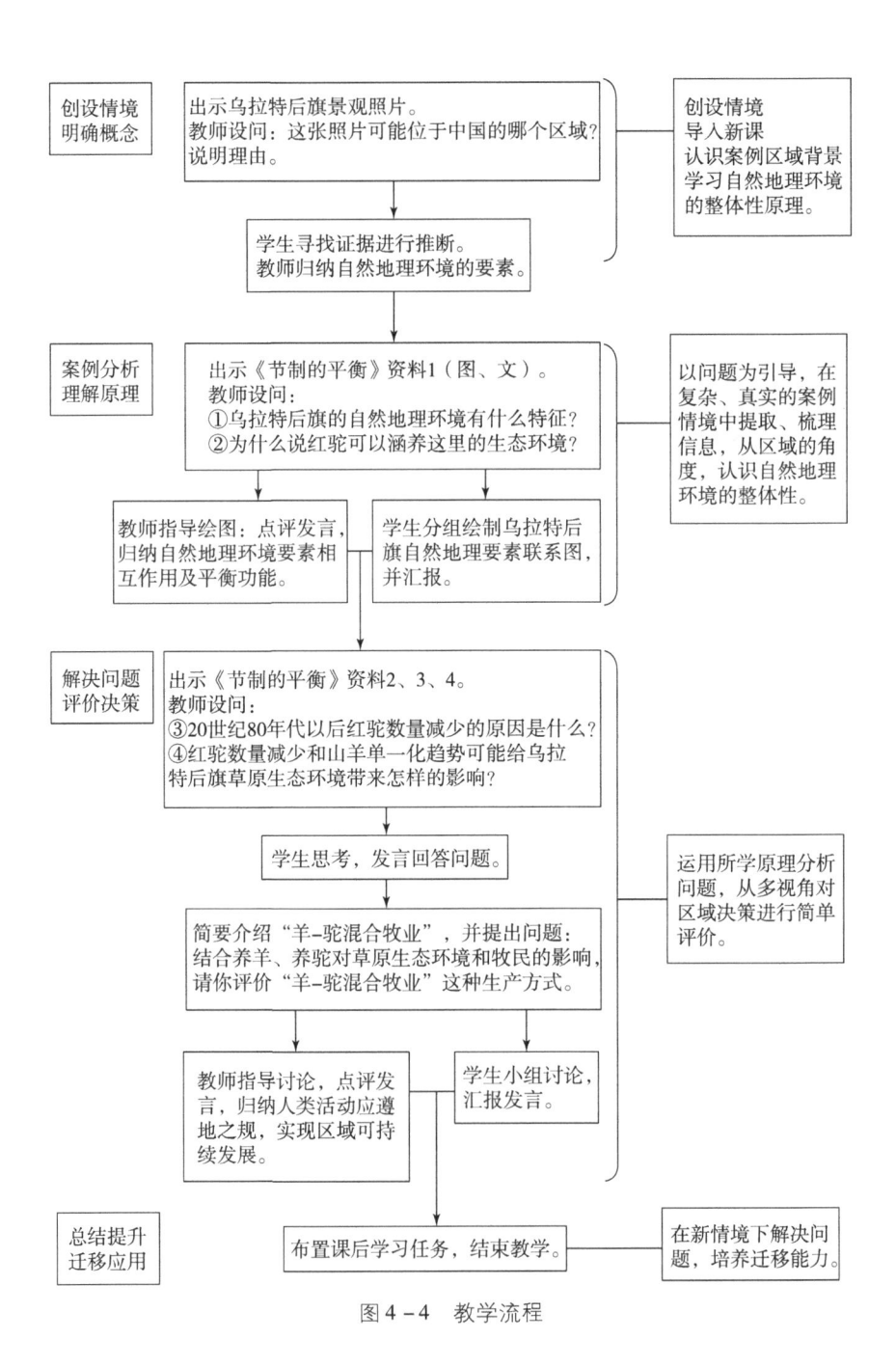

中学地理"生态·智慧课堂"理论与实践

创设情境 明确概念
- 出示乌拉特后旗景观照片。
- 教师设问：这张照片可能位于中国的哪个区域？说明理由。
- 学生寻找证据进行推断。教师归纳自然地理环境的要素。

→ **创设情境 导入新课**：认识案例区域背景，学习自然地理环境的整体性原理。

案例分析 理解原理
- 出示《节制的平衡》资料1（图、文）。
- 教师设问：
  ① 乌拉特后旗的自然地理环境有什么特征？
  ② 为什么说红驼可以涵养这里的生态环境？
- 教师指导绘图：点评发言，归纳自然地理环境要素相互作用及平衡功能。
- 学生分组绘制乌拉特后旗自然地理要素联系图，并汇报。

→ 以问题为引导，在复杂、真实的案例情境中提取、梳理信息，从区域的角度，认识自然地理环境的整体性。

解决问题 评价决策
- 出示《节制的平衡》资料2、3、4。
- 教师设问：
  ③ 20世纪80年代以后红驼数量减少的原因是什么？
  ④ 红驼数量减少和山羊单一化趋势可能给乌拉特后旗草原生态环境带来怎样的影响？
- 学生思考，发言回答问题。
- 简要介绍"羊-驼混合牧业"，并提出问题：结合养羊、养驼对草原生态环境和牧民的影响，请你评价"羊-驼混合牧业"这种生产方式。
- 教师指导讨论，点评发言，归纳人类活动应遵地之规，实现区域可持续发展。
- 学生小组讨论，汇报发言。

→ 运用所学原理分析问题，从多视角对区域决策进行简单评价。

总结提升 迁移应用
- 布置课后学习任务，结束教学。

→ 在新情境下解决问题，培养迁移能力。

图 4-4 教学流程

表4–1 教学过程

(第一课时)					
教学阶段	教师活动	学生活动	设置意图	技术应用	时间安排
创设情境 明确概念	出示乌拉特后旗景观照片。 提出问题：这张照片可能位于中国的哪个区域？说明理由 从学生回答中提取自然地理环境的主要要素名称，讲解其内涵，归纳该要素在照片区域的表现。 板书设计： 生物、气候、土壤、水文、地形	阅读景观照片，寻找证据推断该景观在中国可能的区域，表达自己的观点	以乌拉特后旗为素材，创设案例情境，明确自然地理环境的主要构成要素，了解区域自然地理背景	演示文稿	5分钟
任务一：分析案例 理解原理	承转：骆驼是适应干旱环境的代表生物之一，也是草原牧民重要的生产资料。 出示红驼数量变化资料，并提出问题： 20世纪80年代以来，曾与羊驼人相互依存的红驼数量锐减，草原出现养羊还是养驼之争。若实现乌拉特后旗的可持续发展，提出你的建议 引导学生将问题构建为具有逻辑的问题链	头脑风暴：若提出相关建议，提出需要从哪些角度认识乌拉特后旗的环境特征及需要查阅的资料	采用头脑风暴法将所给地理情境问题化，引领研究思路	演示文稿	10分钟

续表

	（第一课时）				
教学阶段	教师活动	学生活动	设置意图	技术应用	时间安排
任务一：分析案例理解原理	出示《节制的平衡》资料1（图、文）。布置任务：阅读资料1，提炼关键词，在海报纸上绘制乌拉特后旗自然地理要素联系图。运用所绘联系图，思考并回答问题：①乌拉特后旗的自然地理环境有什么特征？②为什么说红驼可以涵养这里的生态环境？板书问题①、②	阅读《节制的平衡》资料1和区域地图。全班分6组，每组6~7人。各组在海报纸上绘制联系图展现乌拉特后旗自然地理要素间的关联，并用图分析红驼在涵养草原生态环境环境中的作用。各组选出小组汇报人	以问题为引导，通过阅读图文资料，在复杂、真实的案例情境中提取、梳理、归纳自然地理要素间的联系，从区域的角度，解释自然地理环境的整体性	阅读材料、学习任务单及相关学具	25分钟

	（第二课时）				
教学阶段	教师活动	学生活动	设置意图	技术应用	时间安排
任务一：分析案例理解原理	对各小组汇报从自然地理要素间的相互作用、平衡功能等角度进行点评，并逐步板书。 干旱 气候 生物 土壤 盐碱土 河流稀少 水文 地形 相互作用、相互影响	各小组汇报人依次到讲台汇报本组联系图，其他类似的小组进行补充	以问题为引导，通过阅读图文资料，在复杂、真实的案例情境中提取、梳理、归纳自然地理要素间的联系，从区域的角度，解释自然地理环境的整体性	阅读材料、学习任务单及相关学具	20分钟

续表

教学阶段	教师活动	学生活动	设置意图	技术应用	时间安排
任务二：解决问题评价决策	出示《节制的平衡》资料2、3、4，布置思考题目：③20世纪80年代以后红驼数量减少的原因是什么？④红驼数量减少和山羊单一化趋势可能给乌拉特后旗草原生态环境带来怎样的影响？板书问题③、④ 点评学生回答，板书：牵一发而动全身	阅读《节制的平衡》资料2、3、4，提取信息，说出红驼数量减少的原因，并运用所绘联系图，改变其中"生物（红驼）"要素，推导出其他自然地理要素的特征变化并举手回答	引导分析自然地理要素牵一发而动全身，深入理解自然地理环境整体性原理，并分析区域发展中出现的问题，渗透人类活动应遵地之规的人地协调观念	阅读材料、学习任务单	5分钟
	承转：21世纪初，针对红驼数量锐减的问题，牧民们自发成立了戈壁红驼事业协会，保护红驼，改善畜种结构。如今，乌拉特后旗形成了"羊-驼混合牧业"的生产方式。 提出问题并板书：⑤结合养羊、养驼对草原生态环境和牧民的影响，请你评价"羊-驼混合牧业"这种生产方式。 点评学生发言，引导学生理解"节制的平衡"的含义 可从经济/社会/生态、利/弊、长期/短期利益等不同视角对学生发言进行点评，单纯饲养羊或驼各有利弊，"羊-驼"混合牧业关键在于数量的"节制"，在尊重自然规律的前提下实现经济、生态、社会的可持续发展。 板书："节制"、遵地之规	小组讨论，对"羊-驼混合牧业"生产方式进行评价，并在组内进行交流，统一意见后由小组发言人进行发言	引导学生运用所学原理分析区域发展中出现的问题，从可持续发展、辩证的视角等多方面对区域决策进行简单评价，认识地理事物发展的复杂性，体会"节制"的含义	阅读材料、学习任务单	13分钟

（第二课时）

续表

(第二课时)					
教学阶段	教师活动	学生活动	设置意图	技术应用	时间安排
总结提升迁移应用	布置课后学习任务：①选择题限时训练。②迁移案例分析	在课堂教学基础上，运用自然地理环境整体性原理在新的情境下解决问题，完成课后练习	在新的情境中落实原理，培养迁移能力	学习任务单	2分钟

9. 板书设计

板书设计如图4-5所示。

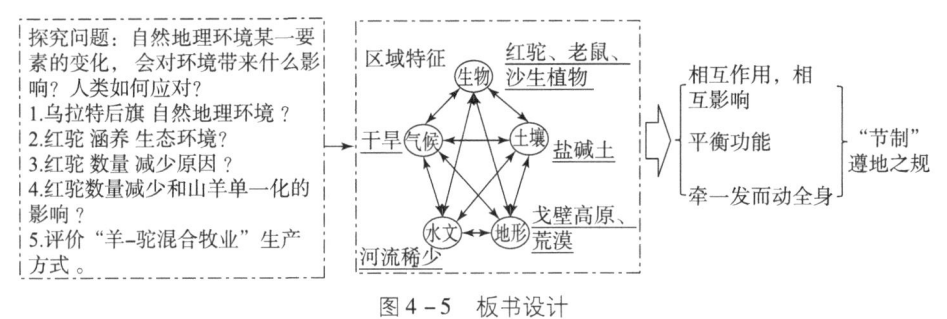

图4-5 板书设计

节制的平衡

——自然地理环境的整体性

选择性必修1模块中"自然地理环境的整体性"是对自然地理基础部分学习的总结和提高，涉及内容原理抽象、概括性强。采用地理阅读的方式进行教学，能使抽象的原理具体化、形象化。教学过程中，选取"中国内蒙古乌拉特后旗牧业发展"这一地理事件，该素材选取自《中国国家地理》杂志中的《戈壁红驼与荒漠草原并存》、论文《蒙古族传统游牧智慧的价值启示》和《草原五畜与游牧文化》，保证了素材的科学性和真实性。乌拉特后旗位于我国西北干旱半干旱地区，是分析自然地理环境整体性的典型区域。区域发展过程中产生的牧业发展问题与环境问题间的矛盾，是现实、真实的地理问题，且具有争论的价值。不同的观点，对于学生更具吸引性。因此，该素材能够较好地开发为地理阅读的教学案例。

以"乌拉特后旗牧业发展"这一地理素材开展地理阅读教学，可供提出的问题有很多。该事件的实质是牧民们在区域经济发展与生态环境之间的平衡中做出的地理决策，而解决这一问题所涉及的核心原理是自然地理环境的整体性。因此，教学案例围绕"人们如何应对某一地理要素的变化带来的诸多影响"这一核心问题展开，引导学生调用生活经验、调取学科知识、在真实的区域发展情境中，分析、评价区域内自然地理要素间的相互作用及其与人类活动的相互关系，达到培养学生综合思维，树立尊重自然规律、合理利用自然的人地协调观念。

在核心问题"自然地理环境某一要素的变化，会对环境带来的影响及人们如何应对"的统摄下，紧扣住"骆驼"这一生物要素，按照不同的学习层次，将核心问题分解为5个小问题：

①自然地理环境要素有哪些？
②乌拉特后旗的自然地理环境有什么特征？
③为什么说红驼可以涵养乌拉特后旗的生态环境？
④乌拉特后旗红驼与山羊的数量和该区域的生态环境是如何相互影响的？
⑤结合养羊、养驼对草原生态环境和牧民的影响，评价"羊－驼混合牧业"。

第①和②个问题属于封闭式问题。通过对这两个问题的回答，可以帮助学生认识乌拉特后旗的自然地理特征。第③个问题属于半封闭式问题，学生可结合教学案例提供的资料，从气候、地貌、水文、生物、土壤等要素相互作用或生物要素内部相互作用的角度予以阐释。后两个问题则是开放性问题，在原有基础上增加了"人"这一因素，学生需在特定的时空背景下认识该区域人与自然环境的相互作用，进而评价"羊－驼混合牧业"，在以自然地理环境的整体性这一原理为载体培养综合思维的同时，也渗透了人地协调观念。五个问题形成具有关联的问题链，引导学生从描述自然地理环境特征入手，逐步分析自然地理要素及其变化对生态环境的影响，最终能够对这里的人地关系系统进行简要评价，为后续学习选择性必修2区域发展的课程奠定了原理基础和方法基础。

四、整本书的阅读

整本书阅读是本轮地理课改的一大亮点，在地理学习中，我们也适当推荐学生在课余或假期阅读有关地理的著作。

整本书阅读首先弥补了教材选文的不足。在地理教材和课堂教学中，受教材或课时长的限制，大多数的阅读素材都是以单篇的形式出现的，且结构良好。在地理教学的实践中，缺少结构不良的阅读素材。此外，部分资料由于带有命题指向，是经过删改的，这就容易导致学生们"断章取义"。而整本书阅读很好地避开了"断章取义"的弊端,也可以完善学生们的知识结构。

整本书阅读有利于学生地理素养和阅读素养的提升。学生作为整本书阅读的主体,在阅读过程中有所思考,真正凸显出了学生在实践活动中的主体地位。在思维方面,学生通过阅读,能够完整地了解某一地理主题的来龙去脉,思维深度也会有所扩展。整本书阅读需要学生"读深读透",这是一种思考性阅读,能够训练学生的思维能力。一本书就是一个完整的系统,而整本书阅读就是理解这个系统的过程。

整本书阅读有利于兴趣的激发、习惯的培养。阅读兴趣的形成需要一个过程,这个过程可能比较漫长,而单篇的阅读难以实现这一目标。这时整本书阅读就发挥了作用。整本书阅读面对的文本通常篇幅较长,整本书阅读的一个特点就是阅读活动的长期性和持续性,这对于学生阅读习惯的养成、意志品质的锻炼、学习规划能力的提升有很大的促进作用。

在假期,地理教研组也会向学生推荐部分地理科普读物,如《地球用岩石写日记》《地理学与生活》《气象学与生活》等。整本书阅读采用点单式,教师向学生推荐若干本书目,相关阅读书目教研组会撰写书目简介和推荐理由,供学生大致了解书目的内容、意义和价值,从而进行选择。

【教学案例:《地球用岩石写日记》书目推荐】

作者:[美]贝鸢业如

出版社:北京理工大学出版社

出版年份:2017年7月

1. 推荐该书的理由

在气候变化日趋剧烈的现代,我们对于环境的变迁越来越难以预测。地球本是一个相对平和、适合生物居住的所在,但近百年来,却因人类的活动造成可与毁灭性地质灾害相比拟的系统变迁。为了对我们未来的世代负起使地球存续的责任,我们必须找出问题的症结,而第一步便是去理解这个复杂的世界。

"树木用年轮刻画岁月 地球用岩石记录时光",这句话揭示了岩石对于地质研究的重要性。岩石,不但是过去地球得以稳定的重要因素之一,还是地球重要的经验记录者。虽然岩石不会言语,但过去地球经历过的炎热、寒冷、风暴、灾害等,都一

一刻画于这些岩石的形状与纹路里。透过记录地球 40 亿多年历史的岩石，或许我们能够追寻过去的踪迹，以此发现永续生存的可能。研究岩石，也是在研究地球的历史。

地球用岩石说了 46 亿年的故事。让我们翻开这本书，透过岩石一窥地球的过去与未来。这本书中，作者以其丰富的知识涵养，采用文学性笔法、有趣生动的比喻、简洁明了的说法解读岩石，并从解读岩石入手，以浅白优美的文字和深刻的洞见，为我们揭开这幅地球科学史。从作者的描述中，我们仿佛能挣脱时间的囚禁，穿过坚硬的岩石，追寻过去的踪迹，重新审视人与自然的关系，以此保护我们生存的家园。

2. 该书的框架结构（略）

3. 该书的主要内容

《地球的日记》里记载着地球的身世，它的诞生、年龄、身高、体重，还有它的作息时间、独特构造等。地球的日记里藏着这么多秘密：它制造了我们熟悉的风云雨雪霜露、闪电和雷鸣，幻化出光怪陆离的海市蜃楼、美丽无比的彩虹、五彩缤纷的极光，它还描绘了高山平原的壮美、江河湖海的广阔、瀑布冰川的雄伟、沙漠戈壁的苍凉，讲述了岩石兄弟的故事、大陆与海洋的传奇，还有惊心动魄的海啸、诡异的厄尔尼诺现象……

4. 该书的使用建议

本书可以作为课外阅读书目，推荐给地理老师和学有余力的同学们，可以丰富课堂知识，也可以作为教师授课的材料补充，让学生更加了解岩石背后的故事。

五、地理阅读教学评价

地理阅读教学评价可以根据阅读目的和方式的不同，采用不同的评价方式。课上的地理阅读会开展问题研讨，表现性学习评价可以作为阅读成果的评价方式，通常包括评价方式和评价量规。

【教学案例：节制的平衡——自然地理环境的整体性（阅读活动评价方案）】

表现性学习评价

（1）评价方式。

过程性评价与终结性评价相结合。

小组任务一及课后作业 2 评价：绘制并汇报表达所绘联系图，展现自然地理环境特征及区域发展过程中的问题与解决的线索。

小组任务二评价：结合养羊、养驼对草原生态环境和牧民的影响，评价"羊－驼混合牧业"。

终结性评价（作业1选择题限时训练）。

（2）评价量规。

小组任务一及课后作业2评价：以组为单位，通过绘图与汇报，从思维广度和思维深度两个维度分等级评价（表4-2）。

表4-2 等级评价1

等级表现	思维广度	思维深度
等级 A	能够从一个或两个要素的角度认识要素间的相互作用	结合材料，能够说出要素之间是有关联的
等级 B	能够从多个要素的角度认识要素间的相互作用	结合材料，能够说出要素之间是如何关联的
等级 C	能够从多个要素间的相互作用及其在时间维度上的发展变化认识要素间的相互作用	能够结合材料和所给区域特征，说出自然地理环境整体性的表现

小组任务二评价：结合养羊、养驼对草原生态环境和牧民的影响，评价"羊－驼混合牧业"（表4-3）。

表4-3 等级评价2

等级表现	思维广度	思维深度
等级 A	能够从经济社会、生态的某一个视角评价	从利或者弊的某一个角度评价
等级 B	能够从经济社会和生态等多个视角评价	辩证地评价区域决策
等级 C	能够从包含经济社会、生态的更多视角（如长期利益、短期利益等）评价	辩证地评价区域决策，并对养羊或养驼的不利影响提出建议

（3）终结性评价：作业1选择题限时训练，量化评分，5分制，每题1分。

整本书阅读的评价方式更为开放，撰写读后感和放血阅读书目推荐，可以作为整本书阅读的评价方式，学生可从整体的角度把握阅读文本，其思维的提升、批判性思考以及在阅读中的体验、感受，均可写入读后感，作为评价的素材。而评价本身也更倾向于质性评价，而非打分的方式，甚至教师可与学生相互交流、沟通，共同探讨阅读所得。

【教学案例：《地球用岩石写日记》学生读后感（节选）】

课内学岩石时心里总觉得有些陌生，不像其他的知识跟生活联系地那么紧密，所以看到老师推荐的学科阅读书单里有这本书时，就立刻充满兴趣地在网上下了单。

在桌子上放了十几天后，我才终于拿起它。我很喜欢作者的"岩石是地球不带自我意识而写下的自传"的观点，很浪漫。

"生长于环境变化的日益剧烈的年代，通过解读岩石，也许我们能找到永生的答案。"作者在封面上留下的话语，在书本中成了现实，甚至有机器可以测定岩石的年龄，孤独静止百年的岩石仿佛被赐予生命，一样地鲜活生动，如默默静立的白发老人，脸上的沟壑见证地球的变迁。翻开目录，这本书一共有七个章节。作者并没有开门见山，而是用第一章来抒情。说真的这激发了我的共鸣，让我有继续读下去的兴趣。

在第二至第五章，作者分别带我们了解了有关岩石的相关知识，地球尺度的相对论，一些地理相关的理论和一些有关地球历史上的大事件赏析。人有些专业名词我现在还不懂，但是作者的文笔很好，能让我大概理解它在讲些什么。让我记忆深刻的是第三章地球尺度相对论，这个观点在我上学期的地理课时经常听老师提起，毕竟地球的历史有46亿年了，我们不可能再从头开始按秒整理它的历史，而地球历史的载体便是那岩石（尤其以沉积岩为主）。这个是我在学术相关方面找到的与课本知识的联系。

在第六章，作者提升了一个高度，上升到了地球哲学。最后的终曲是一个问题：我们会在岩石里留下了怎样的痕迹？这两章的主题十分深奥，我能体会到作者对地理地质学的热爱，也引发了我的思考，在气候变化日趋剧烈的现代，我们对于环境的变化越来越难以预测。不过，地球已经用岩石说了46亿年的故事，我们应该报以谦逊、真诚的态度，翻看这一故事书——岩石。再去好好思考一下如何保护地球吧，毕竟我们依附它生存。

【教学案例：《北京城的生命印记》学生推荐书】

书名：《北京城的生命印记》
作者：侯仁之
出版社：生活·读书·新知三联书店
出版时间：2009年3月

1. 推荐该书的理由

本书精选了历史地理学家、中科院院士、北大教授侯仁之老先生所撰写的五十五篇作品，侯仁之一生致力于北京历史地理的研究，从河湖水系和地理环境入手，系统地揭示了北京城的起源、形成、发展和城址转移的过程，论述中饱含着作者对北京城的深厚感情。

作为北京的一员，我们应该了解北京的历史，并在历史长河中，用独特的地理视角看待北京的发展变迁。让我们跟随历史地理学家侯仁之老先生的脚步，一起来认识北京城，在如今的北京城中寻找它的生命印记。

2. 该书的框架结构

第一部分：城址起源与变迁。

第二部分：河湖水系。

第三部分：规划、设计与改造。

第四部分：景物溯源。

第五部分：地图与碑记。

3. 该书的主要内容

北京市位于华北平原的北端，三面环山，中间形成北京小平原，其形式犹如海湾，所以叫作"北京湾"。得天独厚的自然地理条件，孕育了历史悠久的北京城。作者从古人的著作中寻找北京的历史印记，从蓟城时开始梳理北京城的沿革，如北京城最初是谁建造的、建城年代、北京城的兴起等内容分析她的地理位置及其变化。

城池的兴起离不开水。在过去一千七百年间北京都市发展过程中水源开发的问题以及供需矛盾的问题和解决过程，足以说明北京地理环境中水要素对于北京城的发展至关重要。以水系与城池发展的关系为核心，展开的北京水系变迁、北京城的规划、设计与改造，还有景观的变迁等内容，构成了本书的主体部分。

在历史轴向上，从金中都到元大都，再到明清北京城的皇城、街道、宫殿等设计和建设；从空间轴向上，从著名的未名湖、圆明园、畅春园、北海公园、什刹海等，通过不断地追根溯源，从历史著作中追寻它们的印记，包括景观的变迁、名字的来源和演化，更讲述了它们对北京的现实意义。

4. 该书的使用建议

将本书推荐给地理老师和学有余力的同学阅读，可以丰富课堂知识，有利于了解北京的地质地貌、人文历史等。

第二节 在行走中学习地理

地理学野外实践是地理学习的重要组成部分，也是地理学家和学生了解世界和研究自然系统和人类活动的最佳方式。地理学野外实践是地理学家研究和了解地理环境的重要手段。野外考察，可以从宏观较大的角度观察自然、社会及地理经济等综合变化，理解地质地貌、植物、动物圈及人与自然关系及生态保护等内容，从而把握整个空间结构及变化规律。通过实地考察，人们可以获得真实而精确的数据，而在现场可得到最宝贵的见解，更可以提升观察能力，理解社会、环境及人类活动之间的内在逻辑关系，从而真正体谅和感悟人类跟自然界的相互影响关系，从而提升创新思维，培养学生地理实践力。"读万卷书""行万里路"是地理学习的两种重要方法。可以说，地理学野外实践是实现地理学家和学生进行系统科学研究及取得成果的必经之路，具有巨大的意义。

一、地理野外实践课的特点

（1）以国家课程标准为依据。

中学地理野外实践课不同于地理野外实践活动，也有别于兴趣小组等教师指导下的学生组织，它是在教师指导下有组织的野外实践活动，是课内地理教学有机的组成部分和课外的延伸。"课堂教学是整个地理教学的中心环节。"我国中学地理课程标准规定的教学内容，大多通过课堂教学的形式实现。而地理野外实践课与地理课堂教学在目标上具有一致性，均以国家课程标准为依据，是相同教学内容的不同教学方式。

（2）实践性。

《普通高中地理课程标准（2017年版2020年修订）》在"课程基本理念"中提出地理课程"力求科学性、实践性、时代性的统一"，引导学生"在自然、社会等真实情境中开展丰富多样的地理实践活动"。《义务教育地理课程标准（2022年版）》在"课程理念部分"也提出了"突出地理课程的实践性"，积极开展地理户外实践，使学生深度参与地理学习活动，经历对提升核心素养有意义的学习过程。可见，实践教学在中学地理课程中具有重要地位，它既是学生的学习目标，又是完成学习目标的重要过程与方法。而目前，我国课内地理教育多偏重课堂教学，弱实践教学，尤其人文地理实践教学，更是偏少。地理野外实践课则可以弥补课内教学中实践层面的不足。通过课上的地理野外实践活动，可以增加学生对地理教学内容的直观感受和感性认识、增强学生的对人文地理现象的空间感，为学生从理解地理原理、上升到理性认识提供丰富的素材和基础。

（3）乡土性。

地理野外实践课是服务于课内的地理课程，通常不会单独设有课时。这在时间和空间上限制了地理野外实践课的开展。从形式上看，地理野外实践课的开展在时间上可以短课时教学为主，在空间上可以近距离实践为主。因此，以乡土地理事物和地理现象作为实践对象是较为理想的选择。这也使地理野外实践课具有很强的乡土性。例如，学习城市内部空间结构，生活在北京的学生可以选择北京市作为实践对象。通过实践活动，了解自己的家乡、认识自己的家乡。

二、地理野外实践课的设计

系统论认为系统中各要素不是孤立地存在着，每个要素在系统中都处于一定的位置上，起着特定的作用。要素之间相互关联，构成了一个不可分割的整体。作为地理教学系统的有机组成部分，人文地理实践课的设计需要考虑其在整个教学内容体系中的作用及其自身的结构。

1. 实践内容的设计

首先，实践内容的设计要考虑与课内地理课程的衔接，因此在内容选择上具有对应性。例如，在以城市为主线的人文地理实践课中，我们选取了城市内部空间结构作为主要的考察内容，同时设计了产业集聚和功能区区位作为次要考察内容。这些内容均在必修2的课堂教学中有所涉及，学生在考察前已经具有一定的理论基础，在考察中，可以将理论和实践活动相结合。

其次，实践内容的设计要考虑身边的教学资源状况。鉴于实践活动源自身边地理事物和现象，且外出实践机会不多，因此一次实践活动的内容选择还应具有拓展性。拓展的内容可以是沿途所见所闻、也可以是课内教学内容的深入。例如，北京建都纪念阙的考察，既是课内城市内部空间结构教学的拓展，即考察古代城市的选址与空间结构，同时可以看到历史因素在今天城市内部空间结构变化中的作用，又是考察线路中的重要地点，具有鲜明的京味儿特色。再如，牛街的考察，既为城市空间内部空间结构的社会因素提供了生动的例证，也是拓展的未列入国家课程标准的文化传播与文化融合的实例。

最后，实践活动内容需要进行整合设计。实践的时间线索和内容线索可以作为两个维度，构成二维的内容整合框架，辅助后续的教学，如表4-4所示。

表4-4 实践内容整合的二维框架示例（部分）

教学内容/考察点	考察点1	考察点2	……
文化景观	√	—	—
城市内部空间结构	—	√	—
……	—	—	—

在考察过程中，学生依据工作单按照考察的时间线索完成考察任务。在考察活动结束后，教师可以按照教学内容进行归纳、总结、提升、迁移。

2. 实践活动的设计

实践活动自身是一种活动系统，其开展可以分为考察前活动、考察活动和考察后活动。三类活动在时间上具有顺序性，在功能上具有相关性。考察前活动通常是实践活动的铺垫，学生可以了解考察活动的背景和相关的知识基础。考察活动是实践活动的主体。在考察过程中，学生最主要的任务是观察、思考和记录，将沿途所见所闻在工作单的引导下记录下来，以便后续整理、使用。例如，在以城市为主线的人文地理实践课中，学生活动以观察、记录为主，而比较、思考等活动也是在此基础上进行的。

3. 实践组织与管理

人文地理实践活动"是个开放的教学系统，在空间上具有广泛性"，因此组织的好坏是活动质量高低的重要影响因素。

在活动前，教师需要对整个活动设计进行整体把握。例如，在人文地理实践课活动开始前，全组教师对设计的线路进行了实地考察，包括每个考察点的考察内容、活动安排、行车线路走向、停留时间、休息时间、安全性等方面。在活动时，安全是教师的首要任务，如纪律要求等，尤其应保证学生在车下活动时不打闹、不掉队等。

【教学案例："我的北京我的城" 人文地理实践课设计】

1. 教学背景

北京一零一中是一所位于北京市区边缘的完全中学，生源多为来自海淀区及少量其他区县的北京本地城市学生。尽管学生多为北京生源，但他们的生活范围较小，对北京缺乏整体的时间和空间上的认识，这给《城市内部空间结构》一课的教学带来一定影响。在课堂教学中，教师通过图片、动画等手段增强教学内容的直观性、增加学生的地理表象，但限于客观条件，这种认识仍然是有限的、平面的。为此，我尝试设计以考察活动为主的人文地理实践课，目的是加深学生对"城市内部空间结构的形成及其原因"这一原理的理解。

2. 教学目标

（1）培养学生的观察能力及运用课堂所学原理认识身边地理现象的能力，扩展学生的视野。

（2）帮助学生从城市历史演变中，理解北京城市建设中蕴藏的智慧。

3. 考察内容与活动设计

本课以城市景观、建筑考察为主。考察活动从学校出发，乘车考察北京城区，全程由地理老师讲解，指导学生沿途观察北京城的主要功能区：文化区（海淀区学院路）、现代产业功能区（中关村、金融街、天宁1号产业园、中心商务区、鸟巢、水立方）及传统历史街区（鼓楼）。表4-5为人文地理实践课沿途考察内容设计。

表4-5 人文地理实践课沿途考察内容设计

考察点	考察内容	设计目标
火神庙	了解火神庙的来历	文化景观及其功能
北四环路	观察建筑物高度、密度	对比南四环，产业分布对城市景观的影响
学院路	记录学院路上高等院校的名称与位置	空间定位、地图认读、行政因素对功能区形成的影响
北京北站	思考北京北站在二环路旁位置是否合理	通过对火车站的区位分析，理解历史因素（城市发展）对城市内部空间结构的影响
月坛	标出日坛、月坛、天坛、地坛的位置	地图的认读，了解"天人合一"思想在城市规划中的体现
西二环	观察建筑物的密度和高度	对比市郊，分析地租对不同地方建筑物分布的影响
金融街	记录建筑物名称	对比并分析这个区域的功能
北京建都纪念阙	观察周边环境，观看纪念阙介绍	了解北京建都史，分析自然因素对北京城市选址的影响
牛街	观察建筑物特点，对比伊斯兰教建筑	了解牛街的发展史，通过比较建筑物风格来认识城市发展中的文化融合及社会因素对城市内部空间结构的影响
国贸CBD	记录建筑物名称，观察建筑物高度和密度	认识CBD的特点与金融街对比，分析它们功能的区别
富力城、垂杨柳、劲松	观察三个住宅小区的区别	了解不同年代住宅区的特点，了解人口迁入对住宅区的影响
朝阳门－美术馆	观察建筑物高度和密度	经济因素对城市功能区分布的影响
鼓楼西大街	记录鼓楼西大街不同于二环路外的城市道路的区别	认识京味儿文化元素在城市风格的体现
地安门－德胜门	观察建筑物高度和密度，记录沿线胡同名称	了解"皇权至上"思想在城市规划中的体现，了解地名所反映的过去的城市功能区，感受城市的演变及历史因素对城市内部空间结构的影响

北京有上千年的建城史，遗迹众多。本次人文地理实践课共设置了四个下车考察的点位，它们分别是"天宁1号"文化科技创新园、金中都遗址、永定门遗址、海淀公园。教师带领学生在每个考察点位开展相应的考察活动。以天宁1号产业园考察活动为例，学生通过学习手册中的问题引导，完成相应的观察、体验和思考等相关活动。

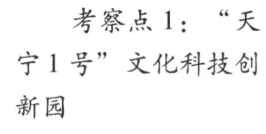

考察点1："天宁1号"文化科技创新园

学习任务：

1. 历史记忆　工业辉煌

（1）北京第二热电厂（以下简称"二热"）位于____，其建厂的优势区位条件有哪些？

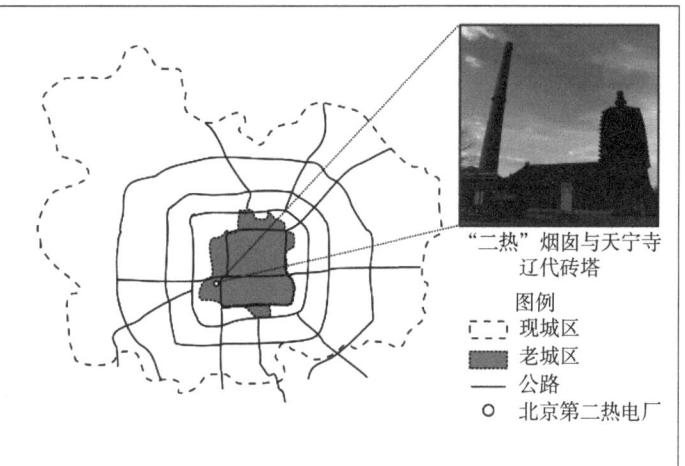

"二热"烟囱与天宁寺辽代砖塔

图例
- - - 现城区
▨ 老城区
—— 公路
○ 北京第二热电厂

（2）推测导致2009年"二热"停产的主要原因有哪些？

（3）"二热"烟囱与天宁寺辽代砖塔同为该区域地标性建筑。在改建中，"二热"烟囱的拆留引起社会广泛关注。你认为它该拆还是该留？请说明理由。

2. 产业转型　腾笼换鸟

（1）记录产业园区内主要的企业，归纳其所属的产业类型。

（2）如何使老工厂遗留的工业设施与工业遗存焕发新的生机？请你选择其中一两个例子记录下来。

（3）新产业入驻"天宁1号"文化科技创新园后，有哪些有利条件？

4. 相关作业

在考察过程中，学生主要的任务是观察、记录。在考察后，为加强考察活动与地理学习原理相结合，能够运用课内所学地理原理解释身边的地理现象，还需设计一些可供探讨的问题，留为作业，供后续课堂教学中使用。

主题一：百年古都　历史寻踪

自公元前1045年至今，北京建城已有3000多年的历史。自1153年计算，北京建都也有了870余年的历史。今天的北京，还有哪些建筑能够作为北京城市、都城发展史上的代表？它们都在今天北京的哪里？

建议作业形式：绘图、视频等。

主题二：时代发展　古都新貌

今天的北京正在发生着日新月异的变化。不少地方的土地利用方式、城市功能区都在发生改变。请选择2~3个例子为大家介绍，并谈谈你的认识。

建议作业形式：海报、视频等。

主题三：京味风韵　特色文化

你认为哪些词能够体现北京文化的特色？是具有实体的四合院、槐树和柏树，还是容纳多种文化的包容性，抑或是现代产业发展方向代表的创新性？请选择一个文化主题并拍摄视频，向大家介绍。

建议作业形式：视频等。

主题四：中轴申遗　文化传承

2023年1月，《北京中轴线保护管理规划（2022—2035年）》正式公布实施。北京中轴线整体展现出《周礼·考工记》所载中国理想都城规划范式，"面朝后市""左祖右社"，其规模宏大、规划格局均衡对称、城市景观井然有序。请绘制中轴线及其主要建筑示意图并结合实例，谈谈你对北京中轴线申遗对助力城市可持续发展的认识。

建议作业形式：绘画、海报等。

主题五：绿色北京　低碳生活

今日的考察中，我们看到并记录了诸多低碳科技助力北京城市可持续发展的实例。你还知道哪些身边的低碳生活的实例？请选择2~3个例子为大家介绍，并谈谈你的认识。

建议作业形式：绘画、海报、视频等。

5. 人文地理实践课的组织保障

人文地理实践课的活动地点在北京市内，活动时间为一天。为确保教学活动顺利进行，在活动前，备课组需提前踩点并做好相关准备工作。

环节一：活动策划

(1) 查阅地图与相关资料，确定线路与考察点。

(2) 进行实地考察，确定。

①行程路况，桥高、限行左转右转、立交桥出口、步行过马路。

②考察点的停车位、人流车流状况、卫生间位置。

③记录实地与地图不一致的地方。

④测算行程时间。

环节二：活动准备

(1) 编制考察手册，报批印制考察手册和租车费用。

(2) 地理课下发通知和家长回执,收集学生的姓名、性别、班级、联系方式、是否晕车等信息。

(3) 指定各班的考勤负责人。

(4) 备好扩音器及讲解器。

(5) 联系司机等,确定当日活动时间与行程。

环节三:活动当天

(1) 清点人数,发车。

(2) 在主要景点合影。

环节四:活动结束后

(1) 收回活动手册。

(2) 布置活动后的作业。

三、地理野外实践资源的开发

地理学科是一门实践性很强的学科。在地理学习过程中,"地理实践是支持学生地理学科核心素养发展的重要手段",包括地理考察、地理调查和地理实验等方式。因此,充分利用人类赖以生存的自然环境、社会经济环境,从中汲取素材,开发出可供课堂使用的地理教学资源,有助于学生"走出去""动手""行动",在真实的世界和真实的生活中获得直接经验,解决真问题。

乡土,是学生熟悉的、生活的场景。立足乡土开发地理教学资源,一方面,可最大程度节省课程资源开发的时空、经济成本;另一方面,可拉近学生与研究对象间的距离,增强学生的亲切感和研究动力,激发学生对家乡的热爱之情。

北京一零一中建筑面积狭小,但校园面积广阔,地处北京市历史文化区,紧邻高新技术产业园区,向西、向北可达北京西山,向东、向南可直通市区,地理位置十分优越。依托校园及其周边优美的自然环境和诸多社会经济环境,学校结合教学需要历时四年开发了一批实践类地理教学资源,如表4-6和表4-7所示。

表4-6 北京一零一中实践类地理教学资源开发流程

时间安排	工作要点
前期	梳理课程标准与课内教学内容,依据北京市地理环境选取具有开发价值的考察地点,结合考察点可能开发的地理教学资源、考察点与学校的距离等因素,从教学内容、课程对象、课程时长等维度构建实践类地理教学资源体系
中期	教研组教师进行实地考察,研讨可供开发的教学资源,形成初步方案,并编制相关的地理实践手册
后期	带领学生开展地理实践课程活动,修订考察方案与地理实践手册,与考察地建立长期联系,固化资源成果

表4-7 北京一零一中目前已开发的实践类地理教学资源

资源类别	资源名称	主要功能
校内资源	实物资源：日晷、天文台、气象站、岩石标本、校园湿地、校内植被、校内古建筑。 文本资源：课程开发后的地理实践考察任务单	供开展校内天文观测、气象观测活动及岩石、水循环与湿地、植被、地域文化等一课时教学内容学习使用
校外资源	单位资源：郎园、金中都遗址公园、永定门公园、海淀公园、中坞公园、爨底下村、花台、首钢。 野外考察点：灰峪、虎峪、下苇甸 文本资源：课程开发后的地理实践考察手册	供开展半天/一天时长的自然或人文地理专项考察或综合考察
实践基地	国家天文台、北京天文馆、北京大学地空学院、海淀区少年宫	学生通过"走出去"进入实践基地参观、学习；通过"请进来"聘请实践基地进入校园开展专家讲座，从而形成校园与实践基地的良性互动

每项考察资源，均由配套的考察前预习、考察时任务和考察后任务三个部分组成。考察前预习主要供考察前了解考察地的相关背景，复习考察活动中涉及的核心知识；考察时任务以任务驱动的方式引导学生参与考察活动，通过观察、记录、绘制、讨论等活动培养地理实践力；考察后任务针对考察后回归课堂教学，对考察任务的再讨论及活动反思。

北京一零一中对地理教学资源的开发具有鲜明的校本特色。学校由于客观条件限制，不具备建设地理教室的条件。但是学校得天独厚的校园环境是地理教学素材天然的源泉。因此可以看到，学校的地理教学资源中相当多的一部分是依托校园环境的。校园中的岩石、花草树木、古建、湿地均可用来开发为教学资源。此外，学校便利的交通区位使得校外考察也成为一种可能。从市区到郊区，从自然到人文，学校充分利用了北京的公园、村落、企业等多种类型的资源。

在教学资源的利用方面，学校有两个突出的特色。第一，就是结合校情、学情和资源现状，形成一课时实践活动及半天/一天实践活动两种类型，使长短课时的互补。第二，就是依托实物、考察点开发了的文本类教学资源，成为沟通校内外实践活动和课堂内教学的桥梁。通过课堂内外教学的联动，教学资源得以充分利用，将核心素养落到实处。

第三节　打破课堂时空界线学地理

将现代信息技术与课堂教学活动融合，创设多样化的教学情境，设计多层次的学习任务，营造直观、实时、生动的地理教学环境，变革学生的学习方式，是新一轮课程改革倡导的教学理念。

信息技术具有资源广、为学生提供多感官与学习活动、拓展学生想象力、开拓学生的思维能力和创造能力，培养学生自主学习等巨大优势。因此，在教学过程中引进信息技术，正是大势所趋，是势在必行的。

信息技术与教学整合的最初形式即用信息技术呈现演示过程，这也是最基本的层次。教师可利用教学软件或多媒体素材，编写自己的演示文稿或多媒体教学课件，以便清楚地说明讲解的结构。形象地演示了教学的内容。信息技术与教学的整合，可以使计算机代替粉笔、黑板等传统教学媒体，实现传统媒体无法实现的教学功能，为学生提供自我表现的机会和空间，让课堂充满活跃的学习氛围。

教学过程是师生之间、学生之间互动的交流过程，互联网的应用和 App 的使用，打破了时空的界限，实现师生之间、学生之间的专题质疑、问题研讨、个别辅导和感情交流，以及师生与校外人员的联系，达到快速、优质、高效的目的，实现知识获取和能力训练的最大效益。

此外，信息技术的介入可以创设近似真实的学习情境，使学生进入沉浸式学习，培养学生的获取信息、合理运用信息以及信息分析能力和思维的流畅表达能力。学生对信息进行重新整理、优化组合和加工运用，将大量知识进行内化为自己的思维，使信息技术成为新知识构建的载体。

下面将结合北京一零一中的一些教学实践，探讨部分现代信息技术在地理"生态·智慧课堂"中的运用。

一、升级教学内容的呈现方式——虚拟现实技术的应用

虚拟现实技术是 20 世纪发展起来的一项全新的实用技术，包括计算机技术、电子信息技术、仿真技术。其基本实现方式是以计算机技术为主，利用并综合三维图形技术、多媒体技术、仿真技术、显示技术、伺服技术等多种高科技的最新发展成果，借助计算机等设备产生一个逼真的三维视觉、触觉、嗅觉等多种感官体验的虚拟世界，从而使处于虚拟世界中的人产生身临其境的感觉。

在地理课堂教学中，VR 技术可以提供一个全新的教学场景，教师借助 VR

技术创设教学情境，让学生在虚拟现实世界中实时感知和体验教学内容，结合学生的感知和体验设计教学任务，提出相关问题，学生在解决问题的过程中可以更加有效地学习地理知识，拓展地理思维。

部分教学内容或因教学器材的缺乏而难以开展实验活动，或因受到课时、时间、空间等一些因素的限制而难以进行真实的实践，而 VR 技术能够在一个有限的课堂空间中，解决地理实验或实践的问题。当然，VR 技术不能替代学生的地理实践活动，也很难发挥出地理实践活动的育人价值，但在客观条件存在某些限制的条件下，它可以弥补了一些无法实践的缺陷。例如，在学习"土壤"一课时，学生很难全体到真实的世界中观察土壤剖面，利用 VR 技术，则能够引导学生去观察不同类型的土壤剖面。

此外，VR 技术较大的优势是对于大时间、大空间尺度教学内容的展示。因为地理中有很多知识点的时间跨越非常大，如海陆变迁；还有空间的，比如认识中国的土壤分布，即便能带领学生出去，也不可能带着学生走遍祖国各地，但是通过 VR 技术，可以呈现长时间、大空间尺度的地理事物，再配合教师的引导，便可以提出学生的思维水平。

【教学案例：利用 VR 技术学习"土壤"】

1. 教学背景分析

《普通高中地理课程标准（2017 年版 2020 年修订）》新增了"土壤"的教学内容。在第一轮授课的时候，我采用了实验的方法进行教学，希望学生能通过动手实践来认识土壤。结束后我发现一个问题，即上课时所用的土样是来自土壤表层的土，而对土壤完整的认识应该从土壤剖面的角度来进行，因此，这种表现形式对学生认识土壤是不全面的，但是现实条件也不允许教师真正地挖一个完整的土地剖面放在课堂上。

VR 技术很好地解决了上述问题。在 VR 设备中，学生可以看到不同类型的土壤剖面，甚至还可以通过放大－缩小的功能来观察其中的细节，比较不同地区的土壤剖面，这使课堂教学从科学性到实践的可能性上都有重大突破（图 4-6）。

当讲到土壤风化的时候，VR 设备中对风化过程的动画演示也非常好。土壤风化是一个学习难点，因为土壤风化的时间跨度很大，在现实中我们很难能观察到一块岩石如何风化为土壤，而通过 VR 技术，学生就能在极短的时间内很直观地看到整个风化过程，将抽象的过程直观化，这就降低了学生对"风化"这一概念理解的难度。

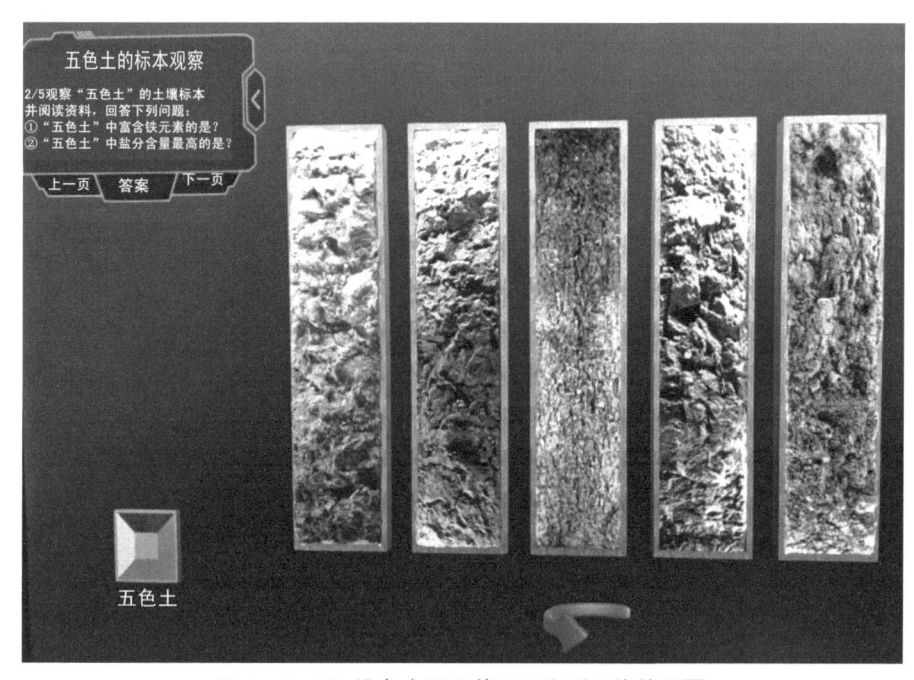

第四章 探索地理"生态·智慧课堂"的特色教学方式 ▪ 203

图 4-6 VR 设备中呈现的不同类型土壤的剖面

2. VR 技术支持下的教学活动举例

VR 技术支持下的教学活动举例如表 4-8 所示。

表 4-8 VR 技术支持下的教学活动举例

环节	教师活动	学生活动	设计意图
引入	出示地球圈层示意图,提问:说明土壤在地球上的位置	在地球圈层示意图中指出土壤存在,说明其在地球上的大体位置	引入课题,了解学生对土壤认知前概念,明确土壤位于四大圈层紧密接触的过渡地带
土字含义	布置任务:探究活动一 讲授:土壤概念与属性	观看"土字含义"动画,说出土壤的含义	运用 VR 技术建立土壤的概念,为进一步探究活动铺垫基础知识

续表

环节	教师活动	学生活动	设计意图
土壤观察	布置任务：探究活动二	分组观察典型土壤剖面，根据土壤剖面各层的特点，对土壤结构形成整体认识，并进行汇报与展示	运用VR技术展示土壤剖面模型，通过匹配活动验证观察结论。通过描述典型土壤剖面不同层的特征，认识土壤的形成是多要素共同作用的结果。运用VR技术将大时间尺度风化过程直观化
	小结：土壤剖面特征反映了土壤形成过程中，物质转化、迁移和积累的结果		
土壤探秘	布置任务：探究活动三	观察、比较不同区域典型土壤剖面类型的特性，结合阅读资料和不同区域特征，归纳土壤形成的主要因素并说出判断理由	运用VR技术，通过匹配活动和图层叠加活动，认识土壤的空间差异
	小结：土壤形成的主要因素		

二、利用互联网助力课堂学习

"创新培育地理学科核心素养的学习方式"是新一轮课程改革中地理学科的基本理念之一。传统的地理教学，学生与教师共同在教室——这一公共空间开展各类教学活动，地理教学信息在输出源和输入源之间进行流动，但信息的流动基本不会超出教室这一有形的空间。随着远程教育课堂在集团校间的开展，或因一些客观原因使互联网支持下的跨空间课堂的出现，课堂的硬件环境从教室转变为"互联网"，课堂从有形走向了无形，师生从面对面走向了"不见面"。这一变化使得课堂氛围由显性变为隐性。尽管教师的教风、学生的学风变化不会很大，但失去了硬件环境的支撑与整体的学习氛围，课堂环境被大幅弱化了。因此，线上课堂的地理教学信息也随之改变。地理教学信息不再局限于教室这一特定空间，而是以互联网为媒介，在更广泛的时空范围内发生流动。但当大量的信息聚焦到课堂时，由于物理隔离，地理教学信息在教学过程中的流动受到了限制，有可能会降低教学效率。

随着课堂时空限制和地理教学信息流动性的减弱，课堂教学的组织情况成为影响地理课堂教学质量的重要因素。进行有效的课堂教学组织可以打破时空的限制，更好地筛选、利用互联网上的各种地理信息，让地理教学信息更加高效地在课堂中流动，形成课堂内信息的良性循环。

若希望成功开展线上活动离不开有效的课堂教学组织。地理课堂教学组织指班级地理教学活动的安排和空间布局。在线上活动的背景下，居家式学习没有了班级授课的硬件条件，主要是指对地理教学活动的组织。基于李松等人的研究成果《在线学习活动设计研究》并结合一线的教学实践经历，我认为"互联网+"地理课堂由硬件设施、学习情境与任务、学习管理、学习评价、学习资源五个基本要素构成，如表4－9所示。

表4－9 "互联网+地理实践活动"构成要素及要素内涵

构成要素	要素内涵
硬件设施	硬件设施是指具有互联网功能的电子设备及相应软件，如电脑、手机、平板电脑等，是线上活动能否开展的物质基础
学习情境与任务	学习情境与任务，是"互联网+地理实践活动"开展的起点。情境的创设，有助于学生顺利进入相应的学习环境，并在认识、了解情境的基础上，理解学习任务。 学习任务是地理实践活动的核心，是便地理知识、技能培养、情感、态度、价值观全面提升的载体
学习管理	学习管理是对线上学习活动效果的管理，是"互联网+地理实践活动"成功与否的关键，包括对学习进程的管理与学习成果的管理
学习评价	学习评价包括形成性评价与终结性评价。学习形成性评价即反馈，是线上学习管理的重要形式。教师通过学生的反馈了解学生的学习进程和学习成果；学生通过教师的反馈确定下一步的目标和任务。 终结性评价则是对学生最终研究成果及研究过程中学习表现的总体评价
学习资源	学习资源是指用于支持学生完成地理实践活动的各类资源。在线上教学的背景下，学习资源更具有开放性和多样性

这些要素围绕课堂教学组织，构成了一个完整的线上活动系统。

【教学案例：居家学习背景下的"互联网+地理实践活动"】

1. 教学背景分析

"互联网+地理实践活动"是指基于互联网环境在教师的指导下学生完成的地理实践活动。2020年年初，北京市中小学进行了一段时间的居家学习。在师生难以面对面上课的条件下，因此，如何开展课堂教学活动，成为师生面临的共同的难题。"互联网+地理实践活动"教学模式示意如图4－7所示。

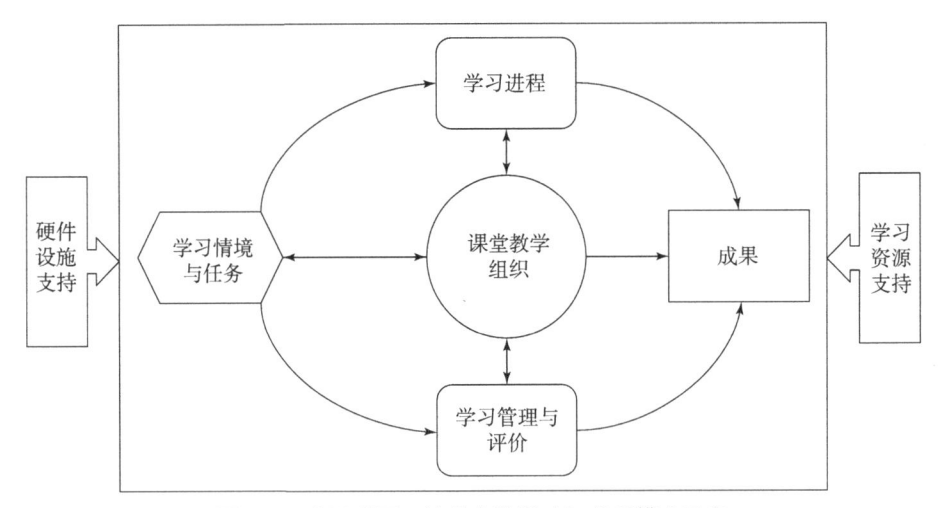

图4-7 "互联网+地理实践活动"教学模式示意

开展"互联网+地理实践活动"可以较好地实现地理教学信息在课堂上的流动，使课堂教学组织得更加有效。首先，学生居家学习，课业压力相对较小，实践活动时间有保障、较为灵活，对教学活动参与度高；其次，与当前教师变"主播"的线上教学模式相比，"互联网+地理实践活动"中，教师和学生都是地理教学信息的传播者和接受者，更能突出地理信息在课堂中的流动性，激发学生完成活动的兴趣和信心，营造地理课堂中的情感场和思维场；最后，居家学习活动依赖互联网等硬件设施，学生可获得更广泛的地理信息和地理学习资源。因此，无论从主观上还是从客观上，开展"互联网+地理实践活动"都具有一定的优势。

当然，在居家学习的模式下，学生的学习过程不能做到面对面进行讨论、研究，是限制地理实践活动开展的客观现实。因此，选择用什么样的活动引导学生实践，是"互联网+地理实践活动"能否顺利、有效开展的重要前提。

2. 居家学习背景下的"互联网+地理实践活动"实践

北京一零一中高一地理备课组为学生提供了名为"绘制疫情地图"的"互联网+地理实践活动"。地理实践活动选择"绘制疫情地图"，出于以下几方面的考虑：首先，需要考虑学生居家线上学习的实际情况，不能面对面进行讨论，而"疫情地图"的绘制则可以充分发挥互联网的优势，使获得数据较为容易；其次，围绕现实生活中的热点问题，向学生提供与课程相关的资料，这是有意义的；最后，把学习设置在有意义的情境中，通过小组协作的方式寻求解决方法，提高学生解决问题的能力。基本教学流程如图4-8所示。

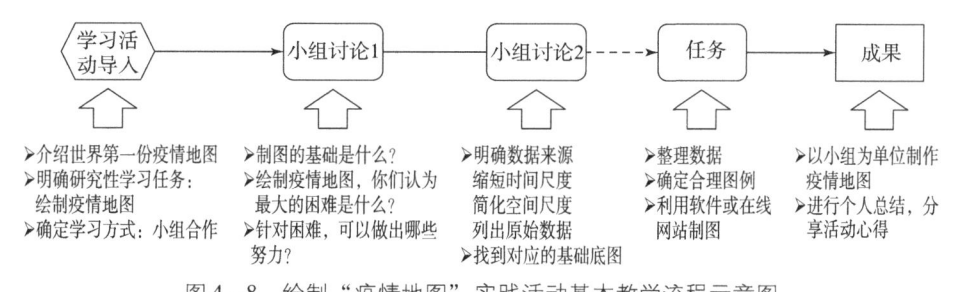

第四章 探索地理"生态·智慧课堂"的特色教学方式　　207

```
┌─────┐      ┌───────┐      ┌───────┐      ┌────┐      ┌────┐
│学习活│ ──→ │小组讨论1│ ──→ │小组讨论2│--→ │ 任务│ ──→ │ 成果│
│动导入│      └───────┘      └───────┘      └────┘      └────┘
└─────┘
   ⇧              ⇧              ⇧              ⇧            ⇧
```

➢介绍世界第一份疫情地图　➢制图的基础是什么？　➢明确数据来源　➢整理数据　➢以小组为单位制作疫情地图
➢明确研究性学习任务：绘制疫情地图　➢绘制疫情地图，你们认为最大的困难是什么？　缩短时间尺度简化空间尺度列出原始数据　➢确定合理图例　➢进行个人总结，分享活动心得
➢确定学习方式：小组合作　➢针对困难，可以做出哪些努力？　➢找到对应的基础底图　➢利用软件或在线网站制作

图4-8　绘制"疫情地图"实践活动基本教学流程示意图

（1）创设教学情境，布置教学任务。

本部分教学以线上集中教学为主。教师以2020年年初的疫情为话题创设情境，引导学生从世界上第一张疫情地图入手，认识地图手段及其所蕴含的空间分析方法是如何帮助人类解决问题的。进而通过阅读互联网上多样的疫情地图，认识地图所承载的地理信息及制图过程。最后，布置地理实践活动任务：绘制一张疫情地图。作为学习支撑，教师为学生提供部分数据源，并要求学生在第一周讨论三个问题：

①疫情地图的制图基础是什么？
②绘制疫情地图时，你们认为最大的困难是什么？
③针对这个困难，你们已经做出了哪些努力？

（2）师生互相反馈，落实过程评价。

经过一个周末的时间，学生的第一次活动成果提交上来。经过梳理，主要问题集中在数据的处理和制图技术两个方面。经过第一次小组讨论之后，学生反映数据标准不断变化，缺少系统说明；数据缺少历史积累；数据来源差异较大，甄别困难；数据量大，处理困难。另外，对于如何制图，学生反映缺少制图工具。

我发现，当数据量太丰富时，学生往往会因为选择太多而不知所措。针对学生提出的困难与问题，教师进行了在线集中授课。首先肯定了学生已经完成的工作，学生在讨论过程中已经形成了需要什么样的数据的标准，以及整理数据的方法。之后，教师通过案例分析为学生提供了进一步的研究建议，如图4-9所示。教师通过开拓网上教育资源，引导学生学会运用各类资源，多途径寻找问题解决的方式。

为解决学生绘图技能不足的问题，给他们提供学术性帮助，教师为学生提供了部分绘图软件学习网址。

又过了一周，学生的第二次活动成果提交上来，其中部分小组已经绘制出

```
┌─────────────────────────────────────────────────────────────────────────┐
│ 面对的困难                                                                │
│ ┌─────────────────────────────────────┐ ┌─────────────────────────────┐ │
│ │ 困难                                  │ │ 目前最大的困难是什么?         │ │
│ │ 小组成员不在一起,讨论起来麻烦。        │ │ 运用软件制作分布图对于与计算   │ │
│ │ 关于疫情具体情况的数据非常多,这些与疫情│ │ 机接触不多的学生来说难度较大,  │ │
│ │ 相关的数据所代表的意义不同,难以整合起来│ │ 不懂得如何操作,应对各种问题。  │ │
│ │ 直观体现。                           │ └─────────────────────────────┘ │
│ ├─────────────────────────────────────┤ ┌─────────────────────────────┐ │
│ │ 所遇困难                              │ │ 目前最大的困难是:             │ │
│ │ 1)大家对于地理制图都是零基础,且不知道 │ │ 1)数据庞大繁杂,选取、计算、整合│ │
│ │   运用何种软件。                      │ │   等操作困难,对准确度要求较高。│ │
│ │ 2)数据收集较为复杂,难以获得准确可使用 │ │   港澳台地区数据缺失,地图绘制  │ │
│ │   的数据。                           │ │   并不完整。                 │ │
│ │ 3)在针对特殊地区(西藏自治区、香港特别 │ │ 2)制图工具同学们都未曾接触过,  │ │
│ │   行政区、澳门特别行政区、台湾省)数据 │ │   技术操作迫切需要学习,不了解 │ │
│ │   收集较为困难且不准确。              │ │   三维地图的绘制。从图例的设计,│ │
│ │ 4)实时更新较快,难以获得准确易于使用的 │ │   到比例尺的自主设定,以及不同 │ │
│ │   数据。                             │ │   数据表现形式的分类不明确等问│ │
│ │ 5)制图周期长,在未建立自动更新系统的情 │ │   题,都需要花时间研究并解决。 │ │
│ │   况下,即便疫情分析数据图已经较为科学,│ └─────────────────────────────┘ │
│ │   也会因为其滞后性难以使用。           │                               │
│ ├─────────────────────────────────────┤                               │
│ │ 目前最大的困难是什么?                  │     数据——庞杂               │
│ │ 主要的困难有两个:一个是在数据的收集方面,│           动态               │
│ │ 我们需要寻找合适的数据;另一个是,我们对 │           分类               │
│ │ 制图的知识还不够了解,发现暂时达不到制图 │           意义               │
│ │ 水平需求。                             │                               │
│ ├─────────────────────────────────────┤                               │
│ │ 目前最大的困难:                       │                               │
│ │ ①数据过于繁杂,整合时非常困难,并且因为 │                               │
│ │  缺少港澳地区和台湾省的数据,地图绘制并 │                               │
│ │  不完整。                             │                               │
│ │ ②制图工具难以驾驭,对Excel的三维地图绘 │                               │
│ │  制不了解。例如,图例的设计、比例尺需自 │                               │
│ │  主设定、不同数据表现形式的分类不分明。 │                               │
│ └─────────────────────────────────────┘                               │
└─────────────────────────────────────────────────────────────────────────┘
```

图4-9 针对数据问题的线上集中反馈讲评

图。经过教师对作业中存在的问题进行分类指导之后,学生作业呈现出数据量小了,数据源和制图目标更明确了,作品也呈现多样化的趋势。但是,在数据的可视化表达方面依然存在一些问题,如选择什么类型的地图?如何配色?如何绘制能够更加准确地表达数据信息?此外,学生成果中还存在图名、比例尺等制图不规范问题。针对上述问题,教师进行了第二次在线集中授课,并布置了一周后的成图任务及相应的评价标准。

本部分教学采用线上学习和居家自主绘图活动相结合的方式,通过对学生作品完成的过程性评价来监控学习进程和学习质量。同时,还通过对学生问题的反馈与解决,了解学生的困难与需求,补充学习资源,从而推进了实践活动的开展。

3. 学生的成果与收获

经过近三周的实践活动,学生分组绘制完成了一幅幅疫情地图。

同时,学生也将自己在本次线上地理实践活动的收获与反思与教师分享了。从学生的反思中可以看出,他们的收获是多样的。

有些同学对地理知识的认识更加深刻了,如一位同学在自己的总结中写道:"经历了从看图者到制图者角色的转变,我认识了每种地图大有讲究,也了解到地图的社会意义,地图从卷子上的解题工具变成了有生活功能的工具。"

有些同学查询、筛选、整理数据的技能得到了提升。例如,一位同学写道:"我们对比发现两个权威网站同一天的确诊病例数据不同,仔细分析后发现这是因为各项统计截止的时间不同。我们采取的措施是控制数据累计截止时间，保证准确性。"

在不断的实践中，学生理解了数据真实性的含义，锲而不舍地探索信息的源头。有同学在他的总结中这样写道："最开始我们找了北京市政务数据资源网，但数据最后更新时间是3月4日。之后，我就根据北京市政务数据资源网上提供的数据链接追溯到北京市卫健委，找到了3月6日当天的数据。但数据最后的更新时间还是不明确。后来，想起课上老师介绍过维基百科，又到维基百科上去找，并根据维基百科提供的数据链接找到了'蓝天地图'，最终明确了数据的更新时间。"在体会到整理数据的艰辛后，一部分学生将自己小组整理的数据与所有同学共享。

学生开始制图时希望找到充足、详细、范围广的数据，希望能够表达一周甚至一个月的变化。与整理全国范围的数据相比，北京地区的工作量较小，与生活实际关系密切。从最初宏伟的计划到最终选择某一地某一日制图，学生在信息的海洋中真正地游了一次泳，体会了大数据时代的难与易。

还有些同学通过绘制"疫情地图"引起了对我国疫情情感上的共鸣，增强了社会责任感。如一位同学写道："本次地理疫情地图绘制活动让我颇有心得。虽然我在本组只承担了绘图任务，但是在整个疫情地图绘制过程中我都有关注。首先就是疫情的紧张程度远远超过了我的想象。在新闻上都只是几个冰冷的数字，而绘制成图后鲜明的对比让我为国家忧虑。"

在"互联网＋地理实践活动"中，传统的有形教室是不存在的，甚至教学活动是异步、异地的，师生也不见面。因此，组织课堂教学是开展"互联网＋地理实践活动"的关键。首先，与常规教学活动相似，教师在活动开展前应对整体活动的目标、任务及任务拆解、时间节点、学生预期表现等内容进行合理设计，做到心中有数。其次，在本案例中，学生学习的过程性评价是有效组织课堂教学的关键。一方面，学生过程性的反馈有助于教师在不见面的情况下了解学情，为学生实践活动的开展引领思路，推动活动的开展；另一方面，这种即时的反馈也是学生在实践活动中生成性表现的记录。最后，使用一些小软件和App（如"收作业"等）也有助于师生间的异地交流，从而减少教师在教学中的一些额外消耗。

地理实践活动是学生核心素养发展的重要途径之一，也是中学地理教学的重要方式之一。地理实践活动强调学生与真实世界的联系。而在居家学习背景下进行的线上地理实践活动是一种的特殊实践活动，学生并未与真实的自然界和人类社会发生联系，而是通过数据了解世界的变化，从而形成了"互联网＋地理实践活动"的学习模式。利用互联网学习，可用于学习及解决问题的信息源头多，信息量大。在制图过程中,学生使用的信息源包括国家卫健委、北京市卫健委、北京政务数据资源网、梅斯医学网、维基百科等近二十个数据来源地。信息量浩大、难以找到需要的资源、难以辨别信息的真伪对于学生处理数据的能力要求比较高。在实践过程中,通过教师的引导和开拓网上教育资源,学生辨识信息、评价信息等技能普遍有所提升。

"互联网+地理实践活动"的教学模式体现了学生更强的自主性学习。例如为完成制图,学生自学了 Sketchbook、Photoshop、Picsart 等十几种绘图工具。

由于居家学习的特殊性,师生之间也是不见面的。通过更广阔的时空背景下的课堂,学生有更多的时间投入学习活动,也有时间试错,放弃旧方案,实践新方案。在活动过程中,教师通过讲评小组讨论适时地给予帮助,针对学生的具体问题做出反馈,在辅导过程中给出积极的评价,形成了互动学习的氛围,有效提高了学生的学习热情。当然,物理空间的阻隔给讨论带来的困难及个别学生在小组中"浑水摸鱼"的现象也是存在的,需要教师在活动进程中及时指导和督促,并提供可行的方式帮助学生解决问题。

互联网具有的异步、异地、互动、开放、共享的特点,有助于师生间进行远程、异地的地理实践教学。学生在学习过程中可以利用网络自主安排学习进度、自主选择学习时间,向教师或同学寻求学习帮助。这对跨校区、跨学校甚至跨学区开展地理实践教学活动是有意义的。但应注意的是,"互联网+地理实践活动"并不能完全替代部分现场的实践教学,如野外考察、模拟实验类的地理实践活动,因为对自然界的真实感受和对实验数据的获取,是互联网无法实现的。

【教学案例:基于北京数字学校网络学习平台的《世界地理》教学实践】

1. 教学背景分析

2013 年 1 月,北京一零一中与海淀区其他几所学校接到在北京数字学校网络学习平台上进行教学实践探索的课题。为此,地理教研组从初一年级中依据学生自愿选择了 10 位同学,与其他学校的学生共同组成一个虚拟的学校,在网上学习《世界地理》。我们学校的 10 位同学与其他学校的学生一起被编入不同的班级,在教师的引导下在虚拟课堂中进行学习。

2.《世界地理》教学实践的过程

该轮教学实践大致经历了三个阶段。

(一)组建课堂的适应阶段

课程伊始,北京一零一中和北航附中的教师共通过商议并确定了这个虚拟班级的学习主题和线索。考虑到与正在学习中的初一地理课程的同步和差异,我们

第四章 探索地理"生态·智慧课堂"的特色教学方式 ■ 211

决定打破初一地理课程的教材体系,从学生的生活入手学习世界地理。基于上述指导思想,我们选取了3个方面的主题:奇妙的自然景观、多彩的人文景观和专题旅游活动(图4-10)。

图4-10 主题学习

在每个主题下,教师均设置了引导语,以帮助学生了解本主题需要完成的任务。例如,在"美食游"栏目中,学生将会在教师的引导语下开展对美食的探索,如图4-11所示。

图4-11 "美食游"栏目引导语

学生通过自由发帖的形式搜索各地的美食介绍,上传到虚拟课堂的讨论区中。教师和虚拟课堂上的同学可以对其帖子进行评价、提问、质疑、讨论。图4-12示意一位同学介绍的北京烤鸭以及教师针对其介绍,依据义务教育课程标准提出的问题。

面对教师或"同班"同学提出的问题,学生自己或其他的学生都可以通过回帖的方式进行讨论。很有意思,在教学中我们发现,进入美食游主题讨论的人数和帖子数明显多于自然景观和人文景观主题的探讨。图4-13是北京烤鸭的相关帖子,其他同学的回应以及展开新一轮的问题讨论。

图4-12　北京烤鸭的介绍

图4-13　北京烤鸭的相关帖子

这样,学生与教师可以在不同的时空中就同一个学习主题进行充分的交流。然而,我们很快就发现了这种学习方式的不足:学生查阅的资料多而杂,以复制粘贴为主。于是,我们在保留原有讨论主题的基础上,定期安排不同的任务。

(二)定期任务的自主学习阶段

这一阶段,教师依据学生的学习进程和学习程度定期设计具有一定难度的任务，要求学生对网络资源进行查询、整理、归纳后呈现，并在虚拟课堂上进行交流和展示。其中，第三次课堂作业针对前一阶段学生出现的搜索资料随意的问题，要求学生对课堂内已有的资料进行归纳和整理，自选主题进行展示介绍。第四次课堂作业结合习近平主席访俄罗斯和坦桑尼亚，要求学生任选一个国家进行自主学习并与大家交流，以期落实国家的学习方法。图4-14所示为学生制作的演示文稿作业展示以及学生间的相互评价与交流。

图4-14 学生制作的演示文稿作业展示以及学生间的相互评价与交流

针对学生的演示文稿，师生共同提出修改建议。学生对其演示文稿进行二次修改。学生制作展示课件的积极性很高，甚至有的学生使用英文完成教师提出的任务。经过了两三次课，我们感觉这种方式与课标的契合度还不够强。

（三）依据学生资源的生成学习阶段

有一次，一位学生在制作《阿根廷》演示文稿的过程中提到了阿根廷的首都布宜诺斯艾利斯临拉普拉塔河而建。而探究河流与城市之间的关系，正是义务教育地理课程标准中所要求的。于是，我抓住学生的这个亮点，设计了新的探究问题，如图4-15所示。

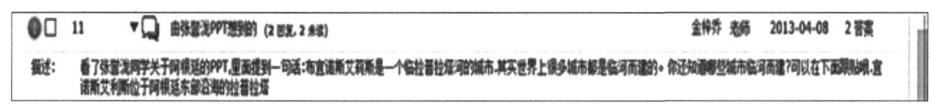

图4-15 新的探究问题

这个活动计划分为两个阶段进行：第一阶段，学生可以自己到网上搜索资料，查询地图，找出临河的城市。这一阶段，学生通过百度、谷歌地图等软件，找出了世界上许多临河的城市，如图4-16所示。

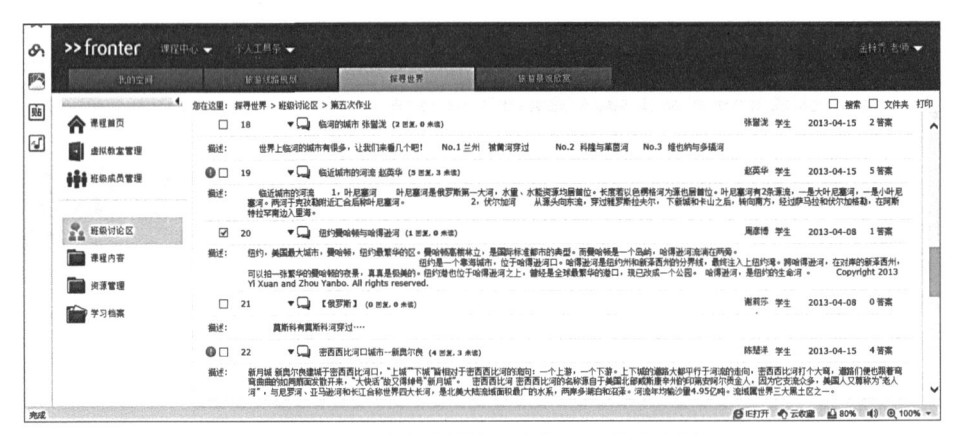

图4-16　活动计划第一阶段——搜索资料

第二阶段，学生将虚拟教室中已经汇总的资源共享，通过分享其他同学资料的方式，将河流与城市的关系进行分类。学生也根据自己的探究成果，将城市进行了归类，如图4-17所示。

图4-17　活动计划第二阶段——资源共享

学生根据自己的直接经验感知，将城市分为入海口城市、江心岛城市、穿城而过城市、河流交汇处城市等不同的类别，是他们直接探索的成果。当然，这样的分类方式并不系统，不同尺度的区域空间交织在一起。因此，我计划在学生完成这项活动后引导他们进入第三阶段的探索，并从区域尺度大小的角度对自己的分类和同学的分类进行评价。不同尺度区域下地理事物的呈现是贯穿中学地理教学的重要思想之一。

上述教学案例反映出利用互联网开展地理教学的两大特征：开放性与生成性。

首先，虚拟课堂的地理学习是开放性的学习过程。义务教育地理课程标准强调构建开放的地理课程体系。课程标准是从培养目标、课程资源的开发、学习方式的变革等角度解读地理课程的开放性的。虚拟课堂中的地理课程资源，既有来自课内的（如教科书、教师的知识储备），也有来自课外的（如互联网），更是将学习的主体（学生）和学习的主导（教师）加以整合之后组成的课程资源。这种资源不仅是学生可以利用的资源，更是教师补充教学资源、更新教学观念的重要途径。

学生在虚拟教室中在教师的引导下进行自主探究学习。依据教学任务或个人意愿，学生可选择是否进行小组合作学习。当然，往往一个任务的完成，需要每位同学的合作与努力。例如，探索城市与河流关系的活动，前期的资料收集工作尽管是个人独立完成的，但是进行原理的探究与归纳提升，则是在各组资料收集基础上进行的，在某种意义上，这就是一个虚拟班级的合作学习。至于探究、归纳、提升环节学生是否以小组形式完成，依据学生自愿。

鉴于虚拟课堂的自身特点，其教学的时间、地点也是开放性的。学生可以根据实际情况把握学习的进程和难度，做到异时异地学习。如果能够将这个方法推广开，则可以在更广阔的范围内实现教学资源共享。

其次，虚拟课堂的地理学习是生成性的学习过程。这一点在传统的课堂教学中很难做到。曾经，我在传统的课堂中尝试过生成性的教学，但是依然受到教学设计预设的限制。而使我更加深入感受到虚拟课堂的生成性的，是第三阶段的实践活动。事先我根本没有想过带着学生去探索城市与河流的关系。仅仅是在评价学生某次作业的过程中的得来的灵感。而在进行探索城市和河流的关系活动的过程中，我也没有想过在区域尺度方面进行深入挖掘。在看了学生对城市与河流关系的分类后，我发现学生在分类时候的一些问题，形成了新的教学方向并设计了探索题目。

这种生成性有别于教学的随意性。我认为需要有几个前提：一是教师对课程标准非常熟悉，这样才能在生成的过程中有的放矢，不偏离课标；二是教师需要有一定的敏感度，如对学生反馈的问题的敏感度、对资料与课程标准之间联系的敏感度等，这样才能即时生成；三是教学需要有一定的设计问题的能力。好的问题能够激发学生的探究欲望，继续生成新的内容。

第四节　打造学生成长的第二课堂

学生社团是集聚青年学生、发挥学生特长、展示学生风采的重要平台，是学校实现立德树人育人目标的重要载体之一，是学生发展的重要平台，可以说是学生校园生活中的第二课堂。而打造什么样的社团文化，如何打造社团，通过社团培养什么样的人，以关系到学校教育立德树人根本任务实现的路径选择。本节以北京一零一中天文金鹏团的建设和发展为例，探索通过社团育人的基本路径。

一、北京一零一中天文金鹏团的建团背景

北京一零一中天文金鹏团是在原天文小组的基础上组建的，天文金鹏团始于2005年，至今已有18年的历史。目前，天文金鹏团拥有成员100余人，骨干成员十余人，外聘专家十余人，指导教师5人，在学校科技创新教育平台的支持下，社团蓬勃发展，走出了一批批优秀的社团成员。他们或在天文科研领域有所创新，或在天文竞赛方面成绩斐然，在高考中也以优异的成绩进入心仪的大学。

二、打造"四位一体"天文金鹏团育人路径建设

在多年的社团建设、实践过程中，天文金鹏团逐渐形成了"四位一体"的育人路径，助力人才的培养。

（一）五育并举铸魂

2019年，中共中央、国务院在《关于深化教育教学改革全面提高义务教育质量的意见》中提出构建德、智、体、美、劳"五育并举"育人新格局，是应试教育向素质教育转变的需要，也是把立德树人这一教育根本任务落地的重要途径。学生社团作为学生校园生活的第二课堂，是实现五育并举的重要载体。

五育并举，德育为先。天文学的研究对象——广阔的星空深邃而神秘，对其奥秘的探索，有助于激发学生探索未知世界的好奇心与兴趣，提升学生的审美能力，进而培养学生正确的世界观、人生观、价值观；丰富的社团活动在提高学生道德素质的同时，也使学生获得了必备的天文知识，发展学生的智力；社团的野外观测等实践活动则是对学生进行体育教育和劳动教育的基本形式，培养学生的耐心、细心、专注力、恒心、进取心和基本的身体素质。

学校天文金鹏团的工作以培养创新人才、提高学生的科学素养为根本，充分调动校内外资源开展工作，开拓创新，在新时期实现更好的发展，进一步发挥天文分团的引领作用。通过面向全体学生的科学普及和学科知识整合、生活经验整合、学习者中心整合的学习方式，使学生初步掌握公民必备的天文基础知识，在生活中能做出正确的判断，激发学生探索自然的兴趣。由此可以看出，社团建设不仅有助于学生德、智、体、美、劳的全面发展，更是在活动中实现了"德育为先，五育融合"的目标，从而使其育人功能达到最大化。

（二）实践活动塑行

天文实践活动是天文金鹏团活动的重要组成部分，包括天文野外观测和路边

天文等方式。

天文野外观测对观测地环境的要求较高，周边地形比较开阔、无光污染，在天气条件上要求晴夜、无月光污染等。因此，本类活动驻地的基础设施通常较为薄弱，生活条件较为艰苦。在活动开始前，学生需要查阅各类软件、资料，获取近期的特殊天象情况，以及不同地区的天气、日出日落时间，还要查阅该地区的观测环境、食宿情况及行进路线，并在此基础上制定活动规划、观测计划等，有助于培养学生的实践力和自我行动能力。在活动中，学生需要搬运设备、架设望远镜、回收设备等，这可以提高学生的身体素质，也有助于培养学生的团队精神和相互配合的能力，增强社团凝聚力。此外，由于冬季的夜晚更有利于观测，通常观测地比较寒冷，学生有时需要在寒冷的野外整宿观测，这也有助于培养学生的吃苦耐劳的意志品质。上述意志品质、技能、能力的锻炼，是培养塑造全面发展的人的重要组成部分。

路边天文是天文走出校园，走向普通群众的途径之一，利于天文知识的传播和普及。在路边天文活动中，学生不仅可以通过查阅资料、准备讲稿、实战讲解提升自己的天文知识，也可以锻炼自己的策划与组织、沟通与交流能力，加深对天文科普的认识，逐渐形成公益心，并在未来积极投身参与到公益活动中。

通过天文野外观测活动和路边天文等实践活动形成关键能力和意志品质，最终会外化在学生的行动中，从而完成对个体的行为塑造。

（三）传统文化明德

国家的强盛离不开文化的支撑。中华优秀传统文化是中华民族的重要文化软实力，为中华民族发展提供强大的精神力量。中华民族的优秀传统文化，是经过长时间的淘漉和历史沉淀的，是中华民族历史的精彩浓缩。

天文学中有着丰富的传统文化内涵。日晷、圭表等天文测时工具的背后，是古人对与时间有关的现象的精细观察、认真思考和深刻理解。学习这些测时工具的用法，不仅有助于学生理解太阳与地球的运动关系，培养空间思维和想象能力，更能够以此为切入点，让学生领略中国古代科技文化的发展和天文科技的成就，领悟古人对天象的观察及古人的宇宙观，树立民族自信心。

今天，我们身边的很多天文现象也与传统文化密不可分。例如，中国人十分重视"月"。古人很早就观察到月有阴晴圆缺的变化并在月下遐想，写下了一首首关于"月"的诗词，寄托自己的感情。另外，古人还通过观察月亮的周期变化，制定了今天仍在使用的历法——农历。每年中秋，猜灯谜、赏月亮、吃月饼、庆团圆也是中华民族传统节日中必不可少的活动。同学们可以在参加活动的过程中受到传统文化的熏陶。

每年中秋节前后，一零一教育集团组织多校区联合中秋赏月活动。

首先,多校区联合象征着集团校各个校区像一个大家庭,每年中秋举办赏月活动,突出"团圆"的这一主题。其次,每年的中秋赏月均会安排若干具有传统文化内涵的体验活动。例如,组织各校区学生猜灯谜、吃月饼等;后面的赏月活动,也是中国传承了千年之久的文化习俗。学生在参加活动的时候,可以体验不同形式的中秋文化习俗。最后,每年的中秋活动,学校均会邀请相关学科的教师进行中秋诗词、历史文化等方面的讲座、书法,以及契合中秋主题的民乐赏析活动,从而丰富中秋文化的内涵,给予学生更深刻的文化理解。

在文化讲座中,语文教师带着同学们品读中国古典诗词中的月与中秋并朗读了余光中先生的思想佳篇《中秋》,精彩的讲座不仅为美好的中秋之夜增添诗意的文化气息,更表达了对宝岛台湾早日回归祖国的殷切期盼之情,引起了大家的共鸣。

(四)专业素养赋能

天文金鹏团有别于其他社团,是一个具有专业性和学术性的学生社团。许多活动的开展有赖于专业知识和专业技能的提升。天文金鹏团成员专业素养的提升,是天文金鹏团得以持续发展的根本保障。面向天文创新人才学生的拔尖培养,为天文爱好者搭建成长的平台,使其具有一定深度的天文知识和一定的观测能力,有能力承担天文普及工作,并在该领域有自己创新成果。为此,天文金鹏团通过搭建多样的平台来提升社团成员的天文专业素养。

专家的讲座可以使社团学生接触最新的天文发展前沿,认识并学习科学家们的研究思路和方法,感受并领悟科学家们的科研精神,实现对社团成员的高端引领。

野外观测的实践活动可以使社团成员们将所学的天文知识应用于野外操作之中,在锻炼观测能力的同时,更可以帮助他们学习、复习天文知识,实现知识与技能的双向发展,为他们的专业成长奠定牢固的基础。

天文研究项目面向部分天文基础好,学有余力且有志于参与科研课题的学生,有助于培养学生的探究精神、规范科研的步骤和行为。他们可以在校内外专家的引领下参与科研课题,找到自己感兴趣的领域,在天文的某一专项上进行较为深入的研究,最终形成一定的成果。例如,学校通过组织"天文小院士活动",将学有余力并愿意致力于科研的学生送入国家天文台等单位进行课题研究,不仅完成了课题研究报告与论文,还在"明天小小科学家""北京市科技创新市长奖"等多项竞赛与奖项中取得了成绩。

天文金鹏团的同学不仅是注重自身发展,还乐于分享、积极帮助同学们及社会公众学习天文知识。例如,天文金鹏团中的不少同学是北京天文馆的资深志愿者,多次参与组织重大天象观测活动……同时,他们还有着丰富的天文观测和天文摄影经验。天文金鹏团成员们希望在提升自己各方面能力的同时，能帮助更多的人认识大自然的美丽，并通过科学的力量，更好地保护环境，保护我们赖以生存的家园。

此外，天文金鹏团的成员们将兴趣发展到大学的学业中，不少同学们也都选取了天文相关的专业进行继续研修。

天文金鹏团在建设发展中不断探索，构建了"四位一体"的育人路径，搭建起社团育人平台，将立德树人落实到空间载体、活动载体和平台载体，更加尊重学生的主体性地位，以期实现立德树人这一根本教育任务。

【教学案例：科技与人文碰撞　中秋团圆共探月——北京一零一中教育集团中秋赏月活动】

丰富多彩的社团活动是中学校园中一道亮丽的风景线。基于共同的兴趣爱好、自由自愿开展的社团活动已成为中学生进行自我教育、自我管理、自我服务的重要方式。北京一零一中教育集团多校区联合中秋赏月活动至今已经有十余年的历史，是一项由学校科艺体办公室牵头、天文金鹏团承办的多校区融合，同时彰显科技和人文色彩的大型活动，是落实学校立德树人教育根本任务的重要途径。

1. 中秋赏月活动的育人价值

（1）知识活化的有效途径。

学以致用是获取知识的目的。因此，在学校教育中，要主动开辟让知识生活化运用的渠道，让知识的功用有效发挥。中秋是中华民族的传统节日，在民间有赏月的习俗。为什么中秋节前后的月亮特别圆？应该在什么样的天气条件下、在什么时间赏月比较合适？赏月时应当注意什么？这些问题都需要用较为专业的天文知识来回答。中秋是怎么来的？中秋节为什么要吃月饼？中秋节有哪些习俗？这些问题也需要丰富的历史文化知识来回答。中秋节本身就是一个蕴含着丰富的科学和历史文化文学知识的节日。以中秋节为主题开展活动有利于将所学知识运用到生活之中。

（2）能力培养的重要平台。

社团活动是重要的学生能力的培养平台和展示平台。活动内容的选择、活动方式的确定、活动的准备与实施过程、对活动的反思和对后续活动的设想等都考验着学生。北京一零一中教育集团组织的中秋赏月活动倡导学生们争当小主人。其中的学生主持人、讲解员、志愿者等工作全部都由天文金鹏团的学生们自行安排，且历届学长校友也会回校进行帮带指导，起到了传帮带的表率作用。学生的组织、协调、沟通、交流、讲课、临场应变等各方面的能力可在活动的开展过程中得以锻炼。

(3) 德育生成的重要空间。

夜晚的星空深邃而神秘，对其奥秘的探索，有助于激发学生探索未知世界的好奇心与兴趣；我们让北京天文馆的移动天象厅也"搬到"校园。进入移动天象厅，同学们仿佛置身宇宙。《天上的宫殿》《迷离的星际》等影片带领同学们走进神秘的"星的世界"，遨游在"星的海洋"。中秋"赏"月活动，在让学生获得知识的同时，也提升了学生的审美能力，进而培养学生正确的世界观、人生观、价值观。

2. 北京一零一中教育集团中秋赏月活动

(1) 活动主题——突出"团圆"内涵。

在中国的传统文化中，中秋节是一个"团圆"的节日，拥有丰富的"家"的内涵。因此，在中秋活动主题的选取上，突出"家"的味道。北京一零一中教育集团是由多个校区、不同学段的学校所构成的教育集团校，在举办中秋赏月活动时不但邀请各分校联合参加，今年还通过线上线下同步直播的方式，邀请北京、四川凉山兄弟学校一同在线观看，实现了"海上生明月，天涯共此时"！多校区联合的中秋赏月活动，与中秋本身"团圆"的内涵是相一致的。在活动过程中，水果、月饼等饮食，也正是这一主题的反映（图4-18）。

图4-18 中秋活动的饮食文化内涵

(2) 活动时间——依月球的运行规律而定。

活动时间的确定需要考虑的影响因素较多，其最主要的因素是月球的运行规律。理想的活动时间就是农历八月十五——中秋节。但实际上，考虑天气原因、昼夜长短等因素，一般会选在农历八月十五附近的几天内。由于每一天月亮升起都比前一天晚 50 分钟，活动时间尽量不要定在中秋节后太远的日子。月亮升起得越晚，活动当天观测开始的时间也会越晚（图 4-19）。

图 4-19　同学们在操场上观测

（3）活动内容——科学、人文并重。

观测活动是中秋赏月活动的核心活动，也是学生最为期待的活动。在观测活动开始前，有 1~1.5 小时的时间教师在这一时间段可以安排与月相关的讲座、体验、互动等多项活动，使整场活动既突出科学的严谨，又不失人文素养的积淀。

①用"遐想"兑换奖励。

猜灯谜是中秋节传统的活动，也是同学们最喜爱的活动之一在活动场地周边布置灯笼和灯谜，不仅可以烘托中秋的氛围，还激发学生参与活动的兴趣（图 4-20）。

图 4-20　学生参与猜灯谜活动

②把月亮与星空带到眼前。

对月球与星空的认识可以通过讲座、观影、观测、DIY等多种形式完成。

天文讲座通常会邀请天文金鹏团的校外指导专家或毕业的社团校友，他们回学校为参加活动学生带来天文科普讲座。学生可以了解有关月相、月球运行规律、天文发展、星空观测、天文望远镜发展等多方面的天文知识。互动环节天文专家会对学生提出的各种问题给予回应，解答学生心中的各种疑惑（图4-21）。

图4-21 科普讲座

移动天象厅是集展览展示、电影放映和数字化教育等应用于一体的重要设施，具有十分强大的数字化功能，是进行天文科普知识传播的重要平台。《奇妙的星空》《黄道十二宫》等科普节目十分受年龄较低的学生欢迎；球幕星空投影则可以模拟一个星空，帮助学生辨认恒星，认识星座，且受天气影响较小。

天文观测是学生最为期待的项目。通过望远镜，学生可以观测到月球表面的环形山和月海。在天气条件较好的情况下，学生还可以观看木星及其卫星、土星光环等。高年级同学指导低年级同学观测月亮如图4-22所示。

图4-22 高年级同学指导低年级同学观测月亮

第四章 探索地理"生态·智慧课堂"的特色教学方式 ■ 223

天文 DIY 项目深受学生欢迎。本项目活动通常由社团骨干力量来承担。他们负责对活动内容、进程、评价进行整体把握。按照学生的年龄段,天文 DIY 项目也分为不同的难易程度。对于小学生和较低年龄的初中学生,天文拼图可以帮助学生认识太阳系内的大行星、其相对位置关系及主要特征;对于初中生,绘制星空伞既可以帮助他们学习活动星图的使用,认识秋夜星空和主要星座,更能够在活动结束时完成一幅星空伞小作品作为活动成果(图 4-23);对于高中生,可以更加深入地认识天文望远镜的基本原理,在社团骨干力量的指导下制作一个简易天文望远镜,并使用制作好的望远镜进行实地的天文观测,这对学生也是极大的鼓励(图 4-24)。

图 4-23 绘制星空伞活动

图 4-24 自制简易天文望远镜成果展示

③"美育+天文"。

除了丰富多彩的科技活动,中秋赏月也具有深深的文化范儿和艺术范儿。在活动中,科学与人文碰撞出了火花。

中秋节主题的讲座旨在拓展学生的知识面,认识中秋节背后所蕴含的文化内涵,如有关中秋节的起源、形成、发展、传承等,使同学们能够明白中秋节历史上永葆活力,传承发扬的原因;又如,中秋诗词的讲座带领同学们走近中国古代诗人们在"咏月"时的所思所想,与诗人共同体味七情六欲、喜怒哀乐,认识到"中秋月"在诗中的意向,时常与"望相思""伤别离""盼团圆"紧密联系在一起的原因。学生在了解历史文化和理解文学作品的同时,通过语言文字获得了美的享受。

民乐是另一种形式的美育。每年的中秋赏月活动都会邀请校民乐团的师生们为大家带来《但愿人长久》《彩云追月》等悠扬的乐曲,与月圆的气氛完美融合,让学生在月色中感受传统文化的魅力(图4-25)。

图4-25 民乐赏析

(4) 活动意义——辐射带动。

我们充分发挥圆明园校区天文资源优势,通过开展跨校区天文活动,将优势资源辐射集团校内的各校区。每年中秋,各校区学生齐聚圆明园,共同参加猜灯谜、天文科普讲座、望远镜操作与观星等各项活动,这是天文爱好者最重要的节日之一。

每年中秋节,北京一零一中教育集团中秋赏月活动在圆明园校区设主会场,采取线上线下同步直播的方式,集团各分校区以及北京理工大学附属实验学校、四川省凉山州昭觉中学、民族中学等少数民族兄弟学校的师生们在线观看;同时,集团校各小学和中学分校区、兄弟学校也开展有本校特色的科技和文艺活动，共同参与此次盛会、欢庆中秋佳节。中秋赏月活动是北京一零一中教育集团各校区的一次"团圆"，也是集团化办学分享优质教育资源的一次大型活动。

3. 中秋赏月活动开展时的几点注意事项

北京一零一中教育集团在活动中积累了不少经验，总结了几点注意事项。

（1）将育人的教育有机融入活动中。

学生活动是学校教育中育人的重要途径。中秋赏月活动本身拥有德育、智育、美育等多项育人的元素。充分挖掘活动背后的育人元素及其育人价值，可以将活动的功效最大化，也让中秋赏月活动有了灵魂。

（2）安全保障是活动成功举办的底线。

中秋赏月活动属于学校较为大型的活动，安全保障措施的到位是活动成功举办的底线。在活动举办前需有安全应急预案；活动举办时须有专人对整场活动秩序进行监控和管理；活动后需有专门人员落实学生（尤其是低年龄学生）家长的接送工作，以保证活动的顺利开展。此外，在疫情防控背景下，也可以通过现代技术手段实现异地同时的赏月活动，既不削弱活动效果，又不加大人员聚集风险。

（3）提前策划、统筹协调是活动成功举办必要保障。

每场大型活动的成功举办都离不开周密的统筹协调安排。中秋赏月活动每年在暑假期间开始进行策划，包括活动内容、基本流程、人员安排、场地选择、日期选择、遴选学生、后勤及安全保障、物资准备等多项工作。在学校科艺体办公室的统一领导、组织和协调下，以及学校各部门和教师的大力支持下，中秋赏月活动才能够成功举办。

在丰富多彩的赏月活动中，感受"千里共婵娟"的诗意与浪漫，这是属于北京一零一中人独有的团聚！师生们一起遨游在科技与传统文化相交融的知识海洋里，乐享传统佳节的喜庆与欢乐氛围，收获了如满月般熠熠生辉般的成长经历！

第五章
聚焦学生成长的"教—学—评"一体化

学生的成长是北京一零一中"生态·智慧课堂"的目标。在学习过程中，学生学到了什么、学到了什么水平、对学生成长起到了怎样的作用，这些问题的回答均需要对学生进行教育评价。

长期以来，教育评价一直是教育教学的末端环节，作为检测学生知识掌握程度的重要手段。教、学、评的不一致，给课程和教学带来了不少负面影响。例如，当我们将学生的学习与发展目标定位于自主探究、独立思考、培养创新意识时，评价的内容却是要求学生面对常规问题快速给出标准答案。由于考试评价的指挥棒作用，教师通常会按照考试的要求进行教学。而当前中考、普通高中学业水平合格性考试和等级性考试的主要形式就是纸笔测验，这也就间接产生了日常教学中的重知识情感、重讲授轻实践、以练代讲等现象的出现。在这样的教育教学背景下，"教—学—评"一体化等成为当下课程改革的"潮流词"。

"教—学—评"一体化的实质是以"输出"倒逼"输入"，以终为始优先确定需要达成的学习目标和预期结果，而后组织教学、学习与评价活动。因此，实现"教—学—评"一体化的重要基础是指向一致的教学目标。当我们的教学目标聚焦学生的成长时，我们的评价手段也应能够测评出学生的成长状态，而不仅仅是学生学业成绩的一个分数。

因此，聚焦学生成长的"教—学—评"一体化应当具有如下特征：

第一，以学生为中心。一致的目标是"教—学—评"一体化的前提。目标的确立十分重要。如果将教学的目标定为掌握某知识点，学习的过程很可能就是题海战术，评价的手段自然也是习题。这种"一致"并非"教—学—评"一体化所讲的一致。"教—学—评"一体化应是指向学生的成长和发展的。此时的教学评价不再游离于学与教的活动之外，而是紧密、持续地贯穿学习与教学的全过程，融合在师生交往活动中；评价不是孤立的，而是与教师的教和学生的学融合在一起，互相促进的。

第二，评价多元化。学生的发展是立体的，包含思维的发展、技能的提升、情感态度与价值观的改变等多方面。因此，教学评价也呈现出多元化趋势，能够全方位、立体地刻画学生的发展状况。从评价方式上看，纸笔测验依然是评价学生学业水平的重要方面。但是，在近二十年的课程改革中，随着学习档案袋评价、表现性评价等新的评价方式的出现更好地刻画学生的思维能力、动手能力、情感态度、价值观的变化等成为可能；从评价维度上看，纵向的时间维度和横向的学科维度，可以帮助学生认识自我发展的增量和与学业水平标准之间的差距等。

第三，评价的持续性和形成性。学生的发展是过程性的，因此，教学评价也是动态的、持续的。通过教学评价，教师可以随时了解学生学习目标的达成情况，监测和调控学习过程，甚至可以给予教师适当的反馈，从而指导和改进教学。这种持续性的评价除具有诊断功能外，还具有激励作用，让每位学生了解自己学习的现状及身边小伙伴学习的现状，激励其不断进步。

前面多项案例已经涉及了课程评价和教学评价的相关内容，这本身就是地理"生态·智慧课堂"教—学—评一体化的体现。因此，本章主要从作业和考试命题的整体构架两个角度来阐述课程与教学评价。

第一节 "生态·智慧课堂"的作业系统设计

作业是教师根据一定的教学目标而设计的、学生自主完成的双边活动，其目的是让学生完成特定的学习任务来理解并内化所学知识，将知识转化为内在认知与技能，从而提高解决问题的能力，培养良好的学习习惯。

地理作业则是以地理学科的知识与技能为核心的作业，由地理教师根据地理教学目标设计的，由学生自主或合作完成的学习活动。地理作业是地理课程和教学的重要组成部分。地理作业依据教育培养目标，以提升学生核心素养为宗旨，充分发挥地理课程独特的育人价值和共通性的育人要求，作业设计以人地协调观、综合思维、区域认知、地理实践力等素养培养为导向，作业内容的选择力求关注地理学科的发展、学生的需求和社会的发展，形成基础性与时代性、学科性、人文性和生活性并重的作业内容。北京一零一中地理教研组经深入研讨，形成本学科高质量作业标准，包括分类设计标准、单元实施标准、课时实施标准三部分，并作为地理课堂教学的补充和延伸来反映学生真实的学习情况。

一、地理作业分类设计标准

结合地理课程实施的教学过程和学生的学习过程呈现出的规律，地理作业的形式依据其目的、功能和时空场域分为课堂达标类、复习巩固类、综合实践类三种类型，通过解释作业目标、呈现形式、完成要求、完成时间、反馈方式等要素进一步发挥地理作业的诊断、引导、改进和激励功能，体现"教—学—评"一致性，实现作业育人的价值目标。

（一）课堂达标类作业设计标准

课堂达标类作业是指在课堂教学中，为了帮助学生理解新授课内容、强化巩固知识、突出教学重点、难点而布置的作业（表5-1）。

表5-1 课堂达标类作业设计标准

作业目标	与课堂学习目标高度关联，以理解和掌握学科知识、基本技能，初步感悟和体验学科思想方法为主要目标，高度关注课堂教学的重点和难点，使之与课堂教学的进度和节奏匹配，再现和巩固解决问题的思路和方法，培养学生的学科学习能力
呈现形式	以习题形式出现，以选择题、填空题等类型为主，也可涉及简单的绘图题和简答题
完成要求	闭卷作答，限时完成，以检测当堂教学内容是否达标
完成时间	在课堂上进行，单个作业的时间一般控制在5分钟之内
反馈方式	当堂即时反馈，通过展示正确答案，引导学生自我反思教学重点、难点的掌握情况

（二）复习巩固类作业设计标准

复习巩固类作业，即通常所说的家庭作业，是指为了帮助学生复习巩固和理解应用当天课堂学习内容，落实基本知识、技能、方法的作业，要求全体学生完成。这类作业基于学科核心素养导向，侧重点是课上所学知识、技能、方法进行落实、巩固与运用，以帮助学生进一步理解当天课堂上学到的内容，培养初步应用知识的能力（表5-2）。

表5-2 复习巩固类作业设计标准

作业目标	与课堂学习目标高度关联，以理解和掌握课上所学地理知识和地理技能、初步感悟和体验学科思想方法，有助于突破学习中的重点和难点，帮学生适应课堂教学的进度和节奏，展示解决问题的思维路径，培养学生的地理学习能力
呈现形式	1. 以习题（选择题、综合题）为主要形式； 2. 阅读、绘制地图（读图、填图训练等）； 3. 总结整理（单元思维导图、单元知识结构整理等）
完成要求	课时或学习单元结束后，可借助教科书或课堂笔记于当天限时完成，并在第二天交给老师进行批改
完成时间	单课时作业不超过15分钟；单元作业不超过60分钟
反馈方式	全批全改，针对学生的问题集中进行作业讲评，必要时可进行个别面批指导

【作业案例：《秘密花园》地理涂色作业】

我对《秘密花园》地理涂色作业最初的想法源自市面上出售的《秘密花园》手绘涂色图册。该作业以初、高中地理的基础黑白地图为载体，设计填涂颜色的作业。一方面，通过填图颜色引领学生练习阅读地图、感知地图、填绘地图，进一步落实地图中的图名、地理事物的空间分布等知识，学生的培养地图技能，提高学生的区域认知素养；另一方面，地图的填绘本身也是一种创作过程，有助于培养学生的创造性思维和审美情趣。

秘密花园填图作业示例：

对照地图册，在空白的中国地图中完成下列任务。

(1) 用不同颜色填涂湿润区、半湿润区、半干旱区、干旱区。
(2) 用红笔描绘 800 mm、400 mm、200 mm 等降水量线。
(3) 在地图中填写大兴安岭、阴山、贺兰山、巴颜喀拉山、冈底斯山、秦岭。

评价量规见表 5-3。

表 5-3 评价量规

评价内容	学生填绘地图		
	低于标准	达到标准	高于标准
科学性	未能完成规定填涂任务，或错误多	能够完成规定填涂任务，有个别地方填涂不准确	能够完成规定填涂任务，色块填涂准确，地理事物标注清晰准确
美观性	颜色搭配不合理，图例使用混乱	颜色搭配基本合理，可能有个别色块撞色	颜色搭配合理，整图美观漂亮
态度	态度敷衍，缺乏积极的情感体验	态度积极、自觉，能够表达出积极的情感体验	

（三）综合实践类作业设计标准

综合实践类作业侧重核心素养的培养，基于学生的知识基础、活动体验和个人兴趣，围绕某一研究主题设计的以地理课程内容为主干的综合性作业，该作业关注学生的探究能力、创新意识、实践能力以及社会责任感的培养，以物化的学习产品（如实验/考察/调查报告、模型、设计图等）为基本学习成果。该类作业按照功能又可细化为活动制作类、地理实践类两种类型。地理实践类作业具有如下特性：实践性，结合真实生活背景；综合性，突出"大背景"和"大概念"，可在解决问题的过程中融入其他学科内容；选择性，鼓励学生结合自己的生活实际，积极尝试并探索完成。

1. 活动制作类作业设计标准（表5-4）

表5-4 活动制作类作业设计标准

作业目标	针对重点、难点教学内容，帮助学生深刻理解所学的地理原理、规律，熟记重要的地理事物，感受不同地区的地域文化和地理现象，深入感知不同专题地图，在任务完成过程中通过观察、描述、思考、体验、讨论、操作来激发学生深入学习的兴趣，培养他们对课内所学知识的迁移应用能力、动手操作能力及创新能力
呈现形式	1. 制作地理模型； 2. 绘制创意地图
完成要求	学习单元结束后，学生可通过查阅资料等手段独立完成。此类作业应具有一定的层次性，作业质量的高低能够反映学生间学习水平的差异
完成时间	多数学生可在1~2个小时内完成
反馈方式	教师可针对学生提交作品给予质性评价，学生之间可采用自评和互评方式，将评价结果和作品一并纳入学生地理学习档案袋

【作业案例：绘制地理四格漫画】

四格漫画是以四个画面分格来完成一个小故事或一个创意的表现形式。四格漫画以短短四格涵盖事件的发生、情节的发展、故事的高潮及幽默的结局。四格漫画画面不需很复杂，角色也不要太多，对白精简，让人容易轻松阅读。地理四格漫画是以地理知识为载体的四格漫画，将地理知识以漫画的形式呈现，富有创意、情节有趣、绘制精美。

该类作业对学生的创新思维能力、审美能力要求较高，也是能较为客观地评价学生情感、态度、价值观的一种方式。首先，学生需要对所学地理知识具有深刻、正确的理解；其次，学生应能够将地理原理置于某种情境中，通过漫画的方式将地理原理展现出来；最后，学生的漫画主题和呈现应是积极向上的，是心中情感的外在反映。

评价量规见表5-5。

表5-5 评价量规

评价内容	地理四格漫画		
	低于标准	达到标准	高于标准
科学性	漫画所含地理原理、规律存在科学性错误	漫画所含地理原理、规律理解正确	漫画所含地理原理、规律理解正确，且与故事情境贴合

续表

评价内容	地理四格漫画		
	低于标准	达到标准	高于标准
美观性	难以看出画的东西是什么，画面不美观	通过漫画，可以读懂故事情节、发展	通过漫画，可以读懂故事情节、发展，色彩搭配合理
主题思想	无主题思想或主题思想消极	主题思想正确	主题思想积极向上

学生作品如图 5-1 所示。

图 5-1　学生作品

2. 地理实践类作业设计标准

地理实践类作业设计标准见表 5-6。

表 5-6　地理实践类作业设计标准

作业目标	基于核心素养导向和地理学科关键能力的培养，通过完成地理实验、野外考察、社会调查、主题学习等任务发现生活中的地理现象，观察和认识地理环境，在真实的情境中发现并解决问题，激发学生对地理学习的兴趣，体验和感悟人地关系，并在活动中做到知行合一，乐学善学，不怕困难

续表

呈现形式	1. 地理实验（指导学生在课后时间到地理专业教室完成相关的土壤实验、洋流模拟实验等，撰写实验报告）； 2. 野外考察（节假日带领学生走近河湖湿地、地质公园、文化遗产地参观考察，指导学生做好观察、记录，完成考察报告或指导家庭亲子活动进行野外考察，布置学习任务）； 3. 社会调查（结合研究性学习课程要求，指导学生编写调查问卷、抽取调查样本，运用调查方法，完成社会调查，撰写调查报告）； 4. 主题学习（结合学习内容选取某一学习主题，调动相关社会资源，在真实的情境中运用以地理为主干的多学科知识解决问题，然后撰写研究报告）
完成要求	本类作业既可用于单元或课时教学前，作为预习作业，也可用于单元或课时教学后，作为课堂学习的延伸与深化。学生需经历查阅资料、动手实践、实地调研等学习过程，最终以文本或作品的方式呈现学习成果
完成时间	地理实验多数学生可在 1~2 个小时内完成；野外考察一般需半天或 1 天完成；社会调查和主题学习需要将任务分解，持续完成，一般总体时间为 1~2 天
反馈方式	小论文、海报、实验报告、调查报告等。在完成作业的过程中，教师可进行适当的指导。作业完成后，教师需要搭建学生成果展示平台，将学生作业成果纳入地理学习档案袋

【作业案例：制作走马灯】

走马灯是我国著名的非物质文化遗产，一般在春节等喜庆的日子里表演，寓意喜庆、五谷丰登。其原理是运用了冷热不均引起大气运动。本项作业要求学生查阅资料，了解走马灯的文化渊源并制作一个走马灯，拍摄视频给大家演示。

评价量规见表 5-7。

表 5-7 评价量规

评价内容	制作走马灯		
	低于标准	达到标准	高于标准
科学性	不能完成成品的制作	可以完成成品的制作，但是不能在冷热不均的条件下转动	可以完成成品的制作，并且能够为大家演示
美观性	外观粗糙，不具有灯的形状	外观具有灯的形状	外观具有灯的形状，能够反映中国传统文化意象

学生制作的走马灯及其原理介绍如图 5-2 所示。

走马灯的文化渊源

正月十五元宵节，按民间风俗要挂花灯，走马灯为其中一种，是汉族特色工艺品。宋朝时就有走马灯、当时称"马骑灯。元代谢宗可咏走马灯诗云："飙轮拥骑驾炎精，飞绕间不夜城，凤翼追星来有影，霜蹄逐电去无声。秦军夜溃咸阳火，吴炬宵驰赤壁兵；更忆雕鞍年少日，章台踏碎月华明。"因多在各面上绘制古代武将骑马的图画，而灯转动时看起来好像几个人你追我赶一样，故名走马灯。

图 5-2 学生制作的走马灯及其原理介绍（视频截图）

二、地理单元作业实施标准

单元是知识结构化的重要表现，是指学科课程实施的单元。地理学习单元应依据地理课程标准并围绕地理学科中的某一核心内容组织，要体现出地理学科知识发展、学科思想与方法的深化。学习单元通常基于教材的某一个章节或者若干章节构建由多个课时有机组合而成的系列学习活动，是达成学科核心素养的重要途径。单元的选择和确定，实际是教师团队对教学内容的一种优化组合方式。

为了提升单元教学背景下的作业设计水平，实现单元教学对课时的上位引领作用，北京一零一中地理教研组提出以下作业单元实施标准五环节，并要求教师不断优化每个单元中的各环节。

（一）确定单元内容

单元内容的确定主要依据课程标准、教材呈现顺序、学生核心素养的进阶发展与实际学情；同时，还要结合教师的教学经验，在学科教师共同体内部达成对学习单元的共识。

（二）提炼单元主题

单元主题具有大概念性质，超越具体知识点和学习顺序，旨在为学生提供一个全景视角来帮助他们理解学习内容，从而形成结构化的知识框架。单元主题的提炼，可以按照教材的章节内容、学科核心素养、主题性学习任务等不同的方式进行组织。对于单元主题的表述形式，可以结合课程标准之中对课程内容的界定，而直接借用二级主题的表述也可以使用让学生易于理解的一句话涵盖三级主题。

（三）制定单元目标

制定单元学习目标需要考虑地理课程标准要求、单元学习主题与内容、学生核心素养的进阶发展、学生的学习基础与发展需求。单元教学目标应体现地理学科育人价值、核心素养的具体表现，即学生在本单元的学习任务完成后能够做什么，应当拥有哪一级水平。

（四）划分课时任务

课时是单元的有机组成部分。对学生而言，单元主题的构建和理解要经过多个课时的累积才能实现。教师要把单元内容具体划分为若干课时，从而明确本单元的学习路径，让学生在头脑中形成本单元的学习蓝图。

（五）设计单元作业

持续性评价是单元学习必不可少的环节。完成单元学习后，学生的学习效果如何、是否掌握了知识与技能、是否发展了学科关键能力、情感态度和价值观是否有所改变等问题，都需要进行科学的评价。高质量作业是开展持续性评价的有效途径之一。

北京一零一中地理学科高质量单元作业，是课堂达标类、复习巩固类和综合实践类三种类型作业在一个学习单元中的优化组合，是北京一零一中地理学科高质量作业的主要形式。在一个学习单元中，可从学习内容及其特点、学生的学习过程等方面进行考虑，结合不同类型作业的特点，设计不同形式、不同层次的作业，以实现一个单元中不同作业的优化组合。

应当注意的是，第一，单元作业应面向不同层次、不同需求的学生，即作业的内容与形式应尽量为不同层次和不同需求的学生提供分层、弹性、个性化的选择；第二，单元作业的设计应力求全面覆盖师生的诊断、评价等功能。

三、地理作业课时实施标准

为了提升每一课时的作业设计水平，真正发挥作业的预期功能，实现高效课堂和有效作业的充分结合，初中地理组提出以下的课时实施标准四环节。

（一）明确课时内容

课时内容是在学习单元统领下的节课的教学内容，从课程标准和教材内容中产生，需要教师结合任教班级和学生的实际情况细化，以明确每节课的内容。

（二）制定学习目标

学习目标是地理学科核心素养在本课时的具体展现，可以通过三维目标落实。课时学习目标要清晰可行，为教师指导学生学习提供明确的方向。

（三）确定学习任务

学习任务是学习目标的具体化呈现，是实现核心素养的具体路径，可以通过"结合什么基础+通过什么方式+达到什么效果"来表述，而通俗易懂是选编课时作业的依据。

（四）选编课时作业

课时实施中的作业，包括课堂达标类作业和复习巩固类作业两种类型，面向全体学生。教师要从内容选择、目标实现、任务完成、时间分配等角度出发，选编既有一定共性又有一定互补性的课堂达标类作业和复习巩固类作业，系统设计符合学生年龄特点和学习规律、体现学科特点的基础性作业。考虑地理教学内容的综合性与地理实际教学情况，可以将课堂达标类作业定为地理课时作业的主要形式。

四、单元作业的编写流程——以"多样的地图"为例

1. 确定单元内容

结合课程标准和教材确定"多样的地图"单元内容，如表5-8所示。

表5-8 确定"多样的地图"单元内容

一级主题	二级主题	三级主题	所属章节
地图	1.1 地图的判读	1.1.1 在地图上辨别方向，判读经度和纬度，量算距离，识别图例所表示的地理事物或现象，并描述地理事物或现象的空间分布特征。 1.1.2 结合地形观察，说出等高线地形图、分层设色地形图表示地形的方法；在地形图上识别一些基本地形	第一章 第三节 地图的阅读 第四节 地形图的判读
	1.2 地图的选择与应用	1.2.1 根据需要选择适用的地图，查找所需要的地理信息，养成使用地图的习惯。 1.2.2 结合生活实例，描述数字地图和卫星导航系统给人们生活带来的便捷。 1.2.3 结合实例，描述数字地图在城市管理、资源调查、灾害监测等方面的应用	第一章 第三节 地图的阅读

2. 提炼单元主题

地图是一种信息载体和信息传递的工具，也是一种重要的地理学习工具。通过阅读地图，可以获取地理事物在空间中的位置、分布、特征等信息，是进行地理事物和现象深入分析的基础。为此将本单元主题设定为"多样的地图"。

3. 制定单元目标

通过学习地图的阅读方法和地图的发展，认识不同类型地图的功能及其应用，能够根据需要选择适合的地图并查阅相关的地理信息，养成在生活中使用地图的习惯。深入理解各类地理事物和各类地图应用之间的联系，对"地图语言"活学活用，掌握学习地理学科的方法。

4. 划分课时任务

课时任务如表 5-9 所示。

表 5-9 课时任务

课时内容	课时数
地图的阅读	2 课时
地形图的判读	2 课时

5. 设计单元作业

单元作业如表 5-10 所示。

表 5-10 单元作业

课时	学习内容	学习目标	作业类型 课堂达标	作业类型 复习巩固	作业类型 综合实践	单元作业时长	评价方式	反馈方式
1	地图的三要素及其阅读	（1）说出地图的三要素。（2）在地图上辨别方向，判读经度和纬度，量算距离	√			复习巩固作业共计约30分钟，综合实践类作业共计约60分钟	书面作答、调查报告、模型作品呈现	作业批改、汇报展示
2	地图的选择与应用	（1）简要了解地图发展历史，列举电子地图、遥感图像等在生产生活中的应用。（2）根据需要选择常用地图，查找所需要的地理信息		√√	√			

续表

课时	学习内容	学习目标	作业类型 课堂达标	作业类型 复习巩固	作业类型 综合实践	单元作业时长	评价方式	反馈方式
3	等高线地形图的判读	（1）在了解等高线地形图形成的基础上，归纳判读的基本原则。（2）在景观图和地形图上识别五种主要的地形类型。（3）在等高线地形图上识别基本地形部位，判读坡的陡缓，估算海拔与相对高度	√	√				
4	等高线地形图的应用	运用等高线地形图解决有关选址与线路规划等的实际问题						

6."多样的地图"单元作业举例

作业一："地图在我们身边"小调查。

在生活中，我们经常用到各种地图，而学习地理时更离不开地图。借助地图，我们能够确认一个地方的位置和范围，知道地理事物的分布情况。对于本次作业，我们将从身边的地图入手，探索地图在生活中的用途。

作业目标：

通过调查的方式收集身边的地图，增强对地图作用的理解，提高地理观察、地理调查和地理分析能力，逐步养成在生活和学习中使用地图的习惯。

作业要求：

（1）组建小组：寻找你的3位小伙伴，和他们组成学习小组。

（2）开展调查。

①查找本章中出现的地图，尝试将它们归类。

②调查并收集你家、你邻居家和同学家的地图，记录这些地图的名称、形式、内容及用途，并将它们放入你刚才划分好的地图类别中。

③你在电视、图书、报刊、网站、App等中还看到过哪些地图？请将它们整

理并归类，将它们放入你刚才划分好的地图类别中。

④在生活中，你还看到过哪些地图？（如公园、街道、科技园区等）

（3）展示汇报

将本组收集的地图拍照并分类，以文档的形式保存，然后总结不同类型地图的用途和应用场景，并准备在全班进行交流、汇报。

点评：

地图是学生从小学时就已经开始接触并使用的地理工具，并不陌生。每位同学都有过使用地图的生活经验和有关地图阅读的经验。"地图在我们身边"小调查属于综合实践类作业（地理实践类），旨在调动学生已有的生活经验，在教师作业的引导下重新反思自己的读图、用图经验，将这些经验进行较为系统的整理，形成一定的读图技能与用图方法，并在作业展示环节通过交流与互动来完善。本项作业可在单元学习前布置给学生，既能给学生留有一定的资料收集与整理的时间，也可作为单元学习前的初步预习。

作业二："多样的地图"单元练习（部分）。

小鹤随父母前往某小区看房。图5-3为北京某小区平面示意，图5-4为1号楼某户型图。请大家看图后完成1~3题。

图5-3 北京某小区平面示意

图5-4 1号楼某户型图

1. 小区东门在公交车站的（　　）方向。
   A. 西北　　　　B. 东北　　　　C. 西南　　　　D. 东南
2. 小区中的（　　）。
   A. 1号楼紧邻中心喷泉　　　　B. 医院在小区中心
   C. 居委会距离北门最近　　　　D. 幼儿园靠近超市

3. 小鹤的父母看中了图5-4中的户型，小鹤建议让奶奶住卧室1的理由是（　　）。

A. 面积约24 m²　　　　　　　B. 采光好
C. 离客厅最近　　　　　　　D. 可以看见中心喷泉

参考答案：A B C

点评：

该题组以"小鹤随父母前往某小区看房"为情境，呈现了小区平面图及户型图等资料，聚焦地图中方向的判断、距离的估算等重点问题，具有一定的基础性，符合对初一学生的基本要求，也可以引导学生从地理的视角思考问题、解决问题，考查学生解决真实问题的能力和素养，体现"学习对生活有用的地理"的课程理念，也传递了中华传统文化的"敬老"文化。

某校开设制作"等高线纸质立体模型"地理实践课。在课上，同学们小组合作完成了等高线纸质立体模型（图5-5），并用它识别地形部位，学习、理解等高线地形图的相关知识。据此，完成4~7题。

4. 请按照制作模型的正确顺序对图5-5中的几幅照片进行排序（　　）。

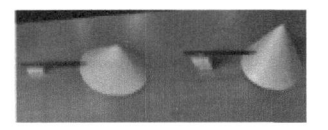

①用橡皮垫起铅笔依次绘制等高线 　　②准备所需工具 　　③将大圆剪下，卷成圆锥体

④将两个圆锥体粘连成一体 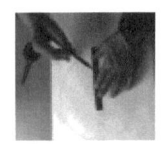　　⑤用圆规在卡纸上画大圆 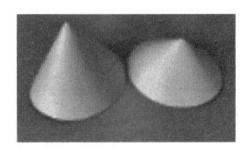　　⑥制成高度不等的两个圆锥体

图5-5　等高线纸质立体模型

5. 为尽可能减小误差，绘制等高线过程中需要注意（　　）。

A. 将圆锥体水平放置在桌面上
B. 使每块橡皮垫的高度相等
C. 围绕模型画出螺旋上升的线
D. 将铅笔水平放置在橡皮上

第五章　聚焦学生成长的"教—学—评"一体化　■　241

6. 在俯视模型（图5-6）中，甲同学读出的地形部位及特征不正确的是（　　）。

A. ①为山谷——等高线向海拔高处弯曲
B. ②为山脊——等高线向海拔低处弯曲
C. ③为缓坡——等高线比较稀疏
D. ④为山峰——等高线数值应该四周大中间小

图5-6　俯视模型

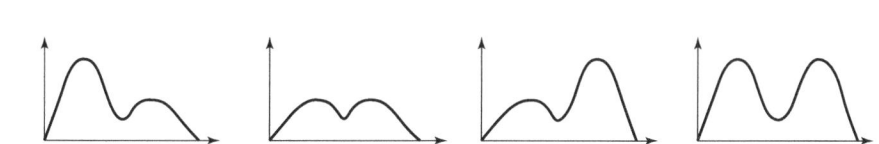

7. 沿M-N连线方向作剖面图，图5-7中正确的表示是（　　）。

图5-7　题7图

参考答案：4. ②⑤③⑥①④　5. ABD　6. D　7. A

【点评】

本组试题采用纸笔练习的方式考查学生在学习中的实践力，与课堂学习过程中制作等高线模型的地理实践活动相呼应，考了日常学习的过程与表现。利用纸质立体模型制作等高线地形图，可培养学生的空间思维，通过操作和观察，理解等高线的疏密程度及其与坡度的关系。

作业三：制作小小的地形模型。

等高线地形图是反映地形分布、特征的重要地图工具，也是阅读等值线地图的基础。本次作用我们从等高线地形图入手，使用橡皮泥制作一个小小的地形模型，初步建立等高线地形图和等高线地形模型之间的联系，更深入理解等高线地形图的形成过程。

作业目标：

运用橡皮泥制作模拟的山体模型，理解等高线地形图与等高线地形模型之间的关系，培养动手制作能力。

作业准备：

橡皮泥、小木棍、小刀、剪刀、绘制好的等高线地形图。

作业要求：

（1）数一数等高线地形图中有多少条等高线。

（2）将橡皮泥压成1厘米厚的块状，数量与等高线条数相同，大小与等高线地形图图幅的大小相同。

（3）在已经画好的等高线地形图上用剪刀顺着最外面的等高线减去图幅范围以外的部分。

（4）将剪下的等高线地形图放置在橡皮泥块上，沿着纸的边缘将等高线画在橡皮泥块上，切去等高线外面的部分。

（5）沿着靠近外面的等高线剪纸片，把剪下来的纸环放置在之前压好的橡皮泥块上，使纸环外围与橡皮泥块的边缘吻合。

（6）用剩下的地形图和新的橡皮泥块重复步骤（4）和（5）。

（7）把第二块橡皮泥叠放在第一块上，使它的边缘和第一块橡皮泥上的纸环内圈吻合。

（8）重复步骤（4）（7），直到把所有橡皮泥块叠放在一起。

展示汇报：

将成品写清班级、姓名，贴在模型下面上交。

点评：

等高线地形图对于初一年级的学生是学习的难点，原理较为抽象，需要一定的空间想象能力。这一作业通过制作的活动方式实现三维空间的地形模型和二维平面的等高线地形图转换，帮助学生突破学习内容的难点，也锻炼了学生的动手能力，让他们能在活动中进一步体会同线等高、等高距、相对高度等基本概念和原理，为学习等高线地形图的判读奠定基础。本作业适合在学习等高线基本判读后完成。

作业四：中坞公园野外考察方案设计

中坞公园是距离北京一零一中较近的公园，拥有湿地、雨水花园、小山、水稻田等多种景观。对于本次作业，我们将运用地图，以及等高线地形图的知识，尝试设计一个去中坞公园考察的方案。

作业目标：

能够应用地理信息技术相关软件并结合"地图"和"等高线地形图"内容制作电子地图，在地图上确定考察点位，设计和规划合理的考察路径。

作业要求：

（1）使用电子地图，找到北京一零一中和中坞公园的位置，规划从学校出发去中坞公园的线路，估算距离和路程所用时间。

（2）使用电子地图，找到中坞公园西门、水稻田、荷风桥、梯田、瞭望台的位置，按照不走重复线路的原则设计考察线路，要求涵盖上述考察点。

（3）结合中坞公园等高线地形图规划到达徒步到瞭望台的线路，并说明理由，然后在电子地图中标出该线路。

作业提交：

将绘制完的电子地图保存下来，配以简要的文字说明，以"个人学号＋姓名"的命名方式提交。

点评：

中坞公园是地理、生物、体育等多门课程的教学资源，适宜开展多种实践活动，有助于培养学生拥有"人与自然和谐共生"的理念。

本项作业既是"多样的地图"学习单元作业的组成部分，也是"中坞公园地理野外考察活动"的前期准备工作，体现了地图学习的工具性，学生可以在真实的地理情境下应用地图和等高线地形图的知识解决较为复杂的现实问题，为进一步开展实地考察活动做好准备。

五、课时作业的编写流程——以"多样的地图"（第三课时）为例

1. 明确课时内容

"多样的地图"这一单元由 4 课时组成，分为两部分：第一部分讲述一般地图的判读和应用，第二部分讲述等高线地形图的判读和应用。每部分的第一课时着重读图技能的学习与训练，第 2 课时注重搭建应用该种地图的真实情境，学生运用所学的读图技能解决一些简单的现实问题。

2. 制定课时目标

（1）在了解等高线地形图形成的基础上，归纳判读的基本原则。

（2）在景观图和地形图上识别五种主要的地形类型。

（3）在等高线地形图上识别基本地形部位，判读坡的陡缓，估算海拔与相对高度。

3. 学习任务

学习任务一：阅读教师提供的祖国各地的地形图片，识别图片中的地形，描述其特征。

学习任务二：观看等高线形成的动画，归纳等高线地图阅读的基本原则，说出海拔高度与相对高度的概念。

学习任务三：在等高线地形图中识别物种主要的地形类型。

学习任务四：结合山区模拟考察任务情境，在等高线地形图上识别基本地形部位，判读坡的陡缓，估算海拔与相对高度。

4. 课时作业选编

读图 5-8，回答下列问题。

1. 图 5-8 中 C 山峰的海拔高度约为＿＿＿m，两山峰之间的相对高度约为＿＿＿m。

图 5-8 课时作业选编例图

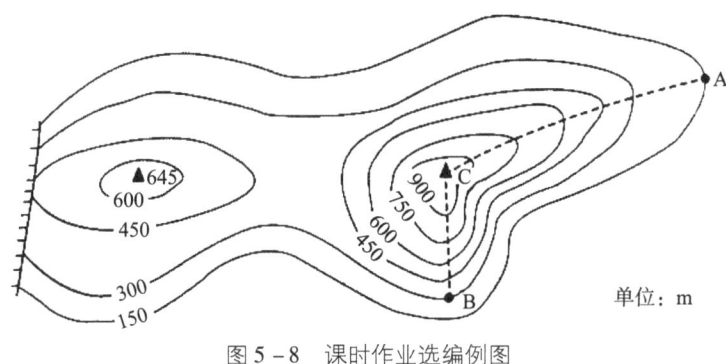

2. 用圆点画出图中鞍部的位置，用笔描绘出图中的陡崖，在图中绘制可能出现的河流。

3. 从 A、B 两处登上 C 山峰的两条线路 AC、BC 中更省力的是____，理由是_____。

参考答案：
1. 900~1 050 m　255~405 m
2.

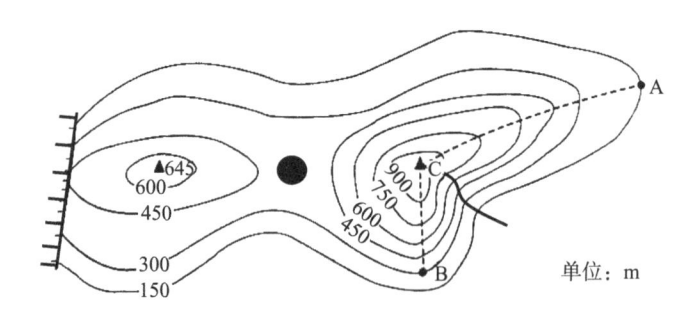

3. AC　AC 线路等高线更稀疏，坡度更缓

点评：

本课时为"多样的地图"单元第三课时，内容主要为等高线地图的基本判读。由于课时功能上更聚焦等高线地形图的判读技能训练，因此在课时作业中不宜设计难度较大或综合性较强的题目，应以落实读图技能的题目为主；在形式上也应采用课堂达标类作业，以得到学生读图技能的即时反馈，为下一课时（在真实情境中运用等高线地图解决问题）奠定技能基础。

本作业题目形式简洁、短小，内容聚焦，三道题考查海拔高度、相对高度的判读，主要地形部位的辨认及坡度陡缓的判断，答题量不大，思维含量和计算量也不大，学生可以在5分钟内作答完毕并及时反馈。

第二节 基于试题的地理"生态·智慧课堂"评价设计

课程与教学评价是教育过程的重要组成部分。《普通高中地理课程标准（2017年版2020年修订）》和《义务教育地理课程标准（2022年版）》的课程理念均要求以考查学生核心素养的发展成就为目标，采用多样化的评价手段科学测评学生的认知水平、价值判断能力、思维能力和实践能力，全面反映学生地理核心素养的发展状况。

近年来，地理教学评价主体、评价方式逐步走向多元化，但以试题为主的纸笔测试仍然在教育过程中居于重要地位。每学期的期中、期末考试，以及国家级别的中考、学业水平合格性考试、学业水平等级性考试均采用纸笔测试的方式。因此，如何通过纸笔测试题反映地理"生态·智慧课堂"的教育教学成果，通过纸笔测试引导地理"生态·智慧课堂"的教学，实现"教—学—评"一体化，是亟待解决的问题。

一、构建基于情境的评价任务

（一）试题的立意

每道试题的命制都需要考虑试题的立意。近三十年的中学地理教育中，试题的立意发生了三次较大的变化。改革开放后，试题立意强调知识立意，即命题的出发点是对知识点和地理技能的考查。这一时期教师往往将一节课的教学目标定位为双基，即基础知识和基本技能。

自20世纪90年代中期开始，高考命题开始由知识立意向能力立意转变。记忆、理解和应用是文科综合能力的三种不同的层次。随着科学技术发展和社会的需要，地理学科开始大量使用文字、图表、数据等呈现资源、环境、产业等地理事物。运用知识解决问题的前提是阅读和理解材料并能够获取有效信息且在问题解决的过程中，经过判断、归纳、推理形成相应的地理结论，然后运用准确的语言进行表达成为理解能力和应用能力考查的具体体现。这也是后来的"获取和解读地理信息""理解和运用地理原理""描述和阐释地理事象""评价和探讨现实问题"四项基本能力的雏形。

随着核心素养的提出，2017年的高中课程改革和2022年的义务教育课程改革开始强调命题的素养立意和育人导向问题。核心素养是学生发展过程中所需要的必备品格和关键能力，是关于知识、技能、情感、态度、价值观等多方面要求的结合体,指向学生在其培养过程中的体悟。具体到地理学科,则表现为在真实的情境与任务中,运用综合思维和区域认知观察和感悟地理环境,发现、认识、分析和评价人地关系的能力,彰显地理学科在培养学生家国情怀、全球视野、人与自然和谐共生观念等方面的价值。可见,素养立意和育人导向下的试题的测评内涵丰富了许多,包括对地理学科价值、时代需求的追求和学生发展的促进。

(二) 情境的创设与试题任务

情境是素养立意、育人导向下的试题命制的重要组成部分,包括源于地理环境中真实存在的生产情境、生活情境、学术情境等多种类型,其在试题中的表现形式有文字、图像、表格、地图等多种方式。为达成素养立意的目标,情境的创设需要契合试题立意,能够体现地理事象背后的地理思想、价值;同时,还能展现出学生解决问题所必需的地理线索。不同熟悉程度和真实程度的情境,会影响到学生对情境信息的解读和对地理原理、规律、理论和模型的提取。

试题任务是试题命制的核心,承载了地理的思想、方法和关键能力。现行的地理学业水平等级性考试所列出的四项关键能力,虽然增加了地理二字,但其雏形是源自文科综合考试时的四项关键能力,学科属性偏弱。因此,我们需要进一步思考,地理需要获取和解读的信息和其他学科有何不同?描述和阐释地理事象和描述和阐释其他学科的事象又有何不同?我们期望从地理学科本身提取具有学科特色的关键能力点。表 5 – 11 是基于《普通高中地理课程标准 (2017 年版 2020 年修订)》提取的具体任务构成与测评要点。

表 5 – 11 任务构成与测评要点

任务构成	测评要点
空间格局的观察、概括、归纳	位置关系、空间形态、空间排列方式、空间制约关系、空间依存关系
空间动态过程的观察、规律概括与趋势预测	空间动态过程、空间过程的发展变化
地理特征的分析、综合比较	地理要素特征、地理要素相互作用、地理特征差异
地理联系的分析、推理	地理因果联系、地理影响、地理意义
地理实践	绘制地理图表、地理图文表解读

该表格从空间格局、空间动态过程、地理特征、地理联系和地理实践等角度解读了地理学科的一些能力点,这些能力点以获取和解读地理信息、理解和运用地理原理为基础,对接描述和阐释地理事象这一关键能力,以及通过对上述能力

点的综合运用可以实现评价和探讨现实问题。

上述五项任务构成与测评要点包含了对地理要素的分析和概括（特征、联系等）、地理事象发生的时空背景的观察和把握（地理位置、空间格局、动态过程等）。为了达成测评任务，在地理情境的设置中，也需要给予必要的有关地理要素、地理时空信息等地理线索。这些地理线索，是学生获取和解读地理信息以及运用地理原理的关键。需要说明的是，这里的地理原理不仅是指地理原理，还包含地理学科大概念统摄下的地理概念、地理规律、地理原理、地理理论和地理模型等对地理事象具有解释力的地理学科知识。

基于情境创设的试题任务测评体系如图 5-9 所示。

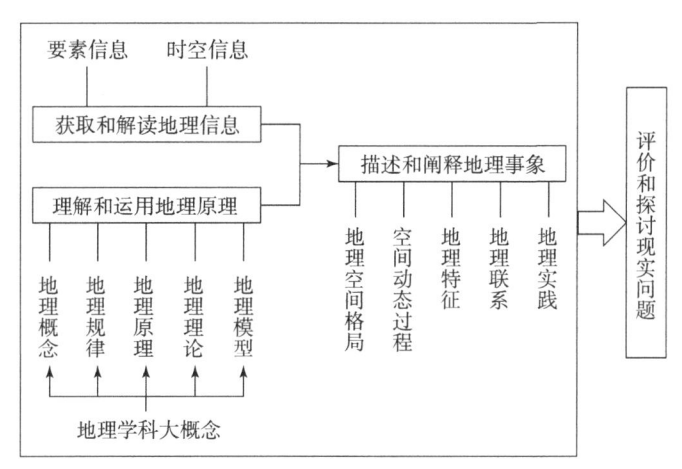

图 5-9　基于情境创设的试题任务测评体系

当面对陌生而复杂的真实情境时，学生能够快速提取、整合情境中的地理信息，并创造性地分析，较快形成问题解决的思路，是地理"生态·智慧课堂"的追求，也是基于情境创设和评价任务的地理试题命制的追求。地理"生态·智慧课堂"在教学和评价方面是一致的。因此，可以通过基于情境创设和评价任务的试题来测评学生的地理素养水平。

（三）基于情境和评价任务命题的基本思路

基于情境和评价任务命题包含：①确定命题立意；②创设生产情境、生活情境、学术情境等不同类型的情境，并确定其资料的呈现方式；③确定评价任务和关键能力；④进行试题编制。四个步骤围绕立德树人和学科价值进行设计，学生在解决问题的过程中体会、感悟基本价值观念和学科价值，从而形成命题的从立意到评价的闭环。基于情境和评价任务命题的基本思路如图 5-10 所示。

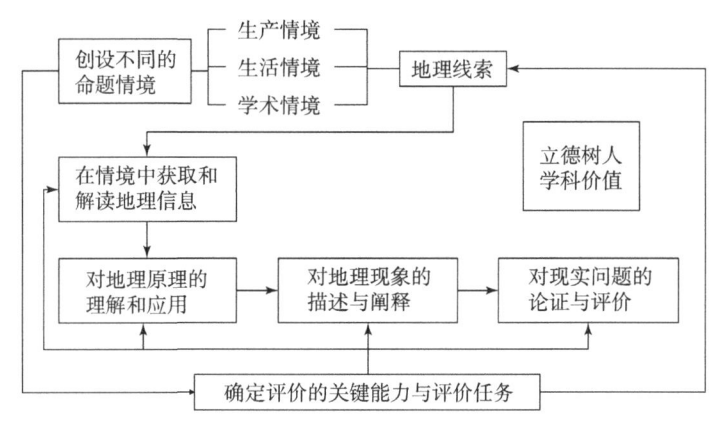

图 5-10 基于情境和评价任务命题的基本思路

【试题案例：从情境到命题——以城市空间结构的变化为例】

2022 年 4 月 16 日，运营了 62 年的北京 112 路电车因客流原因和交通道路治理原因停止运营。1960 年，为方便国棉厂职工、家属往返市区通勤，开通了 12 路电车，即后来的 112 路电车。20 世纪六七十年代，朝阳路沿线只有 112 路电车一条线路，东郊京棉一、二、三厂和印染厂、北京开关厂的工人们是 112 路的主流乘客，那时的公交车人满为患。20 世纪 90 年代末，随着京棉厂的逐步外迁和朝阳路周边地铁的建成开通，112 路的客流构成发生了很大的变化。随着客流量的逐渐下降和东皇城根北街交通治理工作要求，112 路最终于 4 月 16 日撤销。迁走的京棉厂原厂址也发生了很大变化，京棉一厂、三厂厂址进行了房地产开发，京棉二厂厂址变身"莱锦文化创意产业园"。

在上面的新闻中，朝阳路上城市土地利用方式的变化和工业区随区位条件的变化而变化，是直接可以读到的地理元素。在其背后，渗透着地理事物空间分布和时间演变两大思想。而这种演变和分布的背后，则是人们在城市生活中基于人地关系考虑的产业区位选择及其在土地利用上的表现。这样，就解读出了新闻中所蕴含的三个层次的地理元素：知识点、地理思维和基本价值观。这一新闻也就具备了转化为情境素材命题的可能。

应在试题情境中呈现怎样的新闻素材？如何在情境中呈现这些新闻素材？是否需要补查资料对情境内容进行补充？都是在编制试题情境中需要考虑的问题。上述新闻素材基于地理元素，可以提取出城市土地利用方式的变化和工业区位的变化这一主题，通过文字或图像的方式呈现其时空变化，作为试题的基本线索。评价任务则可以指向空间格局的动态变化，据此形成了下面的题组：

某同学调查了自己所居住区域的发展历史，并绘制了示意图（图 5 – 11）。请读图并回答第 1~3 题。

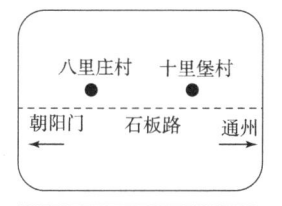

图 5 – 11 某同学居住区域的发展历史示意图

第Ⅰ时期：清朝从北京朝阳门到通州有一条石板路，沿途有八里庄村和十里堡村两处村落。村民种植的粮食和蔬菜自给自足。

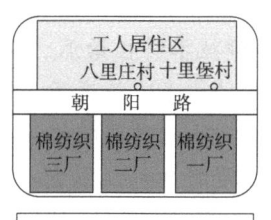

第Ⅱ时期：20世纪50年代，朝阳路南侧建设了棉纺织厂，道路北侧是配套建设的工人居住区，形成闻名全国的纺织工业区。

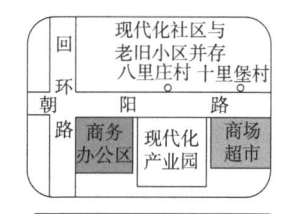

第Ⅲ时期：20世纪90年代，按照北京城市规划，几座纺织厂合并搬迁，原有厂区升级改造。

1. 据图 5 – 11 推断该地（　　）。
A. 第Ⅰ时期，农业生产规模小的主要原因是交通不便
B. 第Ⅱ时期，建设纺织厂促进了当地人口和经济增长
C. 第Ⅲ时期，商务办公用地出现是城镇化起步的标志
D. 资源环境承载力的变化主要受到耕地面积的影响

2. 从第Ⅰ时期到第Ⅲ时期的发展（　　）。
A. 第二产业的规模逐渐扩大　　　B. 变化主要受文化因素影响
C. 是为了改善大气环境质量　　　D. 可提高土地资源利用效率

3. 该区域在发展过程中始终存在的土地利用方式是（　　）。
A. 农业用地　　B. 工业用地　　C. 住宅用地　　D. 商业用地

（四）基于情境和评价任务命题举例

地理试题是一种历史悠久的测评方式，在测评知识与技能层面的学习内容具有显著优势。除测评知识点以外，如何基于情境和评价任务测评学生的价值观和学习过程，是试题评价方式能否真正测评学生核心素养的关键问题。

1. 基于情境和评价任务测评学生的价值观

价值观是基于人的一定的思维感官之上而作出的认知、理解、判断或抉择，也就是人认定事物、辨定是非的一种思维或取向，从而体现出人、事、物一定的价值或作用。价值观对于个人决定行为、生活选择等方面都具有重要的影响。在不同的情境和环境下，个人的行为和决策应与其宣称的价值观具有一致性。基于上述假设，在试题命制中，可以通过情境的创设提出具有矛盾点的问题，通过测评其在问题解决过程中所站的立场，推断其价值判断及其水平。

下面这道题目可以较好地测评学生的人地协调观。

压砂是干旱地区采用砂石覆盖土壤表层以提高土地生产力的农业生产技术。中卫市沙坡头区地处宁夏中部干旱带，年均降水量约为 200 mm，年均蒸发量为 1 330~2 200 mm。当地采用压砂技术种植西瓜，将富含锌、硒等微量元素的砂石铺压在土壤表面，所产硒砂瓜汁水多、糖度高、果肉饱满，畅销各地，成为中国国家地理标志产品。某地理兴趣小组的同学收集了中卫市硒砂瓜生产区土地生产力变化的相关资料，并制作了资料卡片（图 5-12）。

·砂石覆盖层：压砂初期，大于10 mm 的片石比例为 27.68%；压砂5年，降低至21.86%；压砂25年，降低至17.52%。
土壤组成（土壤表层0~20 cm）：压砂15年以后，小于0.05 mm的粉粒含量比压砂初期增加近1倍。
·土壤养分（土壤表层0~20 cm）：压砂1年，土壤速效磷含量略有增加，之后逐年下降；压砂15年，碱解氮含量下降近1/2；土壤速效钾随压砂时间增加呈下降趋势土壤含水量；压砂10年，土壤含水量下降 16.67%，压砂40年，下降49.73%。
·死苗率：连续压砂种植7年后，死苗率达到 5%~7%，之后年均递增6%左右。
·灌溉水源：该地井水含盐量为 1.877~3.823 g/L，是压砂地的主要灌溉水源。按照国家农田灌溉水相关标准，矿化度大于 3 g/L 的水不能灌溉农田。

图 5-12　资料卡片

同学们围绕当地是否继续扩大硒砂瓜种植面积展开了辩论。请提出你的观点并阐述理由。

人地协调观是地理学科的基本价值观，也是中学地理学习内容组织的主线之一。在当地是否应继续扩大硒砂瓜种植这一议题中，包含一个较为矛盾的命题：即种植硒砂瓜带来的前期经济收益及其对环境潜在的不利影响。因此，本题通过问题"是否同意继续扩大硒砂瓜种植面积"设置了最高水平的能力测评点，即评价和探讨现实问题。对于该问题，学生需要做出立场选择，并结合所学对所选观点进行论证。不同的立场选择和论证过程，则可以反映出学生的价值观立场。

学生答案示例1：

我认为不应该继续扩大。

中卫市位于半干旱区，降水量少，蒸发量大，水资源极度短缺。扩大种植面积，会进一步加剧干旱程度，导致土壤含水量降低，降低地下水位，水资源进一步短缺。同时，强烈的蒸发会加剧土壤盐碱化，加剧土壤肥力流失，损害土地资源，不利于生态可持续发展。

中卫市土壤速效磷、钾等无机盐含量逐年下降，土壤矿物质含量减少；生产力不断下降，不能支持更大面积的西瓜种植。

中卫市连续种植多年后，西瓜死苗率逐渐升高，产量下降，从而导致经济效益下降。

该生从可持续发展的内涵入手，从经济和生态两个角度对中卫市不宜继续种植硒砂瓜提出自己的看法。该论述表现了人对自然的依赖性，自然环境是人类生存的基础，诸如水资源、土地资源等，不能因人类活动不当而受到损害。因此，在自然环境较为干旱这一背景下，种植硒砂瓜需要考虑对该区域资源的消耗状况，体现了人地关系统一的和谐这一内涵。另外，人地的和谐以尊重自然规律为前提，利于区域的和谐发展。适当控制西瓜的种植规模，可以减少因经济效益下降带来的损失，也有利于区域的整体发展。

学生答案示例2：

观点：我认为应减少硒砂瓜的种植。

理由：①压砂技术是通过消耗土壤养分、含水量来保证产量；②也可能通过植树种草等方式达到同等效果；③灌溉水源不符合国家标准，可以通过跨流域调水解决；④压砂技术让土壤状况越变越糟，不可以长期实施；⑤若是所有土地都因压砂技术而被破坏，宁夏耕地资源不足。

该生也是秉持不赞同继续扩大硒砂瓜种植面积的态度。从对土壤养分、含水量等角度入手分析问题来看，可以看出该生认同自然环境是人类生存的基础这一理念。但给出的理由难以自圆其说，人地协调的价值观缺乏原理的支撑，是架空的。

2. 基于情境和评价任务测评学生的学习过程

学习过程对"生态·智慧课堂"中的输入信息进行提取、加工、改造、内化的过程，直接决定了学习的效果，这种学习效果，可以通过学生在试题中的表现反推。学习过程的扁平化会使学习成果扁平化，即重结果、轻过程，重结论、轻推导等问题。

下面这道题目可以较好地测评学生的学习过程是否到位。

图5-13为马达加斯加岛年等降水量分布。

据图推断马达加斯加岛的地形特征，并说明判断依据。

题目的情境简洁明了，是一张马达加斯加岛的年等降水量分布图，设问即推断马达加斯加岛的地形特征，考查了阐释地理事象的能力，试题任务指向为地理特征和地理联系。解决这一问题，学生需要认识年等降水量线分布图可以从哪些角度进行解读、地形特征可以从哪些角度进行描述、地形是如何影响降水的，以及这种影响可以如何反映在年等降水量线图上。学生在学习中有任何一处学习不清晰，都可能会造成答题的不准确。

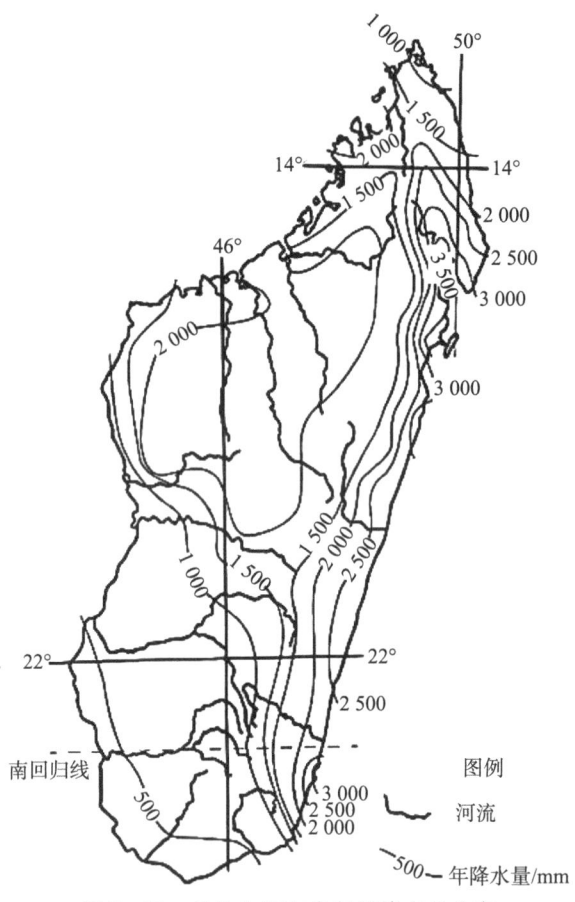

图 5-13 马达加斯加岛年等降水量分布

学生答案示例：

马达加斯加岛中部高，四周低，中部有山地。

原因：马达加斯加岛河流流向从岛中部向岛四周流，且最终汇入周围海域；中部山地东侧年降水量大于西侧，因为东部为迎风坡，降水充足。

该生较为清晰地阐述了马达加斯加岛的地形、地势特征并通过该岛年等降水量的总体特征、空间差异、河流流向等要素予以推断，体现了较好的思维过程及其背后的学习过程。但也有一点遗憾，即该生没有关注到年等降水量线的疏密差异，导致漏掉了地形坡度这一特征。

可见，基于情境创设和评价任务的试题除可以测评知识点外，还可以进行地理学习过程的测评以及价值观的测评。

二、透视学生的思维结构与过程

从教师教学的角度来看,学生的思维结构的优劣可以影响成绩的高低,也是教师对学生地理学习进行精确诊断并提出建议的重要依据。

基于情境创设和评价任务的试题命制,为学生提供了在丰富的情境下解决问题的平台。学生需要在各种复杂的、多样的、真实的题目情境中,调用自身的知识储备(知识存量、知识结构等)分析、解决情境中的各种复杂、陌生的问题。因此,分析学生的答案,可以发现学生思维结构中存在的问题。

1. 搭建学生地理思维结构的基本模型

请看下面的案例。

塔里木河流域(图5-14)内有42个县(市)和兵团4个师的55个团场,全流域总人口902万,流域内现有耕地2 044万亩[①]。至清朝后期,塔里木河绿洲源流引水干渠增至563条,支渠1 887条,灌溉农田面积60.1万公顷[②]。1949年以后,塔里木河上游灌溉面积由35.1万公顷扩大到1995年的77.7万公顷,为灌溉这些土地,修建大型干渠5 985 km,年引水量达148亿 m^3,占多年平均总径流量的75.5%。

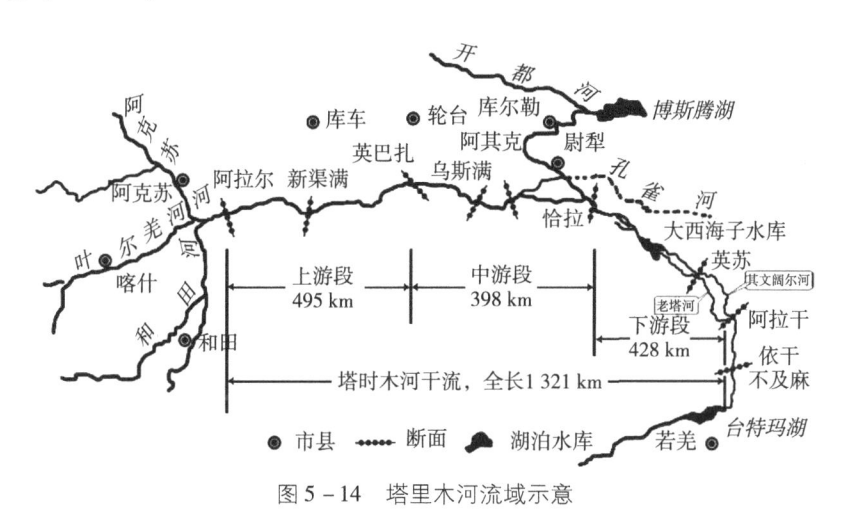

图5-14 塔里木河流域示意

20世纪五六十年代,大西海子水库和恰拉水库建成,作用是保障军垦区灌溉需要。由于流域内的人口不断增长,耕地面积不断扩大,工农业用水量大增,

---

① 1亩≈666平方米。
② 1公顷=10 000平方米。

使下游的水量逐渐减少，河道长期无水，台特马湖曾经干涸。几十年间塔里木河流域修筑水库 130 多座，多数水深不足 2 m，修引水口 138 处，建抽水泵站 400 多处，有的泵站一天就要抽水 1 万多立方米。自 1972 年开始，塔里木河下游开始断流。

为了保护塔里木河流域的生态环境，大西海子水库不再用来进行农业灌溉，成为塔里木河下游的"专职"生态输水通道。通过多年生态输水，塔里木河干涸的河道得到滋润，有效遏制了两大沙漠的合拢，使生态环境得到初步改善，保护了塔里木河下游的生态走廊。

（1）塔里木河流域修建的许多水库都不具有发电功能，为什么？
（2）塔里木河断流对区域地理环境产生了怎样的影响？
（3）分析向塔里木河下游进行生态输水的意义。

这一案例以塔里木河流域水资源的利用和变化为话题，通过图像和文字资料展示了其几十年的环境变迁，反映了当地人地关系的两次转变。三个设问形成一组问题链，引导学生从自然环境对人类生存的影响、人类活动对自然环境的影响以及区域人地协调发展的途径与策略三个角度深入思考区域发展中的人地关系问题。

若要解决上述三个问题，首先，学生需要通过对材料的解读，认识情境背景——大西海子水库和塔里木河流域的两次环境变迁。它可以帮助学生梳理情境的基本线索：大西海子水库从灌溉功能到生态输水功能的转变。其次，由于这两大功能均以水资源的利用为核心，在解决问题的过程中，学生需要调取流域、水循环以及自然环境整体性等地理概念和原理，三个问题指向流域协调发展这一核心概念。关于流域的协调发展问题，学生应以对流域环境的认识为基础，需要结合西北地区干旱为主的特征，确定流域协调发展问题的核心，即水资源的合理利用。因此，从这一角度，认识生态输水对干旱地区区域发展的意义，使问题得以解决。案例分析的基本思维路径如图 5-15 所示。

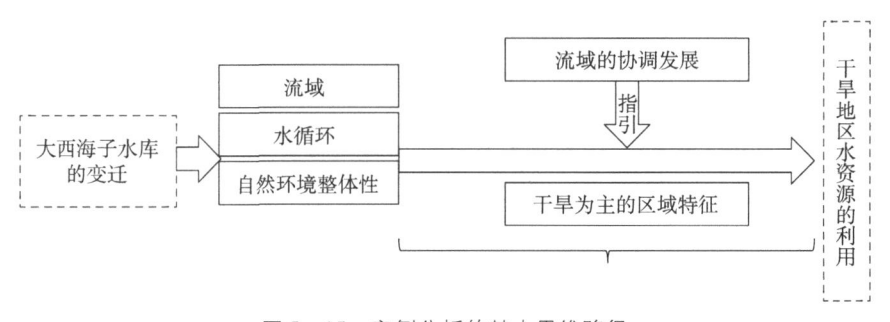

图 5-15　案例分析的基本思维路径

我们从上述思维路径中尝试提取学生的思维结构。"大西海子水库的变迁"是本案例的情境设置。"流域、水循环、自然环境的整体性"是解决案例问题所调用的地理概念、地理原理。"流域的协调发展"是用于解决本案例问题的地理学科核心概念和方法，干旱为主的特征是案例涉及区域的区域特征。这些因素共同影响着"干旱地区水资源的利用"这一问题的解决情况。

这一情境对于学生而言是较为复杂的情境，涉及大西海子水库、塔里木河等多处地名及其在地图上的空间位置表达，也涉及不同时期大西海子水库的变迁及其背后人地关系的变化等诸多地理元素。同时，这一情境又是陌生的，区域尺度偏小，距离学生的生活较远，教材中没有相似的案例可以借鉴。因此，学生难以直接通过记忆重现和经验再现解决上述问题，这就需要学生调动头脑中的地理原理、地理思想与方法，结合情境背景和区域特征来解决问题了。学生在解决问题时的思维过程与结构示意如图 5-16 所示。

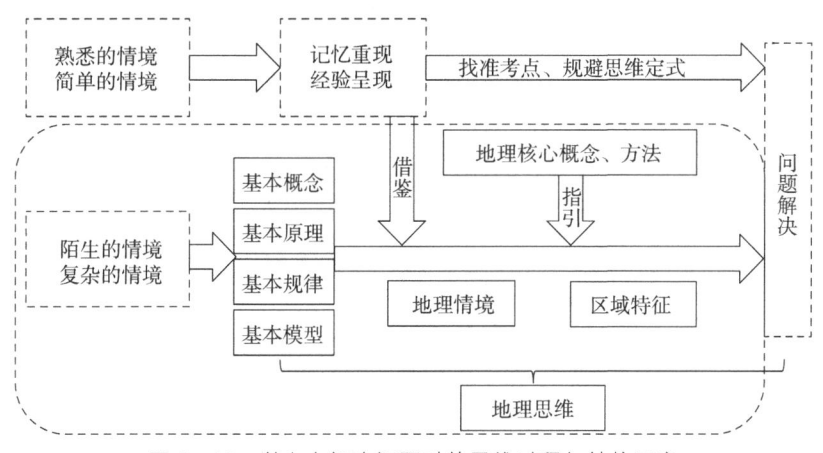

图 5-16　学生在解决问题时的思维过程与结构示意

图 5-16 中的思维过程与结构可以作为诊断学生思维断点的工具，也可以作为日常教学学生思维培养的抓手。考试过后，在课堂上让回答正确的学生描述自己的思维过程、解决问题的方法或路径，既可以使学生对自己的答题思路进行反思，通过语言表述使思路更加清晰化，又可以通过教师连续追问的方式使其形成解决问题的一般思路和方法，给学生更多启发。

2. 地理思维结构与过程模型的应用

利用上述地理思维结构与过程模型，可以通过试题的测评和学生的答案，诊断学生的思维断点。

请看下面这道题目。

相关统计数据显示，北京、郑州、重庆、福州、杭州、上海等地夏季白天高温晴热，夜间气温也难以降低的"日夜循环热"的天数正在明显增多。运用大气受热过程原理，解释夏季出现"日夜循环热"现象的原因。

这是一道高一年级的题目，考查的是大气的受热过程这一基本原理。情境设置为近年来中国不少城市在夏季晴朗天气时出现了"日夜循环热"现象，需要学生运用所学的地理原理来解释。

学生答案示例1：

温带及亚热带季风气候区，夏季高温，夏季太阳辐射较强，天气晴朗，云层薄，大气对太阳辐射的削弱作用弱，地面及大气吸收热量多。白天，温度高，热量充足；北温带地区夏季昼长夜短，夜晚大气热量散失较少，时长较短，未散失的热量在第二天将继续积累，导致温度不断升高。

该同学的答案反映出的主要问题在于对大气受热过程原理的理解上。通过解读题干信息，该同学明确本题需要解释的地理现象是晴朗的夏季昼夜气温均较高的原因。在答题过程中，学生有意识地将对现象的解释分为白天和夜晚，强调夏季、晴朗等条件对大气受热过程的影响。但是，通过气候类型解释夏季高温，再用来解释昼夜气温均较高，陷入了循环论证；夜晚短，所以散热时间短，也不符合事实。白天大气对太阳辐射削弱作用弱这一现象解释正确，且语言叙述也比较到位。但对于夜晚气温依然降幅较小，学生未能准确理解气温背后所反映的能量交换过程，导致解释上出现了失误。

学生答案示例2：

在发达城市，白天污染物的排放量高，空气中的杂质多，且白天吸收地面辐射能力强，气温高。而到了夜晚，大气逆辐射带来的保温作用强，气温也很高，导致日夜都很热。

这一学生的问题同样是对大气受热过程的原理的理解出现了问题，但是表现不同。相比于前一位同学，这位同学也使用了地面辐射、大气逆辐射等地理概念进行解释，但是"夏季""晴朗"这些关键词明显没有被提取出来。因此，这位同学的答案，只能通过增补题设条件来使之契合头脑中的大气受热过程原理。该生的弱项在于没说清影响大气受热过程中辐射量大小和能量传递过程的因素到底是什么。

学生答案示例3：

白天，太阳辐射强，大气的吸收多，削弱作用较弱，使得地面辐射很强，从而使近地面大气温度变高。夜晚，大气逆辐射的保温作用变强，将吸收的热量释放出来，所以晚上仍然很热。

"不能准确使用术语回答问题"这个缺点反映了该生对于地理原理完全没有掌握。答题时只能够再现部分学习过的只言片语，用以解释日夜循环热这一现象。因此，该生的进一步学习要点，可能在于对于大气受热过程原理的重新学习和理解。

大气受热过程原理是高一年级一个较为抽象的原理，看不见也摸不到，对于学生是学习的难点。通过情境创设和评价任务性的试题对学生进行测评，通过学生的答案反推其思维结构和过程，便可以诊断学生的思维问题所在。尽管三位同学在该题中的表现均反映出原理理解存在问题，但三位同学的理解程度是不同的：第一位同学的理解弱点在于大气受热过程背后的能量交换；第二位同学的理解弱点在于如何将原理和题目条件结合在一起；第三位同学对于基本原理还没有把握。

结合各位同学的不同表现，我们可以梳理这一地理原理的思维路径，并通过示意图（图 5-17）的方式将其外显化。

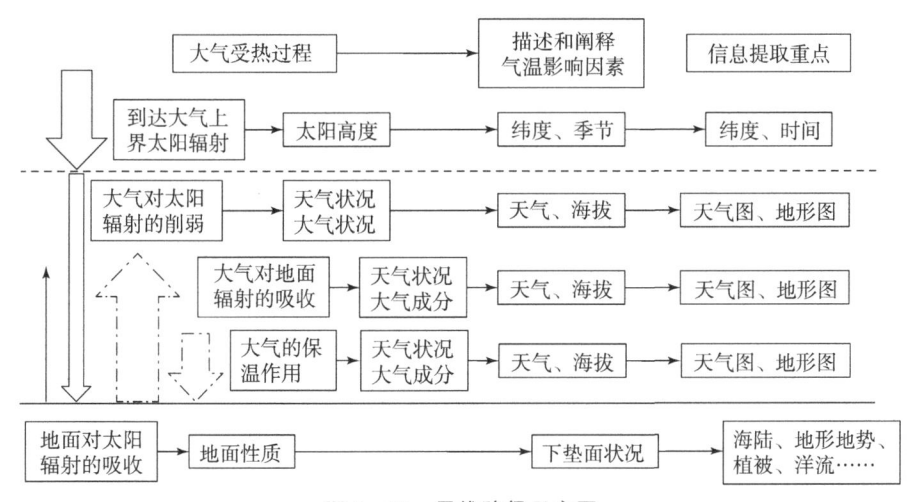

图 5-17 思维路径示意图

这一外显化的思维路径，左侧部分是对大气受热过程基本原理的解读，右侧是如何结合情境进行信息解读，可以作为教师命题时进行情境创设和评价任务设置的参考。

同时，它还可以作为地理"生态·智慧课堂"培养学生思维场的抓手，以及学生进行自我诊断时使用的工具。

"教—学—评"一体化贯穿学习始终，将评价的关注点从教师的教转向学生的学，从学生学习的成果转向学生学习的过程，从学生学习的分数转向学生地理素养水平的发展,以及学习过程中的情感、态度、价值观的变化。"教—学—评"一体化可以通过分析学生的学习状况随时了解教学目标的达成情况,监测、调控教师的教学过程和学生的学习过程;还可以通过对学生的表现进行反馈指导来改进教学状况,真正体现了"以人为本"的教育理念,这也是地理"生态·智慧课堂"追求的目标。

参考文献

[1] 施良方．课程理论——课程的基础、原理与问题［M］．北京：教育科学出版社，2016．

[2] 陆云泉．构建面向未来的生态智慧教育．教育家［J］．2019．

[3] 熊永昌．构建生态智慧课堂 培育学生核心素养——以数学学科为例．基础教育课程［J］．2020．

[4] 陈澄．新编地理教学论［M］．上海：华东师范大学出版社，2017．

[5] 习近平谈治国理政．第2卷［M］．北京：外文出版社，2017．

[6] 王洋平．对一道高考试题的探讨与思考——兼谈纬度和航天发射基地选址的关系［J］．中学地理教学参考，2010（11）．

[7] 张国文．海南文昌航天发射场决策往事［J］．中国经济周刊，2016（25）．

[8] 宇驰．世界主要航天发射基地［J］．科学时代，1998（1）．

[9] 刘洪强．文昌建中国首个滨海发射场［J］．人民日报海外版，2014（10）．

[10] 中国社会科学院语言研究所词典编辑室．现代汉语词典［M］．6版．北京：商务印书馆，2012．

[11] ［美］拉尔夫·泰勒．课程与教学的基本原理［M］．施良方，译．北京：人民教育出版社，1994．

[12] 杜威．我们怎样思维 经验与教育［M］．北京：人民教育出版社，2005．

[13] 韦志榕，朱翔．普通高中地理课程标准（2017版2020年修订）解读［M］．北京：高等教育出版社，2020．

[14] 地理课程标准研制组．走进新课程丛书：普通高中地理课程标准（实验）解读［M］．南京：江苏教育出版社，2004．

[15] 林培英，马贺山．普通高中地理课程分析与实施策略［M］．北京：北京师范大学出版社，2010．

[16] 林培英. 指向地理核心素养的单元教学试论单元教学设计的整体性表现 [J]. 中学地理教学参考, 2020 (19).
[17] 董琦, 林崇德. 中国 6-15 岁儿童青少年心理发育关键指标与测评 [M]. 北京: 科学出版社, 2011.
[18] 耿相夫. 以 PISA 视角审视高考地理阅读素养的考查 [J]. 地理教学, 2015 (15).
[19] 吴颖惠, 范瓅文. 全学科阅读为提高人才培养质量开辟新径 [J]. 人民教育 (社会科学Ⅱ辑), 2023 (02).
[20] 陈芸先. 核心素养目标下的高中地理问题式教学 [J]. 中学地理教学参考, 2018 (8).
[21] 威金斯, 麦克泰格. 追求理解的教学设计 [M]. 2 版. 闫寒冰, 宋雪莲, 赖平, 译. 上海: 华东师范大学出版社, 2017.
[22] 袁书琦. 地理教育学 [M]. 北京: 高等教育出版社, 2001.
[23] 林崇德. 21 世纪学生发展核心素养研究 [M]. 北京: 北京师范大学出版社, 2016.
[24] 吉小梅. 基于核心素养的高中地理教学关键问题解析 [M]. 北京: 高等教育出版社, 2022.
[25] 刘月霞, 郭华. 深度学习: 走向核心素养 [M]. 北京: 教育科学出版社, 2018.
[26] 美国国家研究院地学, 环境与资源委员会, 地球科学与资源局重新发现地理学委员会. 重新发现地理学 [M]. 黄润华, 译. 北京: 学苑出版社, 2002.

后　记

　　本书是我在北京一零一中"生态·智慧"教育理念下，结合北京一零一中多年的教育教学实践与课题研究成果，形成的有关中学地理教育的一些思考的集合。本书结合我在教育教学实践过程中遇到的困难、解决困难的过程等，通过理论构架、实践探索、案例点评等方式，呈现了中学地理教育教学的场景，包含课程建设、教与学方式改革、教学评价变革等诸多方面的内容，是我尝试以地理课堂为主阵地，探索并落实"立德树人"这一教育根本任务、培育学生地理核心素养路径的重要成果。

　　本书由策划、成稿到出版，得到了各方领导和专家的鼓励和支持。北京一零一中教育集团陆云泉校长和熊永昌校长，带领北京一零一中包括我在内的一批骨干教师，结合自己的学科教育教学经验，进行"生态·智慧课堂"的研究，为本书的撰写提供了丰富的理论和实践素材。我的导师林培英教授多年来对我悉心指导，每当我在教育教学实践中遇到困惑的时候，他总能帮助我答疑解惑，引领我对地理教育教学问题进行深入思考。另外，海淀区教师进修学校李慧敏、吉小梅老师为我搭建了诸多专业发展的平台并对我的教学研究、教学课例进行指导。海淀区教科院的宋世云、张晓玉等老师在我承担的"学科阅读""高质量作业"等课题研究中给予了大力指导。北京一零一中地理教研组的何群、林雁、李惠春、吴宁老师从我入职之初便带我一步一步成长，毫无保留地将她们的优秀教学经验传授给我，使我在教研组里很快便能独当一面。林雁老师还为本书的编写提出了宝贵的意见。北京理工大学出版社对书稿提出建设性的意见。特此，向以上领导、专家和老师表示衷心的感谢！

金梓乔
2023 年 8 月于北京

彩 页

北京城市地理考察活动——在永定门城楼下合影

北京城市地理考察活动——考察"天宁1号"文化科技创新园

自然地理野外实践——在爨底下村合影

自然地理野外实践——在下苇甸测量岩石产状

自然地理野外实践——在军庄学习岩石产状

校内地理实践课——认识岩石

校内地理实践课——观测太阳黑子

天文特色活动——绘制星空伞